Eisenbahn im Krieg

Andreas Knipping

Eisenbahn im Krieg

Im Dienste des Militärs 1848–1948

GeraMond

Ein kostenloses Gesamtverzeichnis erhalten Sie beim
GeraMond Verlag
D-81664 München

www.geramond.de

Lektorat: Lothar Reiserer
Layout: imprint, Ilona Külen, Zusmarshausen
Repro: Scanner Service
Herstellung: Thomas Fischer

Alle Angaben dieses Werkes wurden vom Autor sorgfältig recherchiert und auf den aktuellen Stand gebracht sowie vom Verlag geprüft. Für die Richtigkeit der Angaben kann jedoch keine Haftung übernommen werden. Für Hinweise und Anregungen sind wir jederzeit dankbar. Bitte richten Sie diese an:
GeraMond Verlag
Lektorat
Innsbrucker Ring 15
D-81673 München
e-mail: lektorat@geranova.de

Die Deutsche Bibliothek – CIP Einheitsaufnahme
Ein Titeldatensatz für diese Publikation ist bei der Deutschen Bibliothek erhältlich.

Printed by Passavia
ISBN 3-7654-7135-6

Bilddokumente ohne Herkunftsnachweis stammen aus der Sammlung des Verfassers

Umschlagabbildungen:
Vorderseite – Sammlung Reinhard Schulz
Rückseite – Sammlung Dr. Brian Rampp

Die Themen Eisenbahn und Zeitgeschichte begleiten mein Leben. Spezielle biografische Wurzeln für diese Leidenschaften kann ich nicht benennen. Ich habe weder eine Kindheit neben der Bahnstrecke verbracht noch den Lokführererinnerungen eines Großvaters gelauscht. Genau so wenig haben mich die Lebensgeschichten meiner Eltern zu besonderer Auseinandersetzung mit Schuld und Leid in dramatischen deutschen Jahrzehnten gezwungen.

Man kann Eisenbahnfreund sein, ohne mit der Beherrschung einer ausufernden Modellbahn im häuslichen Hobbykeller sein Versagen im echten Leben infantil zu überspielen (auch wenn dies Feuilletons großer Tageszeitungen regelmäßig behaupten). Man kann der Geschichte schrecklicher Kriege verhaftet bleiben, ohne „Militaria-Sammler“ oder politisch rechtslastiger Stratege der Papierform zu sein.

Ich habe viel Anerkennung für zwei Bildbände bekommen, in denen ich amtliche Eisenbahnfotos aus dem Zweiten Weltkrieg auf gewollte und ungewollte Bildbotschaften untersuchte. Ebenfalls fachlich gewürdigt und von den Käufern honoriert wurde mein Versuch einer Gesamtdarstellung zu den Eisenbahnen im Ersten Weltkrieg.

Im vorliegenden Buch wage ich einen Überblick über die vielfältigen Funktionen der Eisenbahn in sehr verschiedenen militärischen Auseinandersetzungen. Ziel ist weder Vollständigkeit noch die Verschärfung von Bewertungen zu dem einen oder anderen historischen Ereignis, sondern die Herausarbeitung jener Kriterien, die in einer heute abgeschlossenen Epoche von etwa hundert Jahren Dauer das Eisenbahnwesen ins Zentrum militärischer Planung und Praxis rücken ließen. Die Fülle der Ereignisse zwingt zur Beschränkung. Im gegebenen Umfang kann nur ein Bruchteil aller Eisenbahnaktivitäten in Kriegen und Feldzügen der Weltgeschichte skizziert werden. Die Breite der Materie zwingt zur Darstellung in wechselnden Handlungs- und Erlebnissträngen, zu Schwerpunkten und Auslassungen. „Eisenbahnen im Krieg“, das ist die Chronik spezieller Truppenteile, das ist die Geschichte von Bahnverwaltungen, das war Organisation und Technik, Bau und Zerstörung, Administration und Chaos, das waren die verschiedensten Formen von Eisenbahnbetrieb unter extremen Bedingungen – und das sind Erinnerungen von Eisenbahnern und Soldaten aus extremen Lebenssituationen.

Eichenau, im Juni 2005
Andreas Knipping

Diese ungarische Schmalspurlok macht den österreichischen und ungarischen Soldaten im Jahr 1917 im Uzatal viel Mühe. Ziel des Transport war eine Waldbahn in den Karpaten. Der „Holzhunger“ des Krieges – für Schützengräben und Schwellen beispielsweise – war gewaltig.

Nation, Maschine und Eisenbahn:

Abfahrt in ein blutiges Zeitalter

Die mehr als hundert Männer vor und auf einer preußischen P 8 im Jahre 1919 oder 1920 sind keine Soldaten, doch ihr Bild verdeutlicht jene Multiplikation von Technik mit Menschenmasse, die das Produktionsprinzip des Industriezeitalters war. Mechanik und Maschine ließen sich zur Vervielfältigung der Warenherstellung einsetzen – und mit derselben rechnerischen Rationalität auch zur Vernichtung von Menschen und Menschenwerk. Kaum eine technische Errungenschaft wurde so sinnbildlich für Errungenschaften und Abgründe moderner Zivilisation wie die Eisenbahn.

Kriege scheint es zu geben, seit es Menschen gibt. Funde vorzeitlicher Massengräber voller eingeschlagener Schädel lassen wenig Raum für Träume von friedlichen Urgesellschaften. Erscheinungsformen und Bewertungen von Kriegen haben sich jedoch im Laufe der Geschichte erheblich geändert. Der europäische Blick auf den Krieg ist zu Beginn des 21. Jahrhunderts noch wesentlich geprägt durch die beiden Weltkriege. Um zu erkennen, in welche Welt die frühen Eisenbahnen fuhren und wie sie die militärische Theorie und Praxis änderten, müssen wir uns an ferne Epochen der Heeres- und Schlachtgeschichte erinnern.

Bis ins 20. Jahrhundert galt der Krieg weithin als erlaubtes Mittel zur Erhaltung und Mehrung territorialer Besitzstände. Das kriegerische Geschehen war nach Dauer, räumlicher Ausdehnung, Opferzahlen und Zerstörungen – gemessen an den Weltkriegen – meist durchaus begrenzt. Kaum je waren ganze Gesellschaften und alle Bewohner großer Flächenstaaten in einen Krieg involviert, und dies gar über Monate und Jahre. Der typische Krieg älterer Zeit bestand in einem Feldzug oder einer Abfolge von Feldzügen, die jeweils in Schlachten kumulierten, von denen wenige länger als einen Tag dauerten. Viele Kriege wurden nur von einigen hundert Rittern oder Lanzenträgern geführt und entschieden. Auch in welthistorischen Kriegen kämpften kaum je mehr als 100.000 Männer.

Soldaten, Marschmusik – und Eisenbahnwagen für die Fahrt an die Somme oder den Isonzo. Die Abfahrt einer ganzen Generation europäischer Männer in die Schützengräben des Ersten Weltkrieges war der Beginn einer unseligen Völkerwanderung in der ersten Hälfte des 20. Jahrhunderts, der „Transport“ per Eisenbahn wurde zum Inbegriff staatlicher Verfügung über den Menschen.

- Am 15. Juli 1410 besiegten bei Tannenberg 30.000 Polen 15.000 deutsche Ordensritter.
- Am 29. August 1526 besiegten bei Mohács 70.000 Türken eine ungarische Streitmacht von 24.000 Mann.
- In der legendären Schlacht bei Fehrbellin, an die in jeder Stadt Alt-Preußens ein Straßenname erinnerte, schlugen 5600 Brandenburger am 28. Juni 1675 eine 11.000 Mann starke schwedische Übermacht. Für die dreizehn brandenburgischen und die 38 schwedischen Kanonen dieser Schlacht hätte jeweils einer der Güterzüge genügt, die in den Statistiken der beiden Weltkriege zigtausendfach erscheinen.
- In der zentralen Schlacht des siebenjährigen Krieges bei Leuthen am 5. Dezember 1757 erfochten 35.000 Preußen den Sieg gegen 65.000 Österreicher.

Und im 20. Jahrhundert? Allein die Schlacht an der Somme dauerte vom 1. Juli bis zum 18. November 1916. Auf englisch-französischer und auf deutscher Seite kämpften zusammen etwa 4 Millionen Soldaten. Die Zahl der schon am ersten Tag der Schlacht gefallenen Engländer übertraf mit 19.000 die Stärke fast jeder stolzen Streitmacht eines Monarchen zwischen Cäsar und Napoleon.

Auf der Landkarte eines Krieges im Mittelalter oder der frühen Neuzeit künden nicht Frontlinien von räumlichen Besitzständen, sondern Pfeilrichtungen von Heereszügen gegen Herrschaftszentren und ihre Verteidiger. Monarchen und ihre höfischen Führungszirkel waren es denn auch, die einen Krieg von Zaun brachen oder beendeten, und nicht die erst im 19. Jahrhundert zu Sprache und Selbstbewusstsein gelangten „Völker“. So wenig ein Feldzug von wenigen Wochen die Herausbildung einer „Kriegswirtschaft“ erforderte, so fremd war Gesellschaften ohne Massenmedien der Gedanke einer mentalen und ideologischen „Heimatfront“ zur geistigen Munitionierung der Kämpfer auf dem Schlachtfeld.

AUF DEM WEG ZUM MASSENKRIEG

Den historischen Umbruch zum modernen Massenkrieg markieren die Auseinandersetzungen zwischen den französischen Revolutionstruppen und den alten europäischen Mächten und die anschließenden napoleonischen Kriege. Frankreichs Heere kämpften für ein politisches Programm und eine sich daraus definierende Nation – und Napoleon wurde zum Geburtshelfer konkurrierender Nationen, deren verbindende Mythen und deren Wortführer erst im Widerstand gegen die französischen Armeen populär wurden. Fortan zog der Soldat nicht mehr für Sold und Beute und nicht mehr nur

Ob man mit Blasmusik in den Personenwagen stieg oder hier einfach nur in den Güterwagen kletterte: Begeisterung erkennt man auf den Gesichtern nicht. Die vielfach überlieferte Siegestrunkenheit war auf die ersten Kriegswochen im August 1914 beschränkt – und bleibt auch aus jenen Wochen nur deshalb so nachhaltig in Erinnerung, weil eine geschickte Propaganda es so wollte.

für Macht und Ehre seines Herrschers ins Feld, sondern für sein Volk, für dessen von Gott oder vom Weltgeist oder von der Stimmenmehrheit eingesetzte Regierung, für eine allein selig machende Gesellschaftsordnung ... und gegen die im Nachbarland herrschenden Mächte der Finsternis.

Makaber genug: Die humane Philosophie der Aufklärung ermunterte die Menschen zu neuem Selbstbewusstsein, mit dem sie dann aber nicht nur befreiende Erkenntnisse vertraten, sondern sich auch den Alleinbesitz historischer Wahrheit und schließlich auch jene Verfügungsgewalt über Leben und Tod anmaßten, die sie einem Gott nicht mehr gönnen wollten.

Der moderne Kapitalismus gab Kriegen um Einigung und Herausbildung des Nationalstaates ihre ökonomische Brisanz. Staaten wie England und Frankreich, etwas später auch Italien, Österreich-Ungarn und Deutschland entwickelten sich zu Binnenmärkten ohne Zoll- und Währungsschranken für schnell wachsende Unternehmen, die alsbald immer rabiater um Rohstoffe und Absatzmärkte in aller Welt konkurrierten.

Die Eisenbahn wurde zum unverzichtbaren Verkehrsmittel für ein nationales und internationales (aber noch nicht globales!) Wirtschaftsleben. Dass dieses Verkehrsmittel sogleich auch Soldaten und Kanonen befördern würde, lag auf der Hand. Doch blieb es nicht etwa bei einer fallweisen militärischen Nutzung der Schienenwege. Die Eisenbahn wurde für die Kriegführung unvergleichlich wichtiger als so manche andere zeitgenössische Erfindung und Entwicklung vom dampfgetriebenen Straßenschlepper bis zum Fesselballon und vom elektrischen Telegraphen bis zur Fotografie. Die Eisenbahn ermöglichte die Vervielfachung der Transportkapazitäten für Mannschaft und Ausrüstung und kam damit dem aktuellen Stand der „Kriegskunst" perfekt entgegen. Dieser Stand der Kriegstechnik entsprach sehr genau dem Stand der Produktionsgeschichte in der zweiten Hälfte des 19. und der ersten Hälfte des 20. Jahrhunderts. Die Warenproduktion in jener Zeit war geprägt durch die Mechanisierung, noch nicht aber durch die Automatisierung. Die Leistung einer hochkapitalistischen Großweberei, einer Kohlengrube, eines Eisenwalzwerkes oder einer Papierfabrik war definiert durch die Multiplikation von Arbeiterzahl und Maschinen. Und so wie der effektivste Masseneinsatz der Arbeiterheere an den produktivsten Hochöfen, Drehbänken, mechanischen Webstühlen, pneumatischen Bohrhämmern oder Dampfmühlen über die Rendite des Kapitals und über den ökonomischen Rang einer Nation entschieden, so drängten politisch-militärische Eliten danach, mit dem Produkt aus Massenheer mal Schusswaffen auf dem Schlachtfeld die Entscheidung über Macht und Weltmacht ihres Landes zu suchen.

Die Wagen aus der großen Mobilmachung von 1914 hatten nach 1918 noch lange nicht ausgedient. Oftmals noch genau in denselben Personen- und Güterwagen fuhren in den dreißiger und vierziger Jahren Millionen von Soldaten, Arbeitssklaven, Flüchtlingen, Deportierten und Vertriebenen ihren ungewissen Schicksalen entgegen – oder ihrem geplanten Tod wenige Meter und Minuten nach der Ausladerampe.

Dieses Foto aus dem Zweiten Weltkrieg zeigt deutsche Soldaten in einem Flachdach-Güterwagen, der schon Kaiser Wilhelm und Ludendorff gedient hatte. Für den amtlichen Fotografen der Reichsbahn wird gelacht. Noch.

Hollnagel, Sammlung Reinhard Schulz

La guerre moderne est dominée par deux facteurs: la „Masse" et la „Technique" – A. Bonnet, Chef de bataillon du génie, in „Revue du Génie militaire" 1924, S. 70

Meine Herren, die Kriegführung unserer Zeit war im besonderem Maße von zwei Faktoren bestimmt: Von Masse und Technik – Bundeswehr-Oberstleutnant Meixner in einem undatierten Vortragsmanuskript aus dem Pioniermuseum der Bundeswehr

Ersten Truppentransporten in den Kämpfen 1848/49 und bei Manövern in den vierziger und fünfziger Jahren des 19. Jahrhunderts folgten große Kriege in Europa und Amerika zwischen 1859 und 1871, in denen der Entwicklungsstand des Eisenbahnnetzes und die Professionalität seiner Nutzung sehr unmittelbar den Ausschlag für Sieg und Niederlage gaben.

Im Vergleich zu den beiden Weltkriegen mögen diese Kriege nostalgisch-harmlos wirken, doch handelte es sich dabei bereits um schauerliche Gemetzel ohne Vorbild in der bisherigen Geschichte. Auf den vielfach erst vor wenigen Jahren gebauten Schienenstrecken und hinter noch recht zierlichen Dampflokomotiven mit hohen Schornsteinen fuhren hunderttausende von Soldaten in grausame Schlachten und oftmals in den Tod. Die darauf folgenden jedenfalls in Kern-Europa und Nordamerika weitgehend friedlichen Jahrzehnte mochten darüber hinwegtäuschen, dass sie nur die Vorhut eines millionenfachen Aufbruches in ein blutiges Jahrhundert waren.

Wenn wir für das Jahrhundert des industrialisierten Krieges Gravitationszentren auf unserer Welt benennen wollen, so werden wir in diesem Buch außer Deutschland als Quelle einer technisch, organisatorisch und geistig aufs Äußerste zugespitzten Aggression, England als Hort eines so unpathetischen wie zähen Verteidigungswillens und Russland als Universum unvorstellbaren Leidens und Reservoir ungeahnter Kraft immer wieder die USA zu erwähnen haben. Die größte Wirtschaftsmacht der Erde verteidigte die Freiheit mit einem Überfluss jener Machtmittel, auf deren Erfolg zuvor die Angreifer gesetzt hatten: Mit Masse und mit Technik, auch wenn als Technik wie hier im Bild deutsche Abteilwagen genügen müssen, die das 333. Labour Bataillon 1918 in Frankreich erbeutet hat.

Sammlung Dr. Brian Rampp

Lehrstück USA:

Lincoln siegt per Eisenbahn

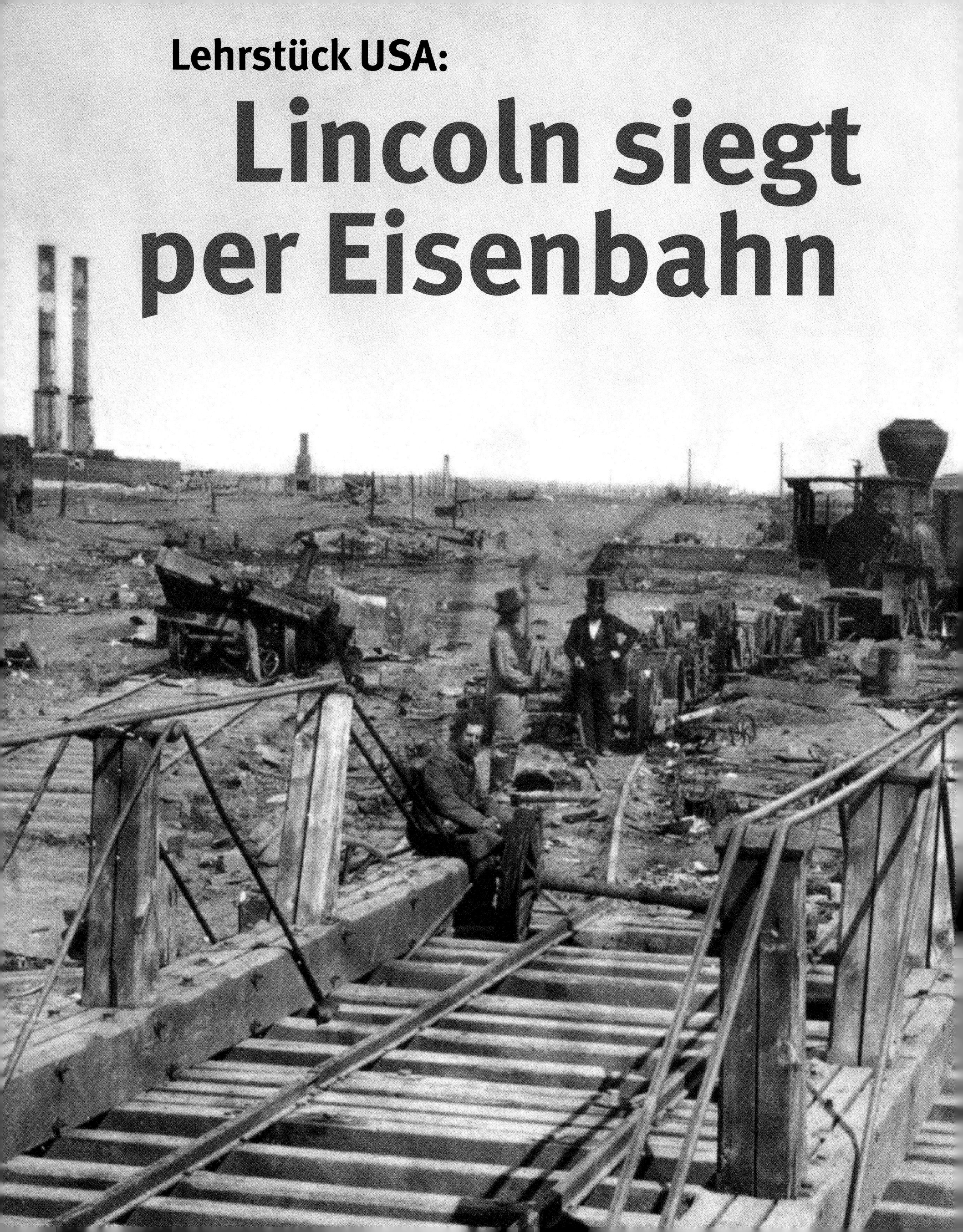

Während des amerikanischen Bürgerkriegs setzten verschiedene Bahngesellschaften bewaffnete und schwer gepanzerte Wagen an der Zugspitze ein, die Zug und Ladung vor Angriffen schützen sollten.

Im März 1862 mussten die Truppen der Südstaaten den strategisch wichtigen Bahnhof Manassas Junction im Norden von Virginia unweit von Washington räumen. Die Radsätze hinter der Lok sind der ganze Rest von sechs mit Lebensmitteln und anderen Vorräten beladenen Güterwagen, die beim Rückzug angezündet worden waren. Foto: Corbis

THEORIE UND PRAXIS UM DIE MITTE DES 19. JAHRHUNDERTS

Friedrich List, der Vorkämpfer von Zollverein und Eisenbahn in Deutschland, schrieb schon 1834 – ein Jahr vor Einweihung der ersten deutschen Bahnlinie: „Ein Eisenbahnapparat dürfte größten Massen von Truppen, Artillerie, Munition und Proviant den Transport ermöglichen." Schon taucht in der Einschätzung künftiger militärischer Notwendigkeiten das Motiv der „Masse" auf – wohlgemerkt bei dem selben Friedrich List, der für eine Eisenbahn Leipzig – Dresden ein Verkehrsaufkommen von gerade einmal 60 Personen pro Tag und Richtung prognostizierte.

1836 äußerte der bayerische Generalstabschef Karl von Baur in einem Gutachten: „Die Eisenbahnen mit Dampflokomotivwagen sind die vorzüglichsten strategischen Operationslinien im Heer." Im selben Jahr sprach der preußische Generalquartiermeister von Moltke, für militärische Begabung so bekannt wie für die Knappheit seiner Sprache, sein berühmt gewordenes Wort: „Bauen Sie keine Festungen – bauen Sie Eisenbahnen!"

Preußen beförderte 1839 erstmals Truppen mit der Eisenbahn, Sachsen und Österreich-Ungarn folgten 1841.

Wer über die Feldzüge und Schlachten bis zum Beginn des Ersten Weltkrieges erschöpfend informiert werden will, lese die 804 in kleinster Schrift bedruckten Seiten des 1912 erschienenen neunten Band „Kriege vom Altertum bis zur Gegenwart" des monumentalen „Handbuchs für Heer und Flotte" von Georg von Alten. Beginnend im Jahre 3000 v. C. berichtet es auf Seite 619 im Kapitel „Aufstand in Oberitalien und österreichisch-sardinischer Krieg" über den Versuch des österreichischen Kommandeurs Graf Thurn, „den Anschluss an Radetzky zu bewirken". Mit dem Satz „Durando kam ihm jedoch, die Eisenbahn benutzend, bei Vicenza zuvor", ist die Eisenbahn unter dem Datum vom 18. Mai 1848 in die Kriegsgeschichte eingeführt.

1859 schickten die Franzosen per Bahn innerhalb von drei Monaten mehr als 600.000 Mann und fast 130.000 Pferde zum Kampf gegen Österreich nach Norditalien. Daneben wurde auf den Strecken der Paris-Lyon-Méditerranée der reguläre Verkehr voll aufrechterhalten. Der Sieg in diesem Krieg fiel schon deshalb an Frankreich, weil auf der österreichischen Seite ein Eisenbahn-Chaos herrschte. Für den militärischen Einsatz der größtenteils schon vollendeten Bahnverbindung von Wien über Triest – Verona in die umkämpfte Lombardei war keine Vorsorge getroffen worden. Die österreichischen Verbände fuhren nach Gutdünken und auf eigene Faust mit den nächstbesten Zügen. Beide Kriegsparteien konnten aber ihre Truppentransporte in historisch nie gesehener Geschwindigkeit abwickeln: Die Franzosen kamen sechsmal schneller, die Österreicher viermal schneller als im herkömmlichen Fußmarsch voran. Beide Parteien hatten die ausschließlich zivile Leitung der Eisenbahnen auch während des Krieges beibehalten.

Noch trat der Feldherr zur Eisenbahn in kein anderes Verhältnis als das eines Kunden, und der Soldat war noch nicht Erbauer oder Zerstörer von Gleisen, sondern Fahrgast. Die von zurückweichenden Österreichern am 3. Juni 1859 gesprengte Brücke bei Boffalora dürfte dann der erste der zahllosen Eisenbahnkunstbauten gewesen sein, die bei Rückzügen zerstört wurden.

Beide Parteien im amerikanischen Sezessionskrieg setzten improvisierte Eisenbahngeschütze ein. Das gezeigte Exemplar wurde 1862 von den Nordstaaten beim Angriff gegen Petersburg eingesetzt.

Diese Lok mit kuppelförmigen Stehkessel, Innenzylindern und Innensteuerung inmitten zerstörter Betriebsanlagen war schon zu Zeiten des amerikanischen Bürgerkriegs etwa 25 Jahre alt und auch für damalige Verhältnisse fast museumsreif. Immerhin zeigt sie schon die bis etwa 1890 in den USA typisch gebliebene Achsfolge 2'B. Die Holzfeuerung machte den riesigen Funkenfängerschornstein notwendig.

Das Jahr 1859 steht auch für den ersten Militärfahrplan, den Preußen für den Transport eines Armeekorps von Breslau und Posen nach Frankfurt (Main) erließ, und für die ersten preußischen Vorschriften über die Aufgabenteilung zwischen Pionieren, Soldaten anderer Truppenteile und Zivilarbeitern bei der Wiederherstellung von Eisenbahnen im Kriegsfall. 1861 erließ Preußen seine ersten Reglements über militärische Eisenbahntransporte.

DER ERSTE MODERNE KRIEG

Wenn dieses Buch die militärische Bedeutung der Eisenbahn dem „modernen" Krieg der Massenheere, der Rüstungsfabriken und der Ideologien zuordnet, dann muss als erster Krieg dieser neuen Art der „amerikanische Bürgerkrieg" betrachtet werden. Zutreffender wird er als „Sezessionskrieg" bezeichnet, weil er zwischen zwei Fraktionen von US-Bundesstaaten geführt wurde. Zwischen dem agrarischen Süden und dem industrialisierten Norden der USA hatten sich wachsende Spannungen angestaut. Als Abraham Lincoln, der sich gegen die Ausweitung der Sklaverei wandte, zum Präsidenten gewählt wurde, sahen sich im Februar 1861 sieben Südstaaten zum Austritt aus der Union und zur Gründung der „Konföderierten Staaten von Amerika" veranlasst. Nachdem am 12. April 1861 Kampfhandlungen zwischen Union und der Konföderation ausgebrochen waren, traten weitere vier Staaten der letzteren bei. Obwohl der Norden nach Menschen, Material und Wirtschaftskraft weit überlegen war, gewann der Süden unter General Lee bis 1862 bedeutsame Schlachten. Mit der Verkündung der Befreiung für alle Sklaven in den aufständischen Gebieten am 1. Januar 1863 gewann die Auseinandersetzung jene politisch-ideologische Grundsätzlichkeit, die für den modernen Krieg so typisch werden sollte. Zu der moralischen Überlegenheit, die dem Norden nun in aller Welt zuerkannt wurde, kamen ab Juli 1863 endlich auch militärische Erfolge. Der Sieg der Union bei Gettysburg ermöglichte ihr die Kontrolle des Mississippi und damit die Teilung des Südens. Auch nach Unterbrechung der Nachschublinien des Südens und der Vollendung einer Seeblockade musste der Norden noch über zwei Jahre opferreiche Feldzüge führen, bis die Konföderierten im April 1865 kapitulierten. Der Krieg kostete den Norden von etwa 1,5 Millionen Soldaten rund 360.000 Tote und 275.000 Verwundete, der Süden verlor von 0,8 bis 1,0 Millionen Soldaten etwa 260.000 Tote und 225.000 Verwundete.

Die Eisenbahnen wurden vom ersten Tage an kriegswichtig. In den USA gab es 1861 bereits 50.150 km Eisenbahnstrecke, davon 14.130 km in den Südstaaten. Beide Kriegsparteien benutzten von Beginn an intensiv die Eisenbahnen für Truppentransporte und Nachschub, beide setzten das Mittel der Zerstörung von Eisenbahn-Infrastruktur systematisch ein. Größtes Problem des Südens war die Koordinierung von 113 privaten Bahngesellschaften. Auch waren im Süden doppelgleisige Abschnitte und Kreuzungsbahnhöfe seltener und die Gleiskapazitäten der Bahnhöfe geringer. Die Union mit ihrer stärkeren Industrie konnte die vom Feind und von eigener Hand angerichteten Schäden und Materialverluste schneller ausgleichen. Dem Norden gelang es, die baulichen und betrieblichen, die industriellen und organisatorischen Kapazitäten zu bündeln und erstmals in der Geschichte die Eisenbahn zur schlagkräftigen Waffe im modernen Krieg zu schärfen. Ich zitiere hierzu einen Text, der seinerseits schon historischen Wert hat. Er wurde mitten im Ersten Weltkrieg, aber noch vor dem Kriegseintritt der USA, in der österreichischen Fachzeitschrift „Die Lokomotive" gedruckt. Die uneingeschränkte Bewunderung des amerikanischen Militäreisenbahnwesens verband sich damals mit der Selbstgewissheit der Mittelmächte, mit ähnlicher Perfektion einen ungleich größeren Krieg zu gewinnen ...

Die Lokomotiven und Eisenbahnen im nordamerikanischen Bürgerkriege 1862 – 1865

Im gegenwärtigen Weltkampfe haben die Mittelmächte in etwa 40.000 Dampflokomotiven mit 2 Millionen PS Leistung eingesetzt. Die gewaltigen Leistungen unserer Eisenbahnen während des Krieges zu schildern, muss einer späteren Zeit vorbehalten bleiben. Die mächtige technische Entwicklung erhellt am besten der Vergleich mit dem ein Halbjahrhundert zurückliegenden amerikanischen Bürgerkrieg, der sich auf ungleich größerer Fläche abspielte und dennoch eine weit geringere Anzahl ungleich leichterer und schwächerer Lokomotiven benötigte. Die damaligen amerikanischen Lokomotiven waren fast durchwegs 2B-Lokomotiven für Personen- und Güterzüge im Flachlande, während für die Gebirgsstrecken zumeist 2C-Lokomotiven ebenfalls für beide Zwecke in Betrieb standen. Die Verwendung von 1C- und 1D-Lokomotiven gehört einer späteren Zeit an. Der damaligen raschen Entwicklung des amerikanischen Eisenbahnwesens entsprechend, das erstmalig seine Überlandstrecken baute, waren es fast ausschließlich Bahnen mit sehr leichtem Oberbau von 8 bis 10 t höchstzulässigem Achsdruck, die zudem noch langradständige Lokomotiven erforderlich machten. Alle diese Lokomotiven waren niedrig, mit kleinen Rädern, aber gewaltigen Kobelrauchfängen für Holzfeuerung, sowie zumeist durchhängender Feuerbüchse.

Bis dahin war für Kriegszwecke ein Zusammenarbeiten der verschiedenen Bahnen Nordamerikas noch nicht vorgekommen, dies zeitigte solche Übelstände, dass der amerikanische General Mac Callum, der oberste Befehlshaber des Eisenbahnwesens, auf Grund von Tatsachen versichern konnte, dass alle Zerstörungen der Bahnen und ihrer Betriebsmittel zusammengenommen die Bewegung der Armee nicht so dauernd erschwert hätten, als die Grundsatzlosigkeit in den Anlagen der Bahnen und der Bauart der Maschinen und Wagen. Mit dem unbeschränkten Verfügungsrecht über alle Eisenbahnen wurden alle Lokomotiv- und Wagenfabriken ihm zur unbeschränkten Verfügung gestellt, wobei er auch nach und nach 140 neu gebaute Maschinen und 2.573 Wagen aus ihnen durch Beschlagnahme bezog ohne Rücksicht auf anderweitiges Eigentumsrecht an denselben. General Mac Callum organisierte demzufolge eine tatkräftige, in seiner Hand vereinigte, militärische Verwaltung eines der größten Eisenbahnsysteme der Welt, dessen gewaltige Betriebskräfte über 419 Lokomotiven und 6.330 Wagen verfügten; er schuf auch eine neue Art von Landesverteidigungskräften, indem er die Feldeisenbahnkorps ins Leben rief, deren Dienste in diesem Kriege (dem ersten Weltkrieg! Der Verfasser) *so bedeutungsvoll wurden. Zusammengesetzt waren sie aus besonders tüchtigen tatkräftigen Eisenbahntechnikern aller Dienstgrade und Fächer, die von starken Gruppen aus Eisenbahnarbeitern unterstützt, militärisch straff geleitet, den Bewegungen der Armee folgten. Für sie galt es einesteils, je nach dem Vorrücken oder Zurückgehen des Heeres, dem sie zugeteilt waren, entweder zerstörte Eisenbahnen um jeden Preis in möglichst kurzer Zeit wieder fahrbar zu machen, oder sie in einer die Wiederherstellung durch den Feind tunlichst erschwerenden Weise zu zerstören; andernteils Betriebsstoffe herzuschaffen und für Ausbesserung des Beschädigten zu sorgen und den Dienst auf Linien zu übernehmen, deren Beamte sie verlassen hatten oder aus Sicherheitsgründen entfernt werden mussten. Oft kam es dabei vor, dass dieselbe Arbeitsgruppe heute zurückweichend Bahnen abbrechen musste, morgen vorrückend den Schaden um jeden Preis wieder gut machen musste. Es entwickelte sich daher im Laufe dieses langen Krieges ein vollständiges System in diesen entgegengesetzten Tätigkeiten, mit der teuer erkauften Erfahrung, dass die Schäden bei Zerstörung bedeutender Bauwerke in keinem Verhältnis zu dem dadurch erzielten Vorteile stehen und die Wegführung großer Strecken Oberbaus und Teile langer Brücken, die man beim Vorrücken wieder mitbrachte, die zweckmäßigste Art sei, die Tätigkeit des Feindes aufzuhalten. Am vollsten entwickelte sich diese wechselvolle Arbeit in Nord-Virginia und Tennessee, wo 1862 General Mac Callum die 126 km lange Linie nach dem oberen Rapidan eröffnete, auf welcher im Sommer die 80.000 Mann starke Potomac-Armee befördert wurde; beim Rückzug im August musste sie jedoch unter Verlust von sieben Lokomotiven und 291 Wagen wieder abgebrochen werden. Einige Bahnen mussten auf diese Art dreimal zerstört und wieder aufgebaut werden, bis der Nordgeneral U. Grant, der spätere Präsident, den Südgeneral Lee in Richmond einschloss und damit diese Bahnen sicherte. Die größte Tat der*

Eisenbahntruppen war die Wiederherstellung des 190 m langen und 8 m hohen Rappahanock-Viaduktes in 19 Arbeitsstunden eines einzigen Sommertages. In Virginien, Maryland und Pennsylvanien allein wurden unter General Mac Callums Leitung durch die Feldbahntruppen 17 verschiedene Eisenbahnen mit 70 dorthin gebrachten Lokomotiven und 1.723 Wagen seines Feldeisenbahnbestandes betrieben. Im Dezember 1863 wurden die Südstaatentruppen zurückgedrängt und damit die Südwestbahnen in Betrieb genommen. Mac Callum unternahm das große Wagestück, die mächtige 75.000 Mann starke Armee Shermans bei Chattanooga, mitten durch weite, von tatkräftigen Feinden bewohnte Länderstrecken hindurch, mittels seiner Eisenbahn zu ergänzen, zu verpflegen und ihren ungeheuren Sanitätsdienst zu besorgen; dabei beschäftigte er 200 Lokomotiven und 3.000 Wagen. Alle Listen der Welt ersannen die Feinde, um Züge zum Entgleisen zu bringen oder auf durchsägten Brücken durch Einsturz zu zerstören. Eine ganz besondere Leistung war die Wiederherstellung der zerstörten Chattahoochebrücke von 235 m Länge und 27 m Höhe in vier Tagen. Weder die Geschichte des Krieges noch die der Eisenbahnen hat ein zweites Beispiel von solch rascher Tat der Technik aufzuweisen. Im Oktober 1864 wurde Sherman von General Hood umgangen, der in seinem Rücken 63 km Eisenbahnen durch Wegnahme des Oberbaus unbrauchbar machte und viele Brücken zerstörte.
13 Tage nach Hoods Rückzug konnten die Bahnen wieder befahren werden. Die Arbeiten wurden dabei von beiden Seiten und von der Mitte aus in Angriff genommen. In den Jahren 1864 – 1865 wurden fast 2.000 km Eisenbahnen mit dem beträchtlichen Kostenaufwande von 65 Millionen Kronen betrieben. Dabei kamen über 700 km Herstellungen zerstörter Gleise vor mit 16 km Brückenlänge. Zur Deckung des gewaltigen Schienenbedarfes wurde zunächst in Chattanoga ein Walzwerk aufgestellt, das aus den Kriegsabfällen neue Schienen herstellte, überdies wurden noch 21.700 t neue Schienen anderwärts gekauft, wobei der Preis allmählich auf das Dreieinhalbfache stieg. Von den 6.330 zu eigentlichem Kriegsdienste verwendeten Wagen wurden 1.043 Stück teils im wirklichen Kampfe, teils durch Entgleisungen und Brände gänzlich zerstört; nur 510 Stück davon wurden nach dem Kriege von ihren früheren Eigentümern als noch brauchbar zurückgenommen, alle übrigen aber tief unter dem Beschaffungspreise veräußert. Unter den 419 Lokomotiven fanden die früheren Besitzer nur 109 zurücknehmenswert, sechs andere wurden gänzlich verloren, 310 wohlfeil verkauft.
Die Jahre 1862 bis 1863 wurden vom General Mac Callum nur als Einführungszeit zur gewaltigen Leistung des Jahres 1865 bezeichnet; da galt es, die Tennessee-Armee von 100.000 Mann Stärke mit 60.000 Zugtieren und sonstigem Zubehör über 320 km in Feindesland vorzuschieben und mit einer einzigen 580 km langen Bahnstrecke den Nachschub zu bewirken. Wie sehr die täglichen Zerstörungen den Betrieb beeinflussten, mag die Führung von Trümmerzügen (wrecktrains) bezeugen, die in den sechs Monaten Jänner bis Juli 1865 allein 16 zerstörte Lokomotiven und 294 Wagenladungen von Brücken- und Wagentrümmern befördert haben, ungerechnet den Oberbau.
Am 8. August 1865 wurde die Eisenbahntruppe unter besonderer Anerkennung ihrer Leistungen aufgelöst. Vom heute tobenden Weltkrieg mit der raschen Bewegung von Millionenheeren sind diese amerikanischen einst viel bewunderten Leistungen weit in den Schatten gestellt worden. Die Nachwelt wird es erst voll zu würdigen wissen, wie deutsche Technik, Tatkraft sowie Feldherrngeist und Heldenmut gegen ungeheure Übermacht gesiegt haben.

Nach der Kapitulation der Südstaaten wurde in ihrer Hauptstadt Richmond diese auch schon etwas ältere 2'B-Lok fotografiert.
Rechts im Hintergrund erkennt man gerade noch das „State Capitol", auf dessen Freitreppe die „Konföderierten Staaten von Amerika" vier Jahre zuvor ihre Unanhängigkeit proklamiert hatten.

Lehrstück Europa:

Moltke siegt per Bahn

Eine in Frankreich gedruckte Ansichtskarte zeigt dramatische Kämpfe auf einem nicht identifizierbarem Bahnhof im Winter 1870/71.

So stellte sich der Grafiker einer illustrierten Zeitschrift vor hundert Jahren den Bau militärischer Behelfsbahnen vor. Wie bei vielen Darstellungen aus dieser Zeit fällt die Neigung auf, den Krieg bei aller Dramatik doch als beherrschbare und geordnete Abfolge von Ereignissen darzustellen. Vorliegend sehen wir mit der staunenden Landbevölkerung im Hintergrund eine perfekte Idylle, mit der ein Krieg auch 1866 oder 1870/71 wirklich nichts gemein hatte. Erst recht böse war das Erwachen dann 1914.

Vor hundert Jahren lernte jedes deutsche Schulkind die Chronologie der „Einigungskriege“ als Folge ruhmreicher Siegeszüge bis zur Errichtung des Kaiserreichs auswendig. Heute sind die Schlachten weithin vergessen, die politischen Triumphe verblasst. Daher ein kurzer Blick auf die europäischen Kriege mit deutscher Beteiligung in den fast genau hundert Jahren zwischen der endgültigen Niederschlagung Napoleons und dem Beginn des Ersten Weltkrieges.

DEUTSCHE KRIEGE ZWISCHEN 1815 UND 1914

Von 1848 bis 1850 kämpften Preußen und Dänemark um den Besitz des Herzogtums Schleswig. Nicht wegen militärischer Erfolge Dänemarks, sondern aus Gründen europäischer Gleichgewichtspolitik setzten die Großmächte den Rückzug des Deutschen Bundes und eine vorläufige Herrschaft Dänemarks in Schleswig und Holstein durch.

1863 proklamierte Dänemark mit einer Gesamtstaatsverfassung seinen dauerhaften Anspruch auf Schleswig. Dies hatte auf deutscher Seite eine Welle nationaler Empörung zur Folge. Der preußische Ministerpräsident Otto von Bismarck nutzte die Situation und veranlasste Österreich zu einer gemeinsamen Militäroperation gegen Dänemark, die als deutsch-dänischer Krieg 1864 in die Geschichte einging. Am 1. Februar 1864 überschritten die vereinigten Truppen die Grenze nach Schleswig-Holstein. Nach mehreren Niederlagen musste Dänemark im Wiener Frieden vom 30. Oktober 1864 ganz Schleswig-Holstein und Lauenburg an Preußen und Österreich abtreten. Als überlegener Feldherr machte sich der von 1857 bis 1888 amtierende preußische Generalstabschef Helmuth Graf von Moltke (geb. 1800, verst. 1891) einen Namen.

Dem gemeinsamen Sieg in Schleswig-Holstein folgte sogleich der Konflikt zwischen den deutschen Führungsmächten Preußen und Österreich. Als preußische Truppen entgegen der Gasteiner Konvention Holstein besetzten, bewirkte Österreich den Ausschluss Preußens aus dem Deutschen Bund und die Mobilmachung des Bundesheeres gegen Preußen, das diese Schritte als Kriegserklärung betrachtete. Dem Bündnis aus Österreich, Sachsen, Bayern, Württemberg, Baden, Hannover und drei hessischen Staaten war gegen das Bündnis Preußens mit weiteren norddeutschen Staaten und Italien kein Glück beschieden. Die preußische Hauptmacht rückte in Böhmen ein und erzielte am 3. Juli 1866 den entscheidenden Sieg bei Königgrätz (heute Hradec Kralove in Tschechien). Preußen drang aber auch nach Nordbayern vor und schlug das bayerische Heer. In der Folge der Friedensverträge vom August und September 1866 annektierte Preußen Schleswig-Holstein, Hannover, Kurhessen, Nassau und Frankfurt (Main), Österreich trat Venetien an Italien ab. Der

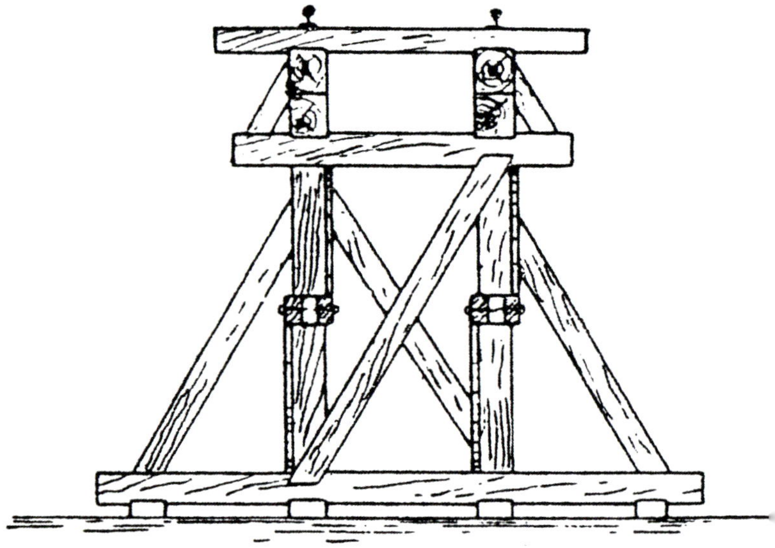

Und so wählte dieselbe Abteilung den Querschnitt für den Ersatz einer von den eigenen Truppen zerstörten Flutbrücke am Ufer der Berzwa bei Prerau in Mähren.

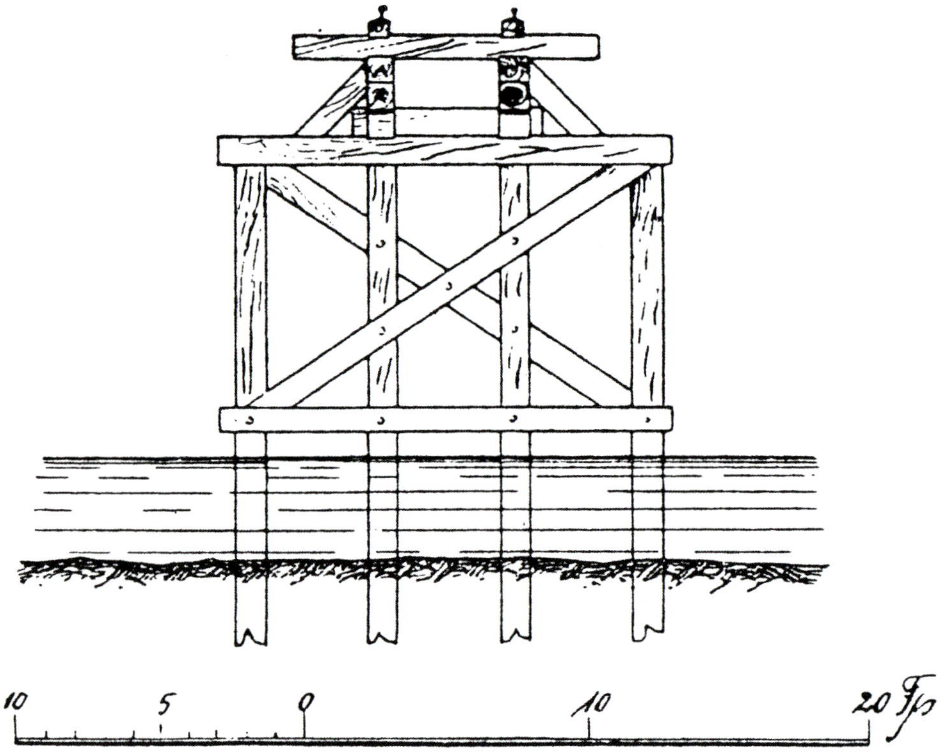

Noch gab es keine Normen und Baukastensysteme für behelfsmäßige Flussübergänge. Beim Ersatz der auf 50 m Länge abgebrannten Holzbrücke der österreichischen Nordbahn über die Thaya bei Lundenburg an der niederösterreichisch-mährischen Grenze wählten die Ingenieure und Zimmerleute der preußischen Feld-Eisenbahn-Abteilung 3 eine schlichte Konstruktion.

preußisch-österreichische Krieg von 1866 hatte politisch weit reichende und durchaus problematische Folgen: Er führte zum Ausscheiden Österreichs und damit auch von Millionen Österreichern deutscher Nationalität zwischen Südtirol und Schlesien aus deutscher Staatlichkeit und zur preußischen Dominanz im nunmehr entstehenden „kleindeutschen" Hohenzollern-Reich. Die Wunden von 1866 hatten noch grausame Fernwirkungen: ein halbes Jahrhundert später für das unselige Kriegsbündnis zwischen dem preußischen Reich und dem österreichischen Vielvölkerstaat – und wieder ein Vierteljahrhundert später für die „großdeutsche" Propaganda eines österreichischen Demagogen.

Preußen wurde 1866 zu einer europäischen Großmacht und musste in Rivalität zu Frankreich geraten. Eine geschickte Provokation Bismarcks führte zur französischen Kriegserklärung am 19. Juli 1870. Die süddeutschen Staaten traten sofort an die Seite Preußens. Von der Pfalz aus drangen drei in kürzester Frist mobilgemachte Armeen vor und übernahmen die Initiative. Nach den siegreichen Schlachten im August bei Weißenburg, Wörth, Spichern, Colombey-Nouilly, Vionville-Mars la Tour und Gravelotte-St. Privat war die französische Rheinarmee in der Festung Metz eingeschlossen. Die zu Hilfe eilende Armee Mac Mahon wurde nach Sedan abgedrängt und umzingelt; sie musste am 2. September kapitulieren. Der französische Kaiser Napoleon III. geriet mit ihr in Gefangenschaft. Zwei Tage später wurde in Frankreich die Republik ausgerufen. Die Deutschen schlossen Paris ein und erzwangen die Aufgabe von Metz am 27. Oktober. Sodann besiegten sie die zur Rettung von Paris aufgebotenen Armeen und kamen dabei weit in den Norden und Westen Frankreichs bis an die Atlantikküste. Noch vor dem Fall von Paris wurde am 18. Januar 1871 in Versailles der preußische König Wilhelm I. zum Deutschen Kaiser proklamiert. Mit dem Übertritt der französischen Ostarmee in die Schweiz am 1. Februar 1871 endete der deutsch-französische Krieg 1870/71, der letzte siegreiche Krieg für Deutschland. Im Frieden von Frankfurt vom 10. Mai 1871 musste Frankreich u. a. Elsass-Lothringen an Deutschland abtreten.

Auch bei diesem Krieg war der vordergründige (und mindestens bis 1914 alljährlich hoch gefeierte!) Erfolg mit schweren Lasten für die Zukunft verbunden. Das neu gegründete Deutschland hatte sich das große Nachbarland im Westen zum „Erbfeind" gemacht – und die deutsche Politik kalkulierte mindestens bis 1914, wenn nicht gar bis 1918, mit der Unbesiegbarkeit der preußischen Armee. Die Vorstellung, beim nächsten europäischen Konflikt wiederum mit der von 1870 „gewohnten" Souveränität die französische Armee durch ihr Land jagen zu können, wurde unter dem Stichwort „Schlieffen-Plan" zu einer Grundvoraussetzung der Berliner Außen- und Militärpolitik.

Die preußischen Eisenbahnaktivitäten in den „Einigungskriegen" wurden im Stolz des Sieges und zur künftigen Auswertung der Erfahrungen in dicken Büchern ausführlich dokumentiert[1]. Hier muss ein kleiner Überblick genügen. Um die Vorgänge zu verstehen, muss man sich das Eisenbahnwesen in einem noch recht frühen Entwicklungsstadium vorstellen. Die weithin privat betriebenen Streckennetze waren noch sehr weitmaschig und boten nicht viele Möglichkeiten für engräumige Umleitungen. Die meisten Strecken waren eingleisig. Die Bahnhöfe verfügten über geringe Gleiskapazitäten. Die Lokomotiven waren zierliche 1A1-, 1B- und C-Maschinen. Wie wenig selbstverständlich der militärische Gebrauch der Eisenbahnen war, wird aus der Benutzung fachfremden Vokabulars deutlich. So sprach man noch 1870 für Be- und Entladevorgänge stets von „Ein-" und „Ausschiffung".

1) z. B. Hermann Budde, Die französischen Eisenbahnen im deutschen Kriegsbetriebe 1879/71, Berlin 1904

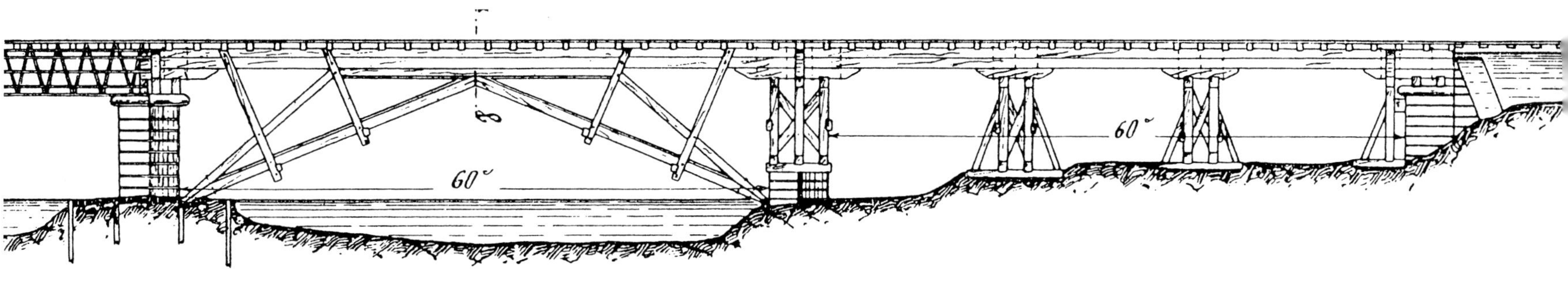

Die an die Flutbrücke anschließende Strombrücke über die Berzwa war bereits eine Stahlgitterträgerbrücke. Die Sprengung eines Strompfeilers machte ein hölzernes Sprengwerk erforderlich.

Die Längenangabe in der Skizze darf nicht im Sinne einer Spannweite von 60 m verstanden werden. Man rechnete noch in Fuß, so dass als metrische Länge etwa ein Drittel anzusetzen ist.

FELD-EISENBAHNABTEILUNGEN 1866

Nach dem Vorbild der nordamerikanischen Union veröffentlichte das preußische Kriegsministerium am 9. Mai 1866 „Grundzüge für Organisation und Dienstbetrieb der bei einer Mobilmachung zu formierenden Feld-Eisenbahnabteilungen" aus Truppen und Technikern. Ihre Aufgabe sollte in der Wiederherstellung unterbrochener und der Anlage kurzer neuer Strecken bestehen, beides in unmittelbarem Zusammenhang mit dem Gang der Operationen. Damit entstanden die ersten deutschen Eisenbahntruppen. Zunächst war beabsichtigt, den FEA[2] auch den Betrieb auf (wieder) hergestellten Strecken zu übertragen. Alsbald fiel jedoch der Entschluss, hierfür besondere Betriebskommissionen und als Spitzenbehörde eine „Exekutivkommission" beim Großen Hauptquartier zu bilden. Die Trennung von Bau- und Betriebstruppen finden wir auch noch im Ersten Weltkrieg. Am 25.05. und 01.06.1866 wurde die Aufstellung von insgesamt drei FEA befohlen. Jeweils sollten unter zwei Offizieren und drei Bauräten und -meistern zugewiesen werden: sieben Bahnmeister, ein Feldwebel, vier Unteroffiziere, sechs Gefreite, 39 Pioniere und acht Trainsoldaten. Die Beiziehung von Zivilarbeitern war freigestellt.

Die FEA Nr. 1 arbeitete sich von 24. Juni an aus der Oberlausitz nach Nordböhmen vor. Höhepunkt der Reparaturarbeiten war der Wiederaufbau eines 14 m hohen Viaduktes bei

2) Im Folgenden mit der nichtamtlichen Abkürzung FEA gekennzeichnet. Es fällt auf, dass die im Ersten Weltkrieg so unübersehbare Abkürzungsseligkeit noch nicht begonnen hatte.

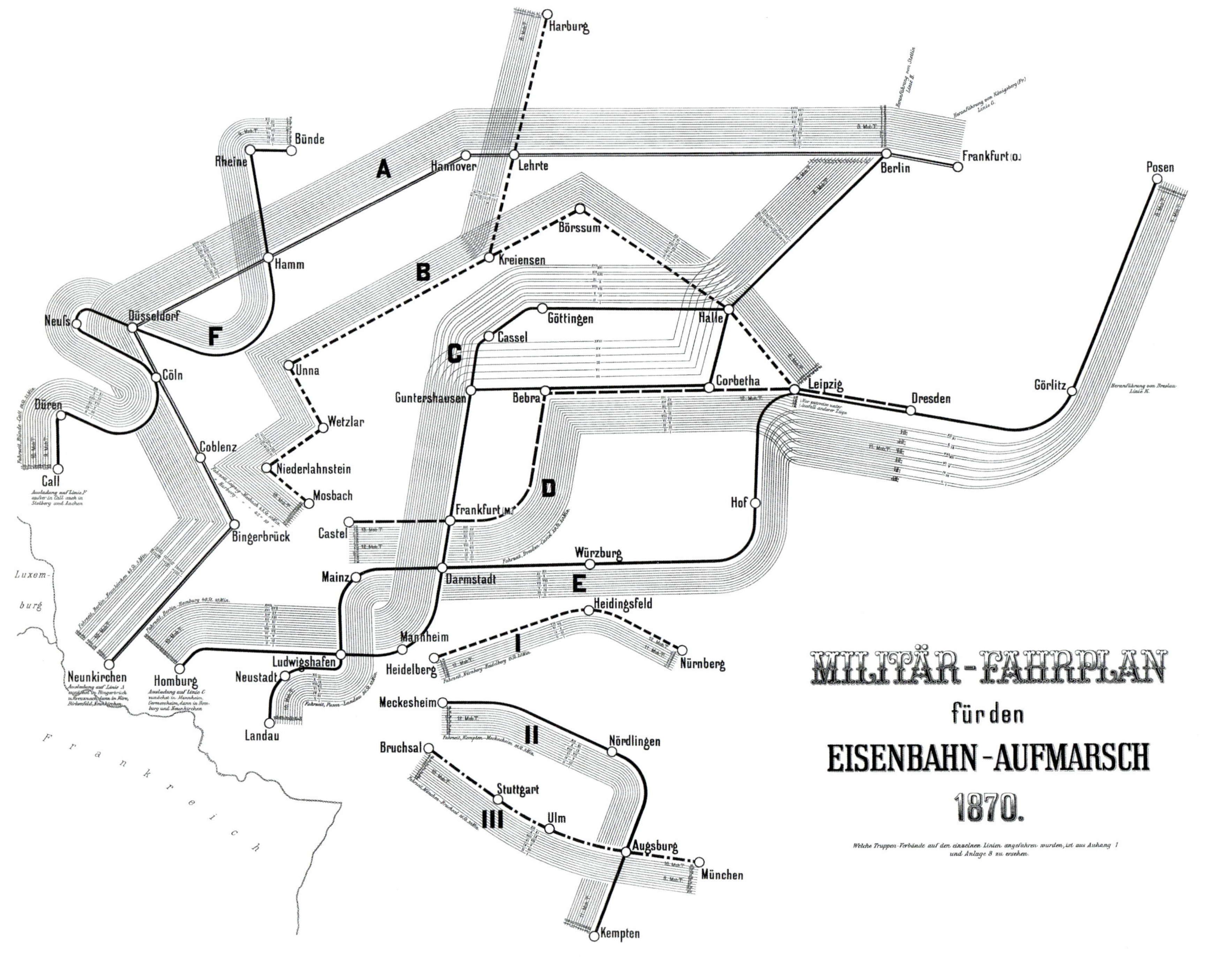

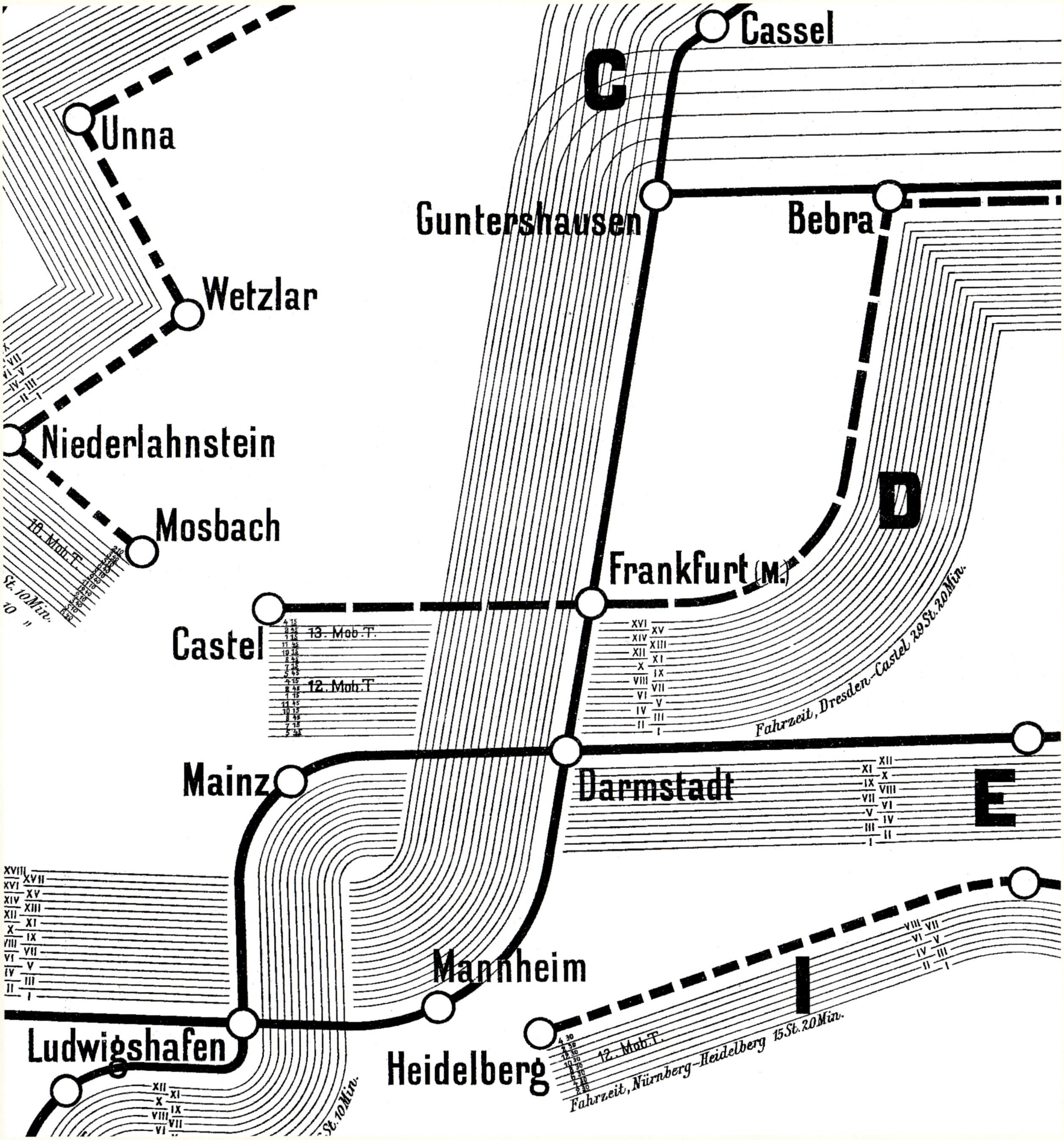

Aus dem vom Großen Generalstab 1897 mit dem Vermerk „Geheim" gedruckten Buch „Der Eisenbahn-Aufmarsch zum deutsch-französischen Kriege 1870/71" ist die Karte entnommen, die hier links einmal als Gesamtansicht abgebildet ist und oben in einem Ausschnitt, der etwa in Originalgröße wiedergegeben ist.
Der Aufmarschplan vom Juli 1870 zeigt eine großräumige Nutzung des noch weitmaschigen Eisenbahnnetzes im entstehenden Deutschen Reich. Die mit römischen Zahlen nummerierten Linien kennzeichnen pro Eisenbahnstrecke die für Militärzüge verfügbaren Fahrplantrassen pro Tag. Mit 24 Fahrmöglichkeiten täglich war die Strecke Dresden – Leipzig am stärksten belastbar. Von sechs Hauptaufmarschlinien (im 20. Jahrhundert nannte man sie „Transportstraßen") waren durchgehend zweigleisig nur die Linien Berlin – Hannover – Köln – Neunkirchen (bis Bingerbrück) und Berlin – Halle – Cassel – Frankfurt (Main) – Mannheim – Homburg i. Pf.

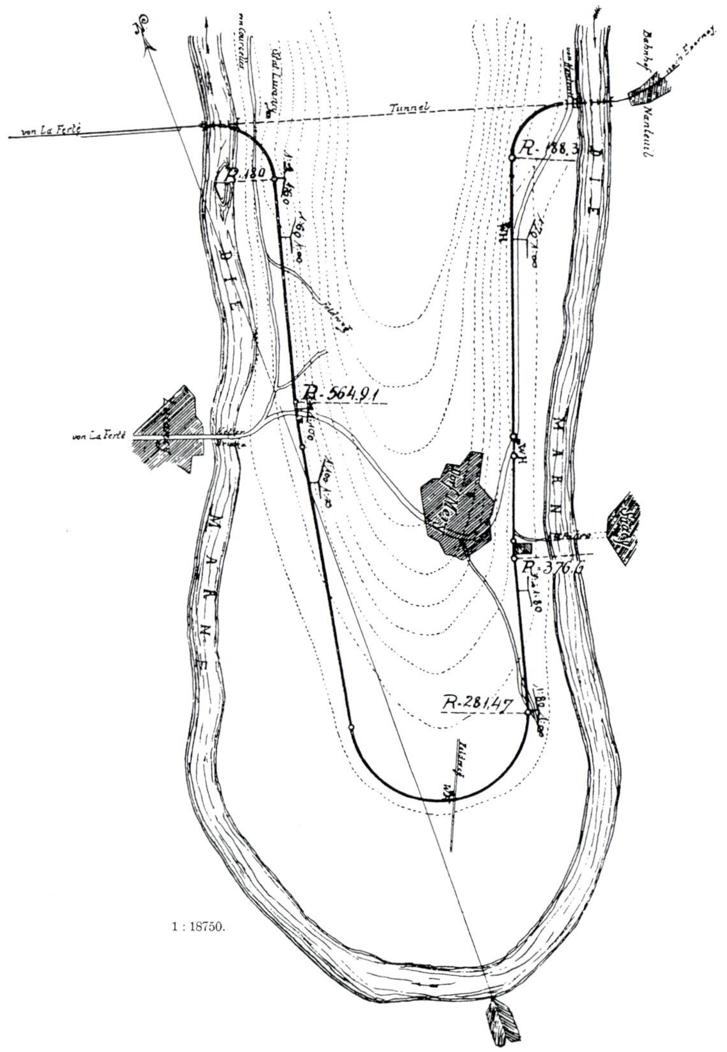

Bei Nanteuil-sur-Marne schnitt ein Tunnel der zweigleisigen Hauptbahn Chalon-sur-Marne – Paris eine enge Fluss-Schleife ab. Die Franzosen hatten den 1 km langen Tunnel so gesprengt, dass große Mengen Gestein die Röhre auf etwa 30 m vollständig ausfüllten. Am 17. September 1870 begann die Feldeisenbahn-Abt. Nr. 2 mit dem bergmännischen Vortrieb durch die Schüttmasse. Da in zwei Monaten angestrengter Arbeit keine Stabilisierung möglich war, beendete man am 13. November die Bemühungen und forcierte den schon begonnenen Bau einer 5 km langen eingleisigen Umgehungsbahn mit Radien von teilweise nur 188,5 m. Am 23. November 1870 wurde ihr Betrieb eröffnet.

Königinhof. Bis zur Waffenruhe am 22. Juli machte die FEA Nr. 1 auch die sächsisch-bayerische Strecke Leipzig – Hof – Münchberg wieder befahrbar.

Die FEA Nr. 2 begann ihre Arbeit an der Elbbrücke bei Riesa. Zwei Bögen der Holzkonstruktion waren abgebrannt worden. Als Ersatz wurde eine Balkenbrücke auf elf Gerüstböcken gebaut. Dann begleitete sie die Operationen der Mainarmee von Eisenach in Richtung Fulda, Coburg, Darmstadt und Mannheim. Bis zu der für diese Armee gültigen Waffenruhe am 2. August 1866 stellte die Abteilung noch die Strecke Darmstadt – Aschaffenburg – Würzburg her und schützte sie vor wiederholten Anschlägen der Bevölkerung.

Die FEA Nr. 3 rückte von Schlesien ins preußisch-österreichische Hauptkampfgebiet in Böhmen und Mähren vor. Bedeutende Brücken baute sie bei Prerau und Lundenburg.

Österreich ging ohne systematische Vorbereitung auf dem Gebiet des Eisenbahnwesens in den Krieg von 1866. Dennoch spielte die Eisenbahn eine große Rolle. Besonders wichtig wurde für den nördlichen Kriegsschauplatz die Kaiser-Ferdinands-Nordbahn, deren Hauptstrecke von Wien über Lundenburg – Prerau – Oderberg nach Krakau führte. Innerhalb von sechs Wochen musste die Nordbahn für die k.k. Nordarmee 568 Militärzüge mit 256.500 Mann, 35.600 Pferden und 4.928 Fahrzeugen befördern. Zwischen 20. Mai und 10. Juni mussten im Tagesdurchschnitt 22 Transporte bewältigt werden. Mit

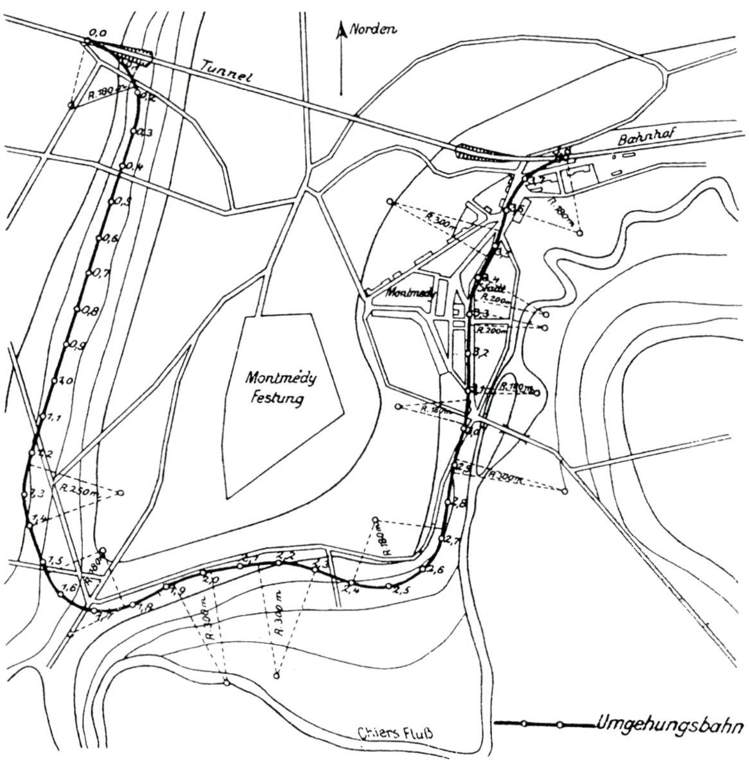

Eine ganz ähnliche Situation ebenfalls in Frankreich, aber 44 Jahre später: 1914 sprengten die Franzosen den Tunnel unter der Festung Montmedy und sperrten damit eine für die Angreifer wichtige Bahn nach Westen. Zunächst bauten die Deutschen eine ganz ungünstige Umgehungsbahn durch die Straßen der Stadt und alsbald eine bessere Strecke, die aber auch ein Nadelöhr blieb. Der Tunnel konnte erst nach sehr viel Mühe wieder befahren werden, war aber so instabil, dass er ständiger Nacharbeit bedurfte. Erst nach dem Ersten Weltkrieg wurde er endgültig wiederhergestellt – um 1940 wieder gesprengt zu werden.

den Räumungszügen im Verlauf der Niederlage stieg die Zahl der Züge, die während des Kriegs dort befördert wurden, auf 1.568 mit durchschnittlich 48 Achsen.

Viele Anlagen der Nordbahn wurden zur Erschwerung des preußischen Vormarschs im Juni und Juli 1866 zerstört. Acht der 13 hiervon betroffenen Brücken bestanden noch aus Holz und wurden abgebrannt; die Stahl- und Steinbrücken wurden gesprengt. Am 15. Juli 1866 erreichten die Preußen die Nordbahn bei Lundenburg und konnten weitere österreichische Bewegungen auf dieser Magistrale verhindern.

Die Südbahn über den Semmering, Graz, Laibach und Triest nach Oberitalien musste die gesamte österreichische Südarmee gegen Italien in Stellung bringen. Von 1. bis 19. Mai 1866 wurden 180.000 Mann, 7400 Pferde, 920 Geschütze und Fuhrwerke sowie 25.000 t Nachschubmaterial transportiert.

Auch in Sachsen kam es zu Bahnzerstörungen von eigener Hand. Am bekanntesten wurde die Unterbrechung der Elbbrücke bei Riesa, der ersten großen Eisenbahnbrücke Deutschlands aus dem Jahre 1839. Bemerkenswert war auch eine andere sächsische Defensivmaßnahme des Sommers 1866: Fast der gesamte Lokbestand wurde südwestwärts nach Hof und Eger, teilweise aber sogar bis Budapest evakuiert!

Die Erfahrungen aus dem Krieg von 1866 machten das Bedürfnis unabweisbar, mit deutlich mehr Personal den Friedensstamm einer Eisenbahntruppe zu bilden, die mit besserer Ausrüstung und größerer Übung ihre Aufgaben erfüllen sollte. 1869 wurde erstmals formuliert, dass diese Truppe nicht nur für den Bau, sondern auch für die Blockade von Eisenbahnen vorbereitet werden müsse. Am 19. April 1869 protokollierte die Landesverteidigungs-Kommission die Erkenntnis, dass „größere Zerstörungen der Bahnkörper … ein einfacheres und wirksameres Mittel für die Absperrung der vaterländischen Eisenbahnen bilden als die Befestigung der Knotenpunkte“. Der endgültige Übergang von den bewachten Toren der ersten Bahnstrecken beim Austritt aus den Stadtmauern zu den mobilen Aufreiß- und Sprengtrupps für die freie Strecke mar-

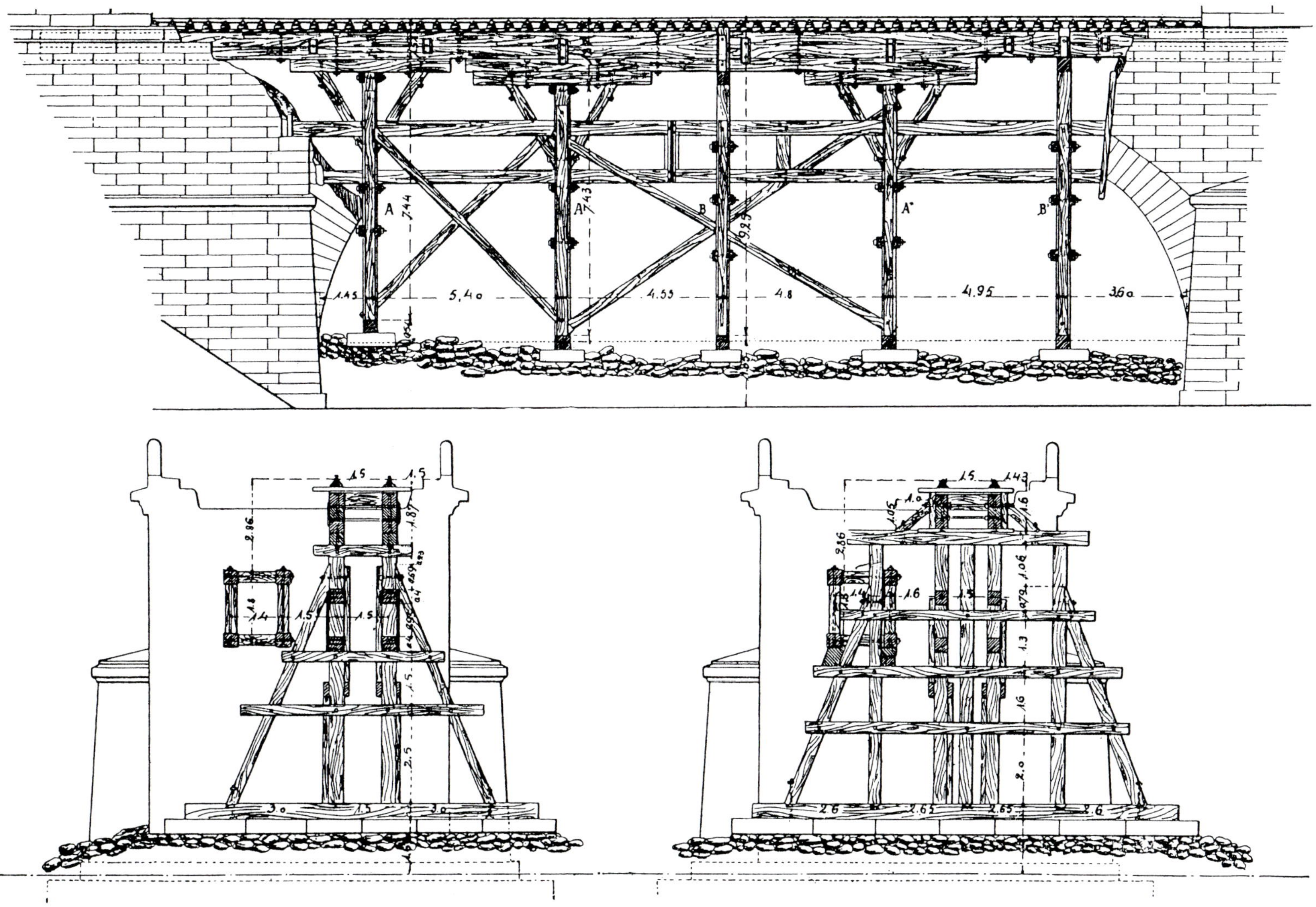

Die „Geschichte der preußischen Eisenbahntruppen“ von Hille und Meurin aus dem Jahre 1910, aus der unsere Skizzen stammen, bemühte sich um eine sowohl lehrreiche als auch ästhetische Darstellungsweise. Das Bild des hölzernen Einbaus in die Sprenglücke des Loireviadukts bei Bouvray südlich von Paris lässt keine Fragen offen.

kiert eine bedeutende Wendung der Militärgeschichte. Noch bevor eine dauerhafte Eisenbahntruppe Gestalt gewinnen konnte, trat der nächste Ernstfall ein.

MOBILMACHUNG UND AUFMARSCH 1870

Am 16. Juli 1870 wurde die Mobilmachung gegen Frankreich befohlen. Nach der gültigen „Organisation des Etappenwesens zur Zeit des Krieges" vom 2. Mai 1867 lag die oberste Leitung der Truppentransporte in den Händen der aus Offizieren und Räthen verschiedener Ministerien gebildeten „Zentral-Kommission". Ihr unterstanden die mit der Mobilmachung zu errichtenden Linien-Kommissionen (für die wichtigen Strecken) und Etappen-Kommandanturen (auf Hauptstationen). Bayern hatte eine parallele Regelung eingeführt. Das Kriegs- und das Handelsministerium sowie die großen Privatbahnen hatten zwischen Februar und März 1870 die Grundzüge für die Mobilmachungstransporte vereinbart, die teils mit planmäßigen Personenzügen und teils mit Sonderzügen gefahren werden sollten. Unterschieden wurde nach kürzeren Transporten innerhalb des Gebietes eines Armee-Korps und „durchgehenden" (nämlich das Gebiet von mehr als einem Armee-Korps berührenden) Mobilmachungs-Transporten. Die letztgenannten beförderten von 20. bis 28. Juli 1870 mit 70 Plan- und 155 Sonderzügen 99.537 Mann und 10.443 Pferde. In den östlichen Teilen Preußens war das Hauptproblem der Mangel an Kapazitäten, der es erforderlich machte, einzelne Verbände vom Bahntransport zurückzuweisen und ihnen längere Fußmärsche zuzumuten. Im Westen beeinflussten Sicherungsmaßnahmen die Heeresversammlung. Die Mobilmachungsorte der direkt an der Westgrenze stehenden Truppen wurden zum Schutz gegen französische Handstreiche an den Rhein zurückverlegt.

Im Gegensatz zu 1866 wurden Mobilmachung und Aufmarsch nun schon zeitlich verzahnt. Für den mit 23. Juli beginnenden Aufmarsch wurde ein vorbereiteter Militär-Fahrplan unter Ausschluss jeglichen Privatverkehrs in Kraft gesetzt, der auf zweigleisigen Aufmarschlinien täglich 18, auf eingleisigen 12 Militärzüge vorsah, die einheitlich mit 22,5 km/h fahren sollten. Sechs norddeutsche Aufmarschlinien A bis F und drei süddeutsche I bis III führten aus einem sehr breiten Quellgebiet u. a. mit den Anfangsbahnhöfen Münster, Berlin, Posen, Dresden, Schwandorf, München und Kempten in die Zielgebiete an Saar und Rhein sowie in der Pfalz.

Aus Frankreich wurde berichtet, dass von 16. bis 20. Juli täglich je eine Division ab Paris ostwärts fuhr. Durch Meaux fuhren in 24 Stunden 40 Truppenzüge. Am 19. Juli wurden in Mülhausen mindestens 50 Lokomotiven für Truppentransporte beobachtet. Deswegen verlegte v. Moltke die „Ausschiffung" zweier Korps von Neunkirchen und Homburg zurück nach Bingerbrück und Mannheim. Am 20. Juli befahl er, „die Bahn Saargemünd – Hagenau gründlich zu zerstören. Bahndirektion um technische Hülfe ersuchen". Die Professionalität der Arbeit ließ noch zu wünschen übrig: Die entsandten Ulanen „entdeckten" die Bahn erst in der dritten Nacht (!) und führten am 24. Juli „einige Unterbrechungen" aus. Der Gegner zerstörte zu dieser Zeit schon die Brücke bei Saargemünd und beschoss Züge auf dem rechten Saarufer.

Weitestgehend vollzog sich der Aufmarsch planmäßig. Am 27. Juli trug sich in Wallhausen der einzige nennenswerte Unfall zu: Wegen falscher Weichenstellung fuhr ein Leerzug auf einen Truppenzug auf, drei Loks und zwei Wagen entgleisten, sieben Tote waren zu beklagen. Auf vielen Bahnhöfen ergaben sich große Mängel an Gleisen und Lokomotivwasser. Vielfach konnten Leer- und Proviantwagen weder günstig abgestellt noch schnell weitergeleitet werden. Viele überlange Züge waren mit zwei Zugloks und einer Schiebelok unterwegs. Am 28. Juli beschwerte sich Cassel telegrafisch in Berlin, weil aus Erfurt ein Zug mit 142 Achsen eingetroffen war. Die Zentral-Kommission belehrte die Linien-Kommission D in Erfurt mit der Depesche: „Züge von 135 Achsen viel zu schwer. Regelmäßige Durchführung der Transporte damit unmöglich." Im Zuge des Aufmarsches bis zum 27. Mobilmachungstag wurden 1492 Züge gefahren, die 21.100 Offiziere, 618.672 Mann, 171.583 Pferde sowie 17.991 Geschütze und Fahrzeuge westwärts brachten. Diese schnelle Transportleistung ermöglichte es, den Krieg fast vollständig vom Heimatland fernzuhalten. Frankreichs Bahnen hatten nicht mithalten können: Sie brachten nur 300.000 Mann, 65.000 Pferde und 6.600 Geschütze und Fahrzeuge auf den Kriegsschauplatz.

DEUTSCHER BAHNBAU UND BAHNBETRIEB IN FRANKREICH 1870/71

Schon am 13. August 1870 konnte der zweigleisige Betrieb bis Remilly tief in Lothringen aufgenommen werden. Hier mussten die deutschen Eisenbahnpioniere eines der schwierigsten Hindernisse überwinden. Die weitere Strecke führte durch die Festung Metz, die noch von den Franzosen gehalten wurde. Man sah keine andere Möglichkeit als den Bau einer provisorischen Umgehungsbahn Remilly – Pont à Mousson. Die Truppen begannen am 14. August mit dem Projekt, zogen etwa 3.000 deutsche und französische Zivilarbeiter heran und konnten die Strecke am 26. September dem Betrieb überge-

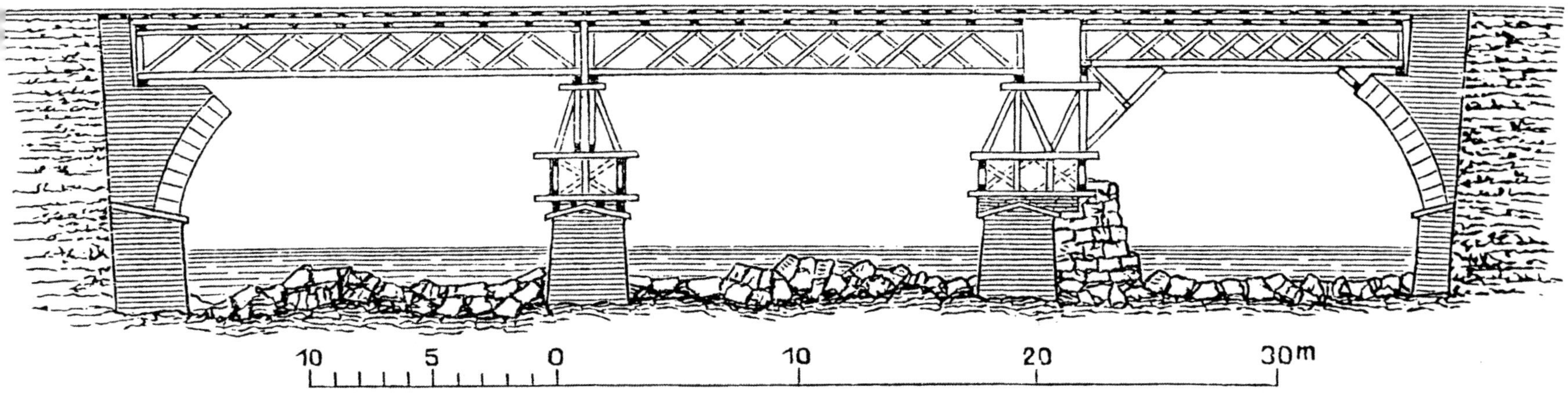

Die Feldeisenbahn-Abt. 4 zimmerte von 8. Dezember 1870 bis 19. Januar 1871 einen hölzernen Ersatz für den völlig gesprengten Armançon-Viadukt bei Nuits im südöstlichen deutschen Betriebsgebiet in Frankreich auf der Strecke Joigny – Dijon – Gray.

ben. Deutliche Mängel in Linienführung und Höhenprofil, schlechter Untergrund und mangelnde Ausweich- und Wasserkapazitäten beschränkten die Nutzung aber auf täglich fünf Züge. Die Kriegsbahn erhielt bis zum Fall von Metz keine große Bedeutung mehr.

Längst waren die militärischen Operationen nämlich weit über Lothringen vorangeschritten. Erstmals in der Kriegsgeschichte wurde Feldeisenbahnern die komplexe Aufgabe gestellt, in einem großen Feindesland ein weit gespanntes Eisenbahnnetz in Besitz zu nehmen, zu erkunden, mit eigenen und erbeuteten Fahrzeugen zu betreiben und gegen fortdauernde Kämpfe zu sichern. Es handelte sich zuletzt um mehr als 4.000 Strecken-Kilometer! Wiederum sei an den Stand der Technik erinnert. Fast alle Linien waren eingleisig, die Bahnhöfe schwach ausgebaut, die Werkstätten nur mit schlichtester Technik ausgestattet. Allein die Wasserversorgung für die kleinen Tender der Lokomotiven bereitete ständig Sorgen.

Die größten bautechnischen Leistungen galten der Wiederherstellung zerstörter Brücken. Die schon 1859, 1866 und im amerikanischen Bürgerkrieg beobachtete Zerstörung von Brücken gewann 1870 in Frankreich jene Systematik, die sie auch in beiden Weltkriegen behalten sollte. Dieser Systematik entsprach die Dringlichkeit, mit der von den Eisenbahnbautruppen die Herstellung von Provisorien gefordert wurde. Noch gab es keine Baukastensysteme, und noch war es der spontanen Initiative der Offiziere und Ingenieure vor Ort überlassen, in welcher Weise sie deutsche oder französische Firmen bzw. Arbeiterkolonnen heranzogen.

Schwieriger als in späteren Kriegen gestaltete sich die Sicherstellung der Zugförderung. Die jeweils sehr wenigen Lokomotiven, über die seinerzeitige Depots verfügten, waren handwerklich gefertigte Unikate, aus denen kaum ein Teil für eine schadhafte Artgenossin zu übernehmen war. Bauart und Leistung jeder Beutelok mussten zunächst erforscht werden. Aber auch die aus der Heimat nachgeführten Loks waren in Zeiten ohne technische Normen nicht auf Anhieb einschätzbar. Beispielsweise erfragte die Betriebskommission IV bei den Heimatverwaltungen die technischen Daten und offiziellen Zugkraftangaben und veröffentlichte am 1. Februar 1871 eine Art Merkbuch. Es differenzierte nach drei Streckenklassen mit schwächeren, mittleren und stärkeren Steigungen und des Weiteren nach „gut Wetter" und „schlecht Wetter". Daraus ergaben sich sechs Leistungsbereiche. So sollten die „Stolp" der preußischen Ostbahn oder die „Glogau" der Bergisch-Märkischen Eisenbahn (beide Achsfolge C) bei gutem Wetter in der Ebene 120 Achsen und bei schlechtem Wetter auf Steigungen bis 1 : 60 noch 42 Achsen schleppen; bei Loks mit nur zwei angetriebenen Radsätzen reichte die Skala von 90 bis zu 32 Achsen hinunter. Die Theoretiker mussten sich jedoch vom Betriebsdienst belehren lassen: Mit schlechter Kohle, zähflüssigem Schmieröl und mangelhafter Pflege sei von den Loks keinesfalls die in der Heimat genormte Leistung zu erwarten. Außerdem könne das nicht ausreichend streckenkundige Personal nicht mit gewohnter Geschicklichkeit die Gefälle-Abschnitte ausnutzen, um für die nächste Steigung Schwung zu holen.

Insgesamt setzten die Deutschen in Frankreich bis zum Beginn des Waffenstillstandes 405 Lokomotiven ein. Davon kamen 280 von deutschen Bahnen, 75 waren angekauft und 50 erbeutet worden.

Nach dem Waffenstillstand mussten die Franzosen weitere 200 Loks für die fortdauernde Präsenz und schließlich die Heimfahrt der Besatzer stellen.

LOKOMOTIVTRANSPORT AUF LANDSTRASSEN

Eine Besonderheit des deutsch-französischen Krieges blieb die Überführung der so raren und kostbaren Lokomotiven zu isolierten Streckenabschnitten. Solche Aktionen waren den Lokherstellern und Bahnverwaltungen auch in friedlichen Zeiten des 19. Jahrhunderts nicht fremd, weil die Streckennetze noch lückenhaft waren und sogar große Fabriken lange auf ihren Gleisanschluss warteten. Doch die Beförderung teilzerlegter Lokomotiven auf schweren hölzernen Wagen per Lokomobil-, Pferde-, Ochsen- und Menschenkraft durch gebirgige Landschaften unter den Augen einer feindseligen Bevölkerung blieben auf den Krieg beschränkt. Insgesamt wurden 1870 zehn Maschinen über Land transportiert. Fast jedes Mal nahmen Demontage, Verladung, Beschaffung der Zugtiere, schwierige Tages- und Nachtetappen der Fahrt, Pausen für Mensch und Tier, vielfache Reparaturen des Transportwagens, Anpassung von Straßen und Ortsdurchfahrten insgesamt mehrere Wochen in Anspruch.

Das Kapitel über den deutsch-französischen Krieg endet mit einem Bericht aus der Tätigkeit der Feld-Eisenbahnabteilung Nr. 5, Oktober 1870 bis Januar 1871:

Der in einer scharfen Krümmung liegende Viadukt bei Xertigny hat neun halbkreisförmig gewölbte Öffnungen von je 12 m lichter Weite bei 37 m größter Höhe über der Talsohle und ist 142 m lang. Bei der Erkundung am 16. Oktober 1870 war nur ein Pfeiler gesprengt worden, wodurch die beiden anschließenden Gewölbe eingestürzt waren. Über der so entstandenen Öffnung von 25 m war das Gleis in flachem Bogen hängen geblieben. Leichtsinnigerweise war dieses Gleis von den Pionieren genutzt worden, um den Telegraphendraht auf einem Bahnmeisterwagen nach der anderen Seite hinüberzubringen. Der Wagen sauste zunächst schneller, als wohl angenommen worden war, unter bedenklichen Schwingungen des nur durch die Laschen zusammengehaltenen Gleises hinunter, konnte dann aber nach der anderen Seite nur dadurch wieder hoch gebracht werden, dass die Pioniere, die sich liegend auf dem Wagen festgebunden hatten, die Schienenköpfe erfassten und sich an diesen mit der allergrößten Kraftanstrengung langsam hochzogen. Später war noch das dritte Gewölbe der mittleren Gruppe eingestürzt, wodurch die zu überbrückende Öffnung auf 38 m erweitert worden war.

Der Mangel einer durchgehenden Eisenbahnverbindung machte sich immer fühlbarer, da Fuhrwerke auf der unsicheren und durch Eis und Schnee manchmal ganz unbefahrbaren Landetappenstraße Epinal – Dijon nur schlecht vorwärts kommen konnten. Schon in der ersten Hälfte des Dezembers wurde daher beschlossen, die Linie südlich des Viadukts bei Xertigny bis Vesoul gesondert in Betrieb zu nehmen. Hierfür mussten Umsteige- und Umladerampen auf beiden Seiten des Viadukts errichtet und durch einen Weg verbunden werden, der in mäßigen Steigungen und Windungen durch das 37 m tiefe Tal geführt wurde. Ungünstig war es, dass südlich Xertigny nur einige Eisenbahnwagen vorhanden waren und eine Lokomotive und weitere Wagen erst auf dem Landwege von Dounoux aus dorthin gebracht werden mussten. Um die Mitte des Dezembers gelang es, einen für Lokomotivtransport geeigneten Wagen von der Aktien-Maschinenfabrik in Karlsruhe und einen solchen für den Transport des Tenders geeigneten in Grafenstaden bei Straßburg leihweise gegen tageweise Miete zu erhalten. Während der Verladung von Lokomotive und Tender wurde zunächst versucht, einen Personenwagen auf seinen eigenen Rädern laufend auf der 9 km langen Chaussee überzuführen. Die Witterungsverhältnisse waren dabei denkbar ungünstig. Starker Schneefall wechselte dabei mit eisiger Kälte, so dass die großen Steigungen der Chaussee selbst für gewöhnliches Fuhrwerk kaum befahrbar waren. Auf die erste Höhe konnte

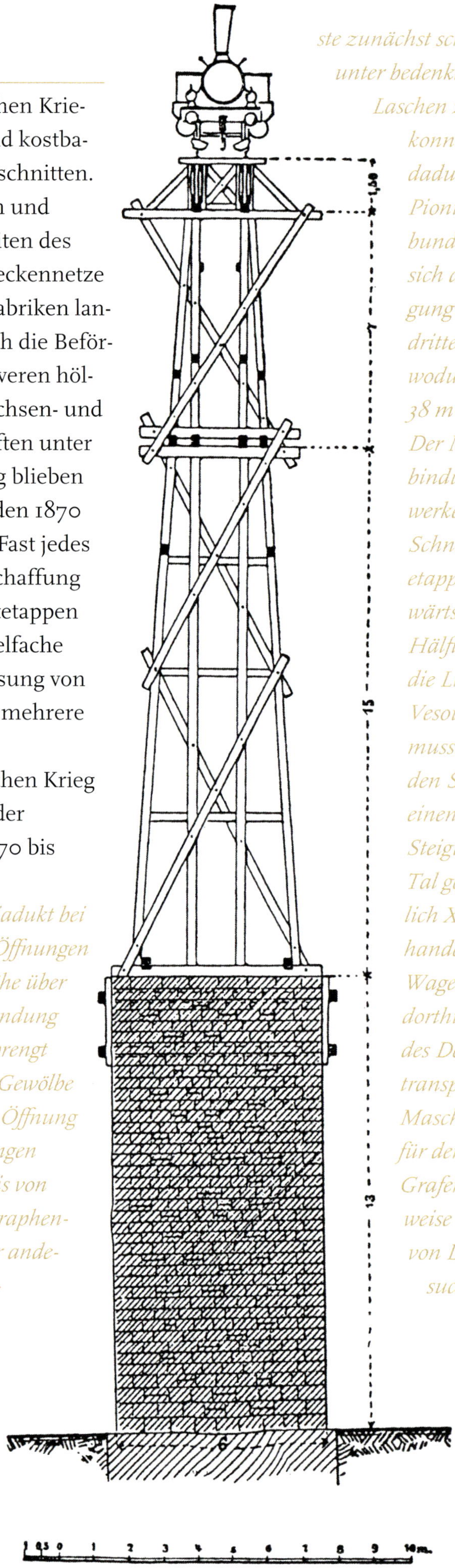

Bei Xertigny unweit Epinal war ein Pfeiler des 37 m hohen Viadukts fast ganz gesprengt, so dass zwei der neun Bögen abgestürzt waren. Einem weiteren Bogen fehlte der Scheitel. Die Querschnittzeichnung beweist die Kühnheit der Hilfskonstruktion, die von der Feldeisenbahn-Abt. 5 von 14. November 1870 bis 24. Februar 1871 errichtet wurde.

Die Erfahrungen aus den Kriegen von 1866 und 1870/71 wurden sorgfältig ausgewertet. Die Aufstellung fester Eisenbahntruppen galt in Preußen nun als Selbstverständlichkeit. Den Erwerb von Routine im Bau und Betrieb von Eisenbahnen wollte man nicht mehr von zufälligen Anlässen bei Staats- und Privatbahnen abhängig machen. 1872 fiel im preußischen Kriegsministerium die Entscheidung für den Bau einer Militäreisenbahn von den Kasernen im Süden Berlins zu einem bei Kummersdorf neu anzulegenden Schießplatz. Generationen von Eisenbahnpionieren übten auf der „Königlichen Militär-Eisenbahn" u. a. den Gleis- und Brückenbau. Da die K.M.E. auch dem öffentlichen Verkehr diente, wurde sie zum Bestandteil der Ausflugskultur der schnell wachsenden Reichshauptstadt. Die 1905 abgestempelte Ansichtskarte zeigt einen Borsig-Dreikuppler der Militäreisenbahn aus dem Jahre 1894 auf einer übungshalber gebauten Holzbrücke. Der steinerne Pfeiler im Vordergrund steht noch heute.

der Wagen von zwölf Pferden wohl gezogen werden, es zeigte sich aber beim Herabfahren sehr bald, dass der Wagen selbst durch die festgebremsten Räder nicht gehalten werden konnte. Der Wagen wurde deshalb an einem langen Tau, dessen eines Ende um einen Chausseebaum geschlungen und von Pionieren gehalten wurde, den Berg hinuntergelassen. Beim Wechseln mit den Bäumen, das natürlich sehr vorsichtig ausgeführt werden musste und daher viel Zeit beanspruchte, riss sich der Wagen einmal los und raste den Berg hinunter in ein Bauernhaus, dessen Bewohner glücklicherweise mit dem bloßen Schrecken davonkamen. Der weitere Transport dieses Wagens sowie fünf weiterer ging ohne Unfall, wenn auch langsam, vonstatten. Am 26. Dezember standen Lokomotive und Tender auf den Wagen verladen zur Abfahrt bereit. Mit dem Transport des Tenders wurde begonnen: dieser blieb am 28. Dezember zwischen Dounoux und Xertigny stecken und traf erst am 3. Januar auf dem Bahnhof in Xertigny ein. Die Lokomotive war auf dem Wege dorthin zehn Tage unterwegs und stand am 10. Januar 1 Uhr mittags in Xertigny auf dem Gleise. Für den Transport der Lokomotive erwiesen sich die auf 20 vermehrten Pferde aus dem Artilleriedepot in Epinal schon bei dem auf horizontaler Strecke angestellten Versuche als unzureichend. Es wurden daher 60 Ochsen beigetrieben und diese, zu je sechs nebeneinander, mit Stirnjochen an drei lange eiserne Ketten gespannt, die an einem Baume befestigt waren, der quer über die Deichsel gestreckt und mit dem Vorderteil des Wagens fest verbunden war. Die Hauptschwierigkeit, die kreuz und quer stehenden Ochsen zum Anziehen zu bringen, wurde von dem Artillerieleutnant dadurch behoben, dass er seine 20 Pferde vor die in Windungen auf der Erde liegenden Ketten spannte, diese strammziehen ließ und den an der Kette befestigten Ochsen so die richtige Zugstellung gab. Dann erhob sich ein wildes Geheul: 30 Pioniere schlugen mit langen Peitschen mehr auf die Franzosen als auf deren Ochsen ein, da sie bald merkten, dass die Ochsen weniger widerspenstig waren als ihre Führer. Einige Husaren ritten voraus und warnten alles, was entgegenkam. Vor jeder Krümmung wurde ein Teil der Ochsen in der Richtung der Tangente weitergeführt, damit der Wagen nicht in den Graben an der Innenseite glitt; deshalb mussten hier entgegenstehende Bäume, Futtermauern usw. weggerissen werden. Vor jeder Steigung wurde die Chaussee mit Beilpicken und Schippen aufgeeist und mit Boden bestreut, der den Chausseeböschungen entnommen wurde. Vor jedem Gefälle wurden fünf Fuß lange Stahlspitzen unter die Räder geschoben. Diese arbeiteten sich schließlich derart durch das Eis in die Chaussee ein, dass die Peitschen wieder in Tätigkeit treten mussten, um loszukommen. An dem Aufeisen der Chaussee waren tagelang fast sämtliche Pioniere der Abteilung aus Xertigny und Dounoux und einige hundert beigetriebene Franzosen tätig. …

In Xertigny setzte der Maschinenmeister Janson mit 22 Pionieren die Lokomotive und die Wagen wieder zusammen, so dass am 27. Januar der Betrieb auf der inzwischen instandgesetzten Strecke bis Vesoul wieder aufgenommen werden konnte, zunächst allerdings nur mit einem Zuge von 16–20 Achsen in jeder Richtung. Der Lokomotive fehlten dabei anfangs sogar Wasserstandsglas und Manometer, die in Fertigny entwendet worden waren.

Übersichtskarte
über die im Kriege 1870/71 durch die Deutschen in Betrieb genommenen französischen Eisenbahnen.
Erläuterungen.
Die wichtigsten Eisenbahn-Zerstörungen.
Brücke.
Viadukt.
Tunnel.
Einschnitt.
Masstab 1 : 1,000000
Kilometer
PARIS
SEINE ET OISE
SEINE ET MARNE
SOMME
SEINE INFÉRIEURE
OISE
AISNE
ARDENNES
MARNE
MEUSE
AUBE
HAUTE MARNE
YONNE
CÔTE D'OR
NIEVRE
CHER
PAS DE CALAIS
NORD

Vom Sonderfall der preußischen Militäreisenbahn abgesehen erhielten die Eisenbahntruppen kaum eigene Fahrzeuge für Vollbahnen. Vielmehr war für den Kriegsfall sehr detailliert die Heranziehung der Lokomotiven und Wagen der Länderbahnen geplant – und eine reichhaltige Beute an feindlichem Rollmaterial erhofft. Eigene Gleis- und Fahrzeugbestände bauten die Eisenbahntruppen jedoch für das Feldbahnsystem mit 600 mm Spurweite auf. Die erste reguläre Feldbahnlokomotive war das 1890 von Krauss in München entwickelte Pärchen zweier Führerhaus an Führerhaus gekuppelter Ct-Loks, der „Zwilling“. Hier sieht man ein Exemplar des bayerischen Heeres auf einem Trajekt über die Isar am Übungsgelände im Norden Münchens. Das deutsche Feldbahnsystem erlebte seine „Feuertaufe“ zu Beginn des 20. Jahrhunderts beim grausamen Feldzug gegen die aufständischen Hereros in Deutsch Südwestafrika und bei der Niederschlagung des Boxeraufstandes in China.

Ein überaus eindrucksvolles Dokument aus dem Standardwerk des preußischen Ministers Hermann Budde über „Die französischen Eisenbahnen im deutschen Kriegsbetriebe 1870/71“ ist die Karte der von den deutschen Feldeisenbahn-Abteilungen in Betrieb genommenen Eisenbahnen. Die Endpunkte des Netzes lagen am Atlantik oder in Südwestfrankreich und waren mit den deutschen Eisenbahnen nicht oder nur über lange Umwege verbunden, weil die Bahnhöfe und die Ringbahn des belagerten Paris nicht zur Verfügung standen. Man hat sich größtenteils eingleisige Strecken mit bescheidenen Ausweich- und Abstellkapazitäten und kleinen Depots vorzustellen. Jede einzelne erbeutete oder mitgebrachte Lokomotive, jeder Wasserkran und jede Drehscheibe waren kostbar.

Vierzig Jahre Vorbereitung, vier Jahre Improvisation:

Der große Eisenbahnkrieg 1914 – 1918

Der Eisenbahnwagen konnte Arbeitsplatz, Wohnstätte und Sterbelager werden, er konnte auch Waffe sein. Gefürchtete Ungetüme des Ersten Weltkrieges waren die Eisenbahngeschütze, die vor allem Frankreich gebaut hatte. Nur auf Schienen konnten Kanonen der hier gezeigten Größe befördert werden. In der makabren Geschichte der Kriegswaffen wurde das Eisenbahngeschütz durch die Entwicklung der Luftfahrt überflüssig. Im nächsten Krieg wurden Bomben mit der Sprengkraft einstiger Riesengranaten in vertausendfachter Zahl von Flugzeugen abgeworfen.

Als Transportmittel war die Eisenbahn vom ersten bis zum letzten Tage des Ersten Weltkrieges unersetzlich. Sie beförderte Truppen in Richtung Front, Verwundete und Kriegsgefangene in Richtung Heimat. Sie war für den Nachschub an Pferden, Munition, Lebensmittel und Heu zuständig. Sie brachte Geschütze, Kraftfahrzeuge, Treibstoff, Zement und Stacheldraht auf die Kriegsschauplätze des Stellungskrieges. Sie musste nicht zuletzt ihren eigenen riesigen Bedarf an Kohle, Öl, Baustoffen und Ersatzteilen nachführen und sie war in jedem kriegführenden Land die Lebensader einer aufs Äußerste gesteigerten Produktion von Militärbedarf aller Art. Ein Sonderfall war das Eisenbahnfahrzeug als Waffe. Zu erinnern ist an riesige Eisenbahngeschütze als Kampfmittel der Artillerie für „schwerstes Flachfeuer" mit Reichweiten etwa zwischen 10 und 20 km. Und zu erinnern ist an Panzerzüge als fahrbare Festungen mit hauptsächlich infanteristischer Besatzung und Bewaffnung. Die Bindung an den Schienenweg machte Eisenbahngeschütze wie Panzerzüge unflexibel und begrenzte ihre Bedeutung. Panzerzüge spielten in (Bürger)kriegen nach 1918 eine größere Rolle als im Weltkrieg. Das links gezeigte Exemplar entspricht den auch einer schon recht modernen vereinheitlichten Ausführung, die Russland gegen Österreich einsetzte.

Sammlung Aleksandr Kolesov

MOLTKES ERBEN FAHREN UND BAUEN, PLANEN UND ÜBEN

So vollendet und saturiert sich das Kaiserreich gab, so fixiert waren seine Führer und Eliten vom ersten Tage auf den nächsten großen Krieg. Und so euphorisch vor allem der ab 1888 regierende Wilhelm II. und die ihm ergebenen Medien den Fortschritt auf allen Gebieten feierten und den Aufbruch zu neuen Epochen von Technik und Kommunikation inszenierten, so unbeirrbar waren Politik und Heerführung überzeugt, mit Clausewitz und Moltke im Tornister das Rüstzeug für den nächsten Sieg zu besitzen.

Aufgrund der Erfahrungen von 1866 und 1870/71 stellten Preußen und Bayern ständige Eisenbahntruppen auf. Sie übten unablässig die in den genannten Kriegen wichtig gewordenen Techniken der taktischen Zerstörung beim Rückzug, des Strecken- und Brückenbaus beim Vormarsch und der Aneignung feindlicher Bahnen. Jedes Manöver bot Gelegenheit zur Einübung der Verlade-, Transport- und Verpflegungsrituale. Südlich von Berlin entstand gar eine für den öffentlichen Verkehr freigegebene „Militär-Eisenbahn“, auf der Generationen von Eisenbahnpionieren den Betriebs- und Verkehrsdienst auf einer Vollbahn kennen lernten.

Nicht anders als in Frankreich, Österreich und Russland investierten die Eisenbahntruppen auch in Deutschland in ein System schmalspuriger Feldbahnen – und übten damit. Auf vorgefertigten schnell verlegten Gleisjochen mit der Spurweite 600 mm sollten Pferde oder Lokomotiven der kämpfenden Truppe ihren Nachschub bringen. Um die Jahrhundertwende war als Traktionsmittel vor allem der „Zwilling“ vorgesehen, ein Führerhaus an Führerhaus gekuppeltes Pärchen dreiachsiger Tenderloks. Diesen in Südwestafrika und China erstmals militärisch verwendeten Feldbahnloks wurde später die vierfach gekuppelte „Brigadelok“ zur Seite gestellt.

Die größten Investitionen galten jedoch dem normalspurigen Streckennetz. Um für den nächsten Aufmarsch gegen Frankreich eine weitere „Transportstraße“ zu gewinnen, finanzierte das Reich den Bau der „Kanonenbahn“ Berlin – Metz. Eine „strategische Bahn“ in Südbaden sollte Militärtransporte ins Ober-Elsass ohne Berührung der neutralen Schweiz ermöglichen. Im frühen 20. Jahrhundert erhielten zusätzliche Rheinbrücken und Bauvorhaben westlich des Rheins den Vorrang. Denn längst galt der „Schlieffenplan“, der für den nächsten Konfliktfall unabdingbar den weltgeschichtlich größten Truppenaufmarsch an der deutsch-belgischen Grenze vorsah. Die Eisenbahnabteilung des Generalstabs arbeitete unablässig an der Planung dafür.

PULVERFASS EUROPA

Zu Beginn des 20. Jahrhunderts gab es zwischen den Großmächten England, Frankreich, Deutschland, Russland und Österreich-Ungarn sowie zwischen mittleren und kleineren europäischen Staaten eine Fülle gefährlicher Konfliktlagen. Deutschland wollte seine dauerhafte Überlegenheit über das 1871 geschlagene Frankreich absichern und als Seemacht den glei-

Der deutsche Kaiser Wilhelm II. ist eine Schlüsselfigur jener Epoche, in der Europa aus vermeintlich sicheren zivilisatorischen Höhen in die Abgründe des Ersten Weltkrieges stürzte. Eine Schlüsselfigur nicht nur mit seiner verantwortungslos eingesetzten Machtfülle, sondern auch wegen seiner Zwiespältigkeit. Von alten Mythen schwärmend und traditionellen Mächten ergeben wurde er zugleich ein Urbild des modernen Politikers, der die Medien liebte, fürchtete, hasste und instrumentalisierte und der das unablässige Reisen genoss und inszenierte. Die Bespannung seines neun Wagen langen Hofzuges mit zwei 1'Cn2v-Loks der Reihe 60 der kkStB verrät, dass dieses Foto anlässlich einer Reise zum österreichisch-ungarischen Herrscherkollegen Franz-Joseph I. entstand.

chen Rang wie Großbritannien erringen. Frankreich sann auf Rache für 1871 und verfocht die Rückgewinnung Elsass-Lothringens als heiliges nationales Ziel. Österreich-Ungarn, durch die nationalistischen Tendenzen seiner vielen auseinanderstrebenden Staatsvölker in seiner Existenz bedroht, wollte Russland und vor allem Serbien als Gravitationszentren des Slawentums in die Schranken weisen. Russland wollte die Passage zwischen Schwarzem Meer und Mittelmeer kontrollieren und war deshalb an einer weiteren Schwächung des Osmanischen Reiches interessiert, um dessen Erbschaft aber auch England, Italien und Frankreich wetteiferten. Italien pflegte – gemessen an seiner militärischen und wirtschaftlichen Kraft – besonders weit reichende Bestrebungen nach der Brennergrenze im Norden, nach Triest und der dalmatinischen Adriaküste im Osten und nach diversen Mittelmeerinseln und afrikanischen Territorien im Süden. Rumänien wollte seinen nationalen Besitzstand mit dem ungarischen Siebenbürgen abrunden, in dem rumänische, ungarische und deutsche Volksgruppen lebten. Serbien, Albanien, Griechenland, Bulgarien und Rumänien warteten nur auf Gelegenheiten, die Ergebnisse der Balkankriege von 1912 und 1913 zum jeweils eigenen Vorteil auszubauen bzw. zu revidieren.

In der vorstehenden Übersicht steht der Name eines Staates jeweils in verkürzter Darstellung für die tonangebende Führungsschicht aus Adel, industriell fundiertem Großbürgertum und hoch privilegiertem Offizierskorps sowie für Parlamente und Zeitungen, die von diesen Gruppen beherrscht wurden.

In jedem der genannten Länder kämpften sozialdemokratische Parteien und Gewerkschaften für eine Milderung der extremen sozialen Gegensätze und kritisierten Militarismus und Krieg als Ausgeburten des Imperialismus, in ganz Europa blühten intellektueller und künstlerischer Austausch. Aber über die

KRIEGE DER LANGEN „FRIEDENS"PERIODE

Im deutschen Rückblick erscheint die Epoche von 1871 bis 1914 als Zeit des langen Friedens. Außerhalb von Mitteleuropa gab es aber auch in diesen Jahren große Kriege. In dem von Russland unterstützten Unabhängigkeitskrieg Rumäniens gegen das Osmanische Reich 1877/78 mit Kampfhandlungen im Umfeld der unteren Donau gab es weiträumige und massenhafte Truppentransporte per Bahn und militärischen Streckenbau (Frateşti – Zimnicea). Die Eisenbahn erlangte große Bedeutung auch für den russisch-japanischen Krieg von 1904/05. Per Bahn wurden 458.000 Mann auf den asiatischen Kriegsschauplatz gebracht. Von der Garnison Warschau bis Mukden waren die Truppen 40 Tage unterwegs. Weil die Strecke um den Baikalsee noch nicht fertig war, fuhren Züge auf einem provisorischen Gleis über die Eisdecke. Ein Militärtransport brach ein und ging unter. Das nicht zuletzt verkehrstechnische Chaos in der russischen Kriegführung und die Niederlage des Zarenreiches führten in Berlin und Wien zu anhaltender Täuschung über die Schwäche Russlands, das jedoch bis 1914 (auch auf dem Gebiet des Eisenbahnwesens) schnell aufrüstete.

Als nach den Schüssen von Sarajewo und dem Kriegsbeginn in Österreich-Ungarn die Zeit kaiserlicher Badereisen und glanzvoller Staatsbesuche vorbei war, brauchte man hier Züge ganz anderer Art. Im Herbst 1914 baute man aus vorhandenen Fahrzeugen improvisierte Panzerzüge. Der abgebildete Zug ist der ungarische Panzerzug Nr. VII oder VIII. Er bestand aus Geschützwagen an den Enden, zwei kleinen dreiachsigen Tenderloks der Reihe 377 aus den Jahren 1887–1900 und einem Infanteriewagen in der Mitte. Die Züge wurden gegen Russland zu Einsatz gebracht und wurden nach 1918 bei Grenz- und Bürgerkriegen in Ungarn, der Tschechoslowakei und Rumänien noch lange verwendet.

Staatspolitik bestimmten Monarchen, konservativ-nationale oder wirtschaftsliberale Politiker, Interessenvertreter von Großindustrie und Banken, Generäle und nicht zuletzt auch ein staats- und kapitalergebener Journalismus. Heute ist es kaum mehr vorstellbar, mit welcher naiven Zuversicht die Führungsschichten auf vermeintlich begrenzbare Kriege hinsteuerten und mit welchem Zynismus sie blutige Opfer ihrer Völker als Preis für scheinbar sichere Siege einkalkulierten.

Einander ähnlich waren die europäischen Potentaten aller Länder vor hundert Jahren auch in ihren Überzeugungen von den innenpolitischen Heilkräften eines Krieges. Die Aufsässigkeit organisierter Arbeiter, das kritische Denken einer akademischen Jugend, die politischen Ansprüche der Frauen, die Verweichlichung in moderner Zivilisation, das Selbstbewusstsein von Minderheiten? Wartet nur! In Marschkolonne, Schlacht und Sieg werden „Manneszucht" und Gehorsam wieder zu ihrem Recht kommen – für weitere ruhige Jahrzehnte staatlichen Glanzes, wirtschaftlichen Aufschwunges und persönlichen Fortkommens in den Laufbahnen von Armee und Verwaltung, in der autoritären Staatspolitik und der imperialen Beherrschung der Welt. Beim moralischen Urteil über Mentalitäten und Handlungsmuster vor hundert Jahren ist jedoch Vorsicht geboten. Anders als heute war der Krieg vor 1914 noch nicht allgemein verpönt, hatten Begriffe wie „Aufrüstung" „Angriffsplanung" oder „Kriegsvorbereitung" noch keinen negativen Klang. Ein Unteroffizier oder Offizier des deutschen oder französischen oder österreichisch-ungarischen Heeres konnte aggressiven Ideologien fern stehen, mochte sich auf einen langen friedlichen Ruhestand freuen – und konnte doch hoffen, auf dem Wege dorthin in einem Waffengang begrenzter Dauer einen Orden und die nächste Beförderung zu erreichen. Unabsehbare

Im August 1914 war der politisch und militärisch geplante, literarisch ersehnte und journalistisch propagierte und nur von wenigen Skeptikern befürchtete Ernstfall da: Das deutsche Heer brach auf in Richtung Paris und in Richtung auf den kaum erkennbaren Horizont einer nochmals gesteigerten und verewigten deutschen Macht und Größe. Zahllose Darstellungen hielten das „Augusterlebnis" für die Nachwelt fest. Die Macht der Phrasen wurde durch die Macht der Bilder verstärkt und hielt lange an. Das propagandistische Trommelfeuer während der Aneignung aller staatlichen Macht durch die Nazis in den Wochen und Monaten nach dem 30. Januar 1933 wollte erklärtermaßen die Wiederkehr des „August 1914" beschwören. Manuell koloriert, aber sonst bis zur Wagennummer recht originalgetreu, ist das Bild aus einem Sammelalbum der zwanziger Jahre.

Risiken schienen mit einem Krieg nicht verbunden zu sein, hatten sich die Armeen doch jahrzehntelang mit größter Präzision auf ihn vorbereitet. Die exakte Planung von Aufmärschen per Eisenbahn und die Übungen mit schmalspurigen Feldbahnsystemen sind beste Beispiele für Vorbereitungen eines Krieges, dessen Gesetzmäßigkeiten man zu kennen glaubte. In den allherbstlichen Manövern funktionierte ja vom Behelfsbrückenbau bis zur siegreichen Kavallerieattacke auch immer alles ...

„SCHLIEFFENPLAN"

Zu Beginn des 20. Jahrhunderts hatten grobe Fehler der deutschen Außenpolitik das „Kunststück" fertig gebracht, die seit Jahrhunderten verfeindeten Mächte England und Frankreich zu einer Verständigung über ihre kolonialen Ansprüche zu veranlassen. Weil Frankreich seit langem mit Russland verbündet war, das in scharfem Gegensatz zu Österreich-Ungarn stand, entwickelte die deutsche Führung alsbald die Zwangsvorstellung, eine „Einkreisung" durch die Nachbarmächte gewaltsam aufbrechen zu müssen. Optionen einer Politik des Ausgleichs, wie sie einem so starken Staat wie dem Deutschen Reich mit seinen weitreichenden Handelsbeziehungen durchaus offen gestanden hätten, wurden vernachlässigt, mäßigender Einfluss auf Wien nicht ausgeübt. Die Perspektive verengte sich auf den Angriffskrieg.

England, Frankreich und Russland auf einmal zu bezwingen, war mit Blick auf die Kräfteverhältnisse eine abenteuerliche Idee. Der bis 1905 amtierende Generalstabschef von Schlieffen hatte einen Plan ersonnen, der das Unmögliche möglich machen sollte. Ein Heer nie gesehener Größe sollte über Belgien nach Nordfrankreich vorstoßen, sich unter Einschließung von Paris in einem gigantischen Umfassungsmanöver nach Süden wenden und die französische Armee in einer Verfolgungsjagd von wenigen Wochen Dauer in Richtung Schweizer Grenze aufreiben. Erst danach sollte die als schwerfällig eingeschätzte russische Armee an der deutschen Ostgrenze aufgehalten und geschlagen werden. Eine Rechnung mit vielen Unbekannten. Die Unfähigkeit der französischen Armee zu nachhaltigem Widerstand wurde genau so vorausgesetzt wie die belgische Duldung des deutschen Durchmarsches und das Fernbleiben der Engländer vom Kontinent. Für Offensive und Versorgung eines Millionenheeres mithilfe der Eisenbahnen eroberter Länder gab es kein historisches Beispiel. Die Planung für den Aufmarsch dieses Heeres an der deutsch-belgischen Grenze war der konzeptionelle Mittelpunkt der ganzen deutschen Kriegsvorbereitung, und das Rückgrat

Bayerische Dreiachser dienen der Fahrt zum Kriegsschauplatz. Eine „Kirchweih in Moskau“ stand den Reisenden jedoch genauso wenig bevor wie den bayerischen Soldaten, die 1812 unter Napoleon in derselben Richtung abmarschiert waren, und denen, die 1941 von Hitler wieder in einen unseligen Ostfeldzug geschickt wurden. Die eigenartige Kopfbedeckung der Männer ist der „Tschako“ der bayerischen Verkehrstruppen mit dem Stoffüberzug, der auch die preußischen Pickelhauben im Alltag schützte und im Kampf tarnte. Der Stahlhelm wurde erst 1916 eingeführt und wegen seines Gewichts nur beim Appell und bei gefährlichem Einsatz getragen. Auch der „Express Paris“ erreichte sein Ziel nicht. Die von den „Bayerischen Löwen“ mit Kreide aufgezeichnete Dampflok verrät Sachkunde. Kein Zufall, denn hier reist die Bay. Eisenbahn-Betriebs-Kompanie Nr. 4. Sie wird 1916 in Vilosnes an der Maas wenige Kilometer nördlich von Verdun sehr gefährlichen Dienst leisten und Kameraden durch Granatbeschuss und Fliegerbomben verlieren.

dieser Planung war der geheime Militärfahrplan für diesen Aufmarsch.

SARAJEWO

Als serbische Nationalisten am 28. Juni 1914 in der bosnischen Hauptstadt Sarajewo den österreichischen Thronfolger und seine Gemahlin ermordeten, war der Funken an die Zündschnur zum europäischen Pulverfass gelegt. Österreich-Ungarn und Deutschland provozierten die Eskalation bis zur schnellen Abfolge der Kriegserklärungen entsprechend den Bündnisverpflichtungen. Mindestens formal musste das Deutsche Reich mit seinen Kriegserklärungen an Russland und Frankreich als Angreifer gelten; und im Falle Frankreichs konnte Berlin hierfür noch nicht einmal eine Provokation durch den Gegner verantwortlich machen. Die Politik war zur Erfüllerin militärischer Vorgaben geworden. Der Schlieffenplan sah keinen Ostaufmarsch vor, kannte keinen Krieg gegen Russland ohne vorherige Niederwerfung Frankreichs, und so „musste“ das deutsche Heer Frankreich angreifen – um Österreich-Ungarn gegen ein Zarenreich beizustehen, das angeblich mit jenem Serbien unter einer Decke steckte, das wiederum nur angeblich für das Attentat von Sarajewo verantwortlich war. Und als erstes Land „musste“ man Belgien angreifen, mit dem es keinen Konflikt gab, für dessen Neutralität aber England die Garantie übernahm. Ein außenpolitischer Trümmerhaufen, den das Schwert bereinigen sollte.

Am 4. August 1914 standen Deutschland und Österreich-Ungarn („Mittelmächte“) mit 3,7 Millionen Soldaten im Krieg gegen die „Entente“ aus Frankreich, Russland, England, Serbien, Montenegro und Belgien mit 5,8 Millionen Soldaten.

MOBILMACHUNG UND AUFMARSCH MIT 32.000 ZÜGEN

Hunderte von Sonderzügen der deutschen Länderbahnen brachten in aller Eile die deutschen und ausländischen Sommerurlauber nach Hause. Gleichzeitig strömten einberufene Reservisten und begeisterte Freiwillige in die Kasernen. Nach jahrzehntelang ausgetüftelten Plänen stellten die Eisenbahnen sodann ihren gesamten friedensmäßigen Verkehr ein. Güterzüge wurden dort, wo sie gerade standen, aufgelöst und entladen. Die gedeckten Güterwagen wurden mit vorbereiteten Ausrüstungsteilen für Mannschafts- und Pferdetransport versehen. Die offenen Güterwagen wurden durch Abbau der Bordwände für den Transport von Fahrzeugen und Kanonen vorbereitet. Ein starrer Militärfahrplan trat in Kraft, der die ununterbrochene Durchfahrt von Transportzügen genormter Stärke mit gleicher Geschwindigkeit vorsah. Der Fahrplan war auf die Leistungsfähigkeit der preußischen G 7 abgestimmt. In den ersten drei Augustwochen 1914 beförderten die deutschen Länderbahnen 20.800 Mobilmachungszüge mit 2,1 Millionen Mann und 118.000 Pferden sowie 11.100 Kriegsaufmarschtransportzüge mit 3,1 Millionen Mann und 860.000 Pferden.

Ziele waren in geringem Maße Schutzpositionen zwischen Vogesen und Eifel, in Schleswig-Holstein und an der Ostgrenze, vor allem jedoch Ausladebahnhöfe

BAHNHOFSRUINEN VON OSTPREUSSEN BIS GALIZIEN

links: Die Kriegsgeschichte war immer wieder die Geschichte fataler Fehleinschätzungen durch alternde Generäle, die ihre Planungen auf überholte Erfahrungen aus früheren Kriegen stützten. Die französische Republik von 1914 war ein sehr viel zäherer Gegner als das anachronistische Kaiserreich eines Napoleon III., das Bismarck und Moltke 1870/71 bezwungen hatten. Schon nach sechs Wochen Krieg scheiterte der deutsche Operationsplan an der Marne. Und das russische Heer von 1914 war trotz aller politischen Zerrissenheit und technischen Rückständigkeit des Zarenreiches nicht mehr der hilflose Koloss, der 1904/05 von den Japanern geschlagen worden war. Viel schneller als erwartet war es mobil und konnte nach Ostpreußen vordringen. Mit den berühmt gewordenen Schlachten bei Tannenberg und bei den Masurischen Seen konnten Hindenburg und Ludendorff die Russen zurückdrängen. Doch der hierfür notwendige Transfer wichtiger Truppen von der West- zur Ostfront trug zur deutschen Niederlage an der Marne und damit bereits zum Endergebnis des Ersten Weltkrieges wesentlich bei. Bilder wie dieses vom zerstörten Bahnhof Insterburg spielten fortan eine große Rolle in einer Propaganda, die den immer opferreicheren Kriegseinsatz als unverzichtbar für die Rettung europäischer Kultur und deutschen Wesens vor dem Ansturm östlicher Horden und westlicher Sklavenjäger deklarierten. Ausgebrannte oder zerschossene Gebäude säumten jedoch die Wege aller Heere …

rechts: … wie man im Bahnhof Petrikau in Russisch Polen südlich von Warschau sehen kann, den die Deutschen im Oktober 1914 kurzfristig einnahmen, sehr bald aber räumten und zerstörten, bevor sie im Mai 1915 zurückkamen, um ihn für die restliche Zeit des Krieges zu nutzen.

Der Herbst 1914 brachte wechselvolle deutsch-russische Kämpfe in Polen. Die fast bis Warschau vorgedrungenen deutschen Truppen mussten sich zur Grenze Oberschlesiens zurückziehen. Sie systematisierten hierbei die Technik der Zerstörung von Strecken und Bahnanlagen, die im 20. Jahrhundert noch so viel Volksvermögen vernichten sollte. Recht bald nach dem Aufnahmezeitpunkt wurde die Ansichtskarte einer von den Deutschen gesprengten Eisenbahnbrükke in Lodz am 13. Dezember 1914 in die Heimat geschickt.

an der belgischen Grenze, von denen aus die recht schmale Zone zwischen den Ardennen im Süden und der niederländischen Grenze im Norden erreichbar war, die freilich durch die Festung Lüttich zunächst blockiert war. 15 Brücken über den Rhein wurden mit täglich bis zu 60 Zugfahrten belastet. Über die Hohenzollernbrücke in Köln fuhren in 17 Tagen etwa 2150 Militärzüge westwärts, was einem Takt von weniger als zehn Minuten rund um die Uhr entsprach. Während der Chef des Feldeisenbahnwesens zusätzliche Brücken zwischen Bingen und Wesel gut hätte gebrauchen können, erwiesen sich die aufwendigen militärisch geforderten und finanzierten Bahnbauten des 19. Jahrhunderts als Fehlinvestitionen: Die meisten Abschnitte der „Kanonenbahn" Berlin – Wetzlar wurden kaum belastet; die aufwendige „strategische Bahn" von der oberen Donau ins Oberelsass ohne Berührung der Schweiz kam in der Aufmarschplanung gar nicht vor.

TRÜGERISCHE ERFOLGE UND WENDE IM WESTEN

Der Fall von Lüttich, die Einnahme von Namur und die Überschreitung der belgisch-französischen Grenze wurden in Deutschland gefeiert wie endgültige Siege. Ende August 1914

Mit Mackensens Offensive konnten die Mittelmächte ab Mai 1915 ihre Ostfront weit ins Feindesland vorverlegen und die Russen auch aus dem österreichischen Galizien verdrängen, das sie im August 1914 besetzt hatten. Nun konnte man Zerstörungen in ganz Russisch Polen und im Baltikum bis zur Düna fotografieren. Hier ist eine kleinere Brücke mit einem altertümlichen Güterwagen abgestürzt.

standen die deutschen Truppen bereits tief in Nordfrankreich und bedrohten Paris. Doch der Nachschub wurde schwieriger. Der weichende Gegner hatte – eigentlich nicht überraschend! – große Brücken mit Sachverstand und Systematik gesprengt. Die Reparatur nahm trotz hoher Leistungen der konzentriert zum Einsatz gebrachten Baukompanien und Privatfirmen Wochen in Anspruch. Feldbahnen konnten im Hinblick auf Bauzeit und zu erwartende Kapazität nirgends aushelfen. Schon sehr bald waren die Kampftruppen von den „Betriebsspitzen" der Eisenbahnen gefährlich weit entfernt. Distanzen von 50 bis 100 km konnten mit Pferdegespannen und erst sehr wenigen LKW auf unbefestigten Landstraßen nicht effektiv genug überbrückt werden. Die direkte Verbindung von Lothringen und Luxemburg ins Maastal war monatelang gesperrt, jeder Transport aus dem Reich nach Westen musste den weiten Weg über Aachen – Lüttich nehmen.

Am 9. September 1914 kam es zu einer letztlich nie mehr umzukehrenden Kriegswende: Oberbefehlshaber v. Moltke (der Neffe des „großen" Moltke) musste die allzu aufgesplitterten und in den Flanken bedrohten Armeen von der Marne nordwärts zurücknehmen. Paris war gerettet, der deutsche Anfangsschlag im Westen missglückt, die nach der Lehre Schlieffens einzige Karte vergeblich ausgespielt. Schon in den ersten Kriegswochen hatte Deutschland auch viel moralischen Kredit verspielt (den es in der Schweiz, in Skandinavien und den USA zunächst durchaus noch gehabt hatte!). Bei der

Allein die europäischen Kriegsschauplätze erstreckten sich im Westen bis Flandern, im Osten bis zum heutigen Lettland und Weißrussland, im Südwesten fast bis Venedig und im Südosten bis nach Griechenland. Das Osmanische Reich kämpfte mit deutscher Hilfe am Kaukasus gegen Russland und an verschiedenen Brennpunkten zwischen Bagdad und dem Suezkanal gegen England. Die Schienenwege waren die „Eiserne Klammer der Mittelmächte". Ohne die preußischen und bayerischen EBK konnte keine Brücke über die Maas in Frankreich und über den Vardar in Serbien repariert werden, ohne die preußischen Güterzugloks wäre der Nachschub in Siebenbürgen gegen Rumänien und in Mazedonien gegen die Engländer ausgeblieben.

Eroberung Belgiens waren viele Zivilisten misshandelt und mehrere tausend getötet, viele Dörfer, Städte und Kulturdenkmäler in Schutt und Asche gelegt worden. Die als Rechtfertigung hierfür genannten hinterhältigen Angriffe von Freischärlern gegen deutsche Truppen hatte es kaum je gegeben. In aller Regel hatten die in recht chaotischer Schlachtreihe marschierenden Soldaten das Feuer der regulären belgischen Armee, die Kampftätigkeit eigener Kameraden, Schüsse bei Siegesfeiern oder selbst verursachte Brände und Explosionen als heimtückische Anschläge fehlinterpretiert.

Die deutschen Armeen und ihre französisch-belgisch-englischen Kontrahenten traten im September 1914 den „Wettlauf zum Meer" an. Im Spätherbst hatte sich eine stabile Front von der Schweizer Grenze bis zur belgischen Nordseeküste etabliert. Ständig wurden den im besetzten Gebiet stationierten Betriebstruppen und Bahnbehörden riesige neue Anforderungen gestellt, die laut Chef des Feldeisenbahnwesens Generalmajor Wilhelm Groener „jedes vernünftige Maß überschritten". Truppen aus Belgien mussten nach Ostpreußen fahren, Verbände aus dem Elsass befuhren den riesigen Umweg über Aachen nach Nordfrankreich. Ein fremdes, noch sehr provisorisch repariertes Eisenbahnnetz mit eingleisigen in Schrittgeschwindigkeit befahrbaren Behelfsbrücken und Bahnhöfen ohne funktionsfähige Signaltechnik und Beleuchtung musste intensiver genutzt werden als je zuvor in Friedenzeiten. Alle Planung und Übung war überholt. Die Improvisation von Tag zu Tag beherrschte jetzt das militärische Eisenbahnwesen.

VON DER PLANUNG ZUR IMPROVISATION

Truppen aus Belgien nach Ostpreußen? Während die Armeen im Westen noch auf Siegeskurs fuhren und kämpften, spitzte sich die Lage im Osten zu. Schneller als erwartet hatte Russland sein riesiges Heer mobil gemacht. Schon im August 1914 führte es gegen Österreich-Ungarn Schläge, von denen sich die Donaumonarchie nie mehr erholen sollte. Nach wenigen Wochen Krieg waren

Das Sammelbildchen erinnert an das „Umladen schwerer Munition". Die deutsche Feldartillerie verschoss im Ersten Weltkrieg 222 Millionen Granaten, die Alliierten 160 Millionen allein 1918. Fast jede wurde auf der Schiene an die Front gebracht.

eine Viertelmillion k.u.k.-Soldaten und jeder fünfte Offizier der Monarchie gefallen, war Galizien verloren und war die vermeintlich souverän zu führende Strafaktion gegen Serbien blamabel gescheitert. Bis 26. September 1914 musste Österreich 4600 km Eisenbahnstrecke mit 800 Bahnhöfen räumen.

Auf dem Nordabschnitt der Ostfront fielen die Russen in Ostpreußen ein. Hindenburg und Ludendorff erzielten einige der wenigen Siege nach den klassischen Lehrbüchern des Bewegungskrieges, begründeten persönlichen Ruhm und eine später verhängnisvolle politische Macht, konnten aber das Zarenreich nicht schlagen.

Nach wechselvollen Kämpfen zwischen Ostpreußen und Oberschlesien erzielten die Mittelmächte mit einer großen Offensive ab Mai 1915 erhebliche Gebietsgewinne. Allein die Eisenbahn-Direktion Königsberg musste in dem einen Monat Februar 1915 zur Vorbereitung der Ost-Offensive 3220 Militärzüge durch ihr Gebiet leiten. 7.500 Kilometer breitspurige Strecken (1524 mm) wurden nach der Offensive auf Regelspur (1435 mm) umgespurt. In den eroberten russischen Gebieten wurden zusätzlich 1100 Kilometer neue Normalspurstrecken gebaut. Bedeutendstes Bauwerk war die ganz aus Holz errichtete, 670 Meter lange und 42 Meter hohe „Hindenburg-Brücke" über die Dubissa in Litauen.

Lernten die Eisenbahntruppen im Westen komplizierte Gleispläne enger Kleinstadtbahnhöfe, altertümliche Signaltechniken, englisch beeinflusste Lokomotivbauarten, eher idyllische als effektive Kleinbahnen, aber auch die Gefahren der nahen Front und die beginnenden Luftangriffe kennen, so forderte der Osten die Gewöhnung an weglose Sümpfe und Mückenplage im Sommer, an endlosen Regen und grundlosen Schlamm im Herbst, an Schneestürme und Dauerfrost im Winter und an die urtümlichen Gewalten des Eisganges und der Schneeschmelze im Frühling. Stein und Stahl für Bauwerke, aber auch der schlichte Schotter zur Trockenhaltung von Schienen und Schwellen auf feuchtem Untergrund unverzichtbar, mussten von weit her gebracht werden, während man für Holzkonstruktionen ganze Wälder in der Nähe abholzen konnte. Wasser für die Lokomotiven war in der wärmeren Jahreszeit meist im Übermaß vorhanden, doch in der kalten Jahreszeit ließ der Frost die Brunnen einfrieren und die Zuleitungen und Armaturen auf den Lokomotiven platzen.

Kaum hatten Mackensen und Hindenburg ihre Eroberungen in Weißrussland und in Kurland gesichert, begann im September 1915 der Balkanfeldzug. Er brachte Serbien, Montenegro und das nördliche Albanien unter deutsche bzw. österreichische Besatzung und schuf die Landverbindung zu den

Wie schon in den Kriegen von 1866 und 1870/71 waren wiederaufgebaute Brücken die stolzesten Werke der Eisenbahnpioniere. Hier in Rumänien hatten zwischen gemauerten Bögen an den Ufern stählerne Gitterträger einen Fluss überbrückt. Die Sprengung des Mittelpfeilers hatte sie abstürzen lassen. Der im Bild rechte Teil konnte auf einen hölzernen Behelfspfeiler gehoben werden. Der linke Teil war so zerstört, dass man seine Reste liegen ließ und einen weiteren Pfeiler und die Brückenfahrbahn aus Walzträgern darum herum errichtete. Kräftige Abweiser schützen oberstrom die Pfeiler, hatte man doch in Russland durch Eisgang mehrere Pionierbrücken eingebüßt und andere nur sehr mühsam halten können.

Ein recht bescheidener Überbau der schon vor 1914 normalspurigen Warschau-Wiener-Eisenbahn bei Petrikau in Russisch Polen trug die sicherlich inoffizielle hoch gegriffene Bezeichnung „Kaiser-Wilhelm-Brücke“.
Vermutlich zur Belastungsprobe steht eine preußische G 7 darauf.

Die Geometrie der Pionierbrücken in Stahl und Holz hat auf den alten Fotografien oft ihren eigenen ästhetischen Reiz. Hier ließen sich die stolzen Erbauer auf einem soliden Zimmermannsbauwerk verewigen, das aufgrund rückseitiger Beschriftungen der 600 mm-Feldbahn Laugszargen – Kielmy zugeordnet werden kann, mit der die deutschen Feldeisenbahner die Verbindungen nach Litauen verbesserten.

Brücken-Baulagekarte.
Stand am 31.8.17.
Dnjester-Brücke bei Jezupol km 182
Brücke bei Jezierzany km 24.16
Tarnopol
Trembowla
Czortkow
Halicz
Stanislau
Kolomea
Delatyn
Czernowitz
Zeichenerklärung

Auch der gefahrvolle Dienst der Eisenbahnpioniere wurde auf einem jener farbigen Sammelbilder dargestellt, die man als Beilage zu Zigaretten, Kaffee oder Süßigkeiten erwarb und dann ins Album klebte. „Eisenbahn-Bataillon, Bayerische Eisenbahner vor Verdun“, lautet der rückseitige Text dieses Exemplars. Zwar sind Husarenstücke auf der Eisenbahn aus den Kämpfen um Verdun nicht überliefert, aber von anderen Brennpunkten der Westfront sind nächtliche Gleisreparaturen unter der auf Weiterfahrt wartenden Lokomotive durchaus bekannt. So wurde in der Nacht vom 1. auf 2. Oktober 1915 aus dem Tunnel bei Somme Py in nächtlichem Handstreich ein Bauzug geborgen. Die Rückführung zweier schwerer Schiffsgeschütze aus einem während der Somme-Schlacht geräumten Bahnhof machte sorgfältigst getarnte Bauarbeiten und Zugfahrten sogar in mehreren Nächten von 16. bis 25. Juli 1916 notwendig.

Verbündeten Bulgarien und Türkei. Die Forderungen an das militärische Eisenbahnwesen zeigen eindrucksvoll die Zweischneidigkeit solcher Siege. Während der Materialbedarf der unverrückbaren und unersättlichen Westfront immer mehr Eisenbahner, Lokomotiven und Wagen band, musste man wie im Osten nun auch im Südosten unendlich lange Strecken in unsicheren Besatzungsgebieten betreiben, musste man schwachen Partnern mit wertvoller Betriebstechnik beistehen. So staunenswert die Leistungen waren, so sehr zehrte der Aufwand an den Reserven der deutschen Kriegswirtschaft. 600 mm-Feldbahnen über das wilde Taurusgebirge mussten die noch fehlenden Abschnitte der Bagdadbahn ersetzen. Jede Lokomotive, jeder Meter Schiene musste 3000 km weit aus Deutschland kommen. Besonders mühsam war die Versorgung der mazedonischen Front gegen die Engländer an der Nordgrenze Griechenlands. Bis 1918 gelang es, eine kontinuierliche Zufuhr von Soldaten und Nachschub zu sichern. Aber: Jeder Motor, jedes Stück Stahlseil und jeder Liter Benzol für die Seilbahnen mussten aus der Heimat beigebracht werden. Mit Baumstämmen aus Russland musste man im kahlen Hochgebirge die Pfeiler für die Bahnen errichten. Wasser für die Lokomotiven war das kostbarste Gut. Immer mehr kriegswirtschaftliche Erfordernisse nahmen die Eisenbahntruppen auch fernab von den Fronten in Anspruch. In Serbien mussten Kohle- und Kupferbergwerke erschlossen werden, im 1916 eroberten Rumänien war die Ölförderung von größter Kriegswichtigkeit.

1917 brach das Zarenreich politisch und militärisch zusammen. Nun erst konnten deutsche und österreichische Truppen Galizien vollständig zurückerobern.
Die „Brücken-Baulagekarte“ zum Zerstörungs- bzw. Wiederaufbauzustand der Brücken nach dem Stand vom 31. August 1917 in diesem Gebiet gehört zu den schönsten und aufwendigsten grafischen Arbeiten in den Weltkriegsakten des bayerischen Heeres, die noch heute im Kriegsarchiv in München aufbewahrt werden.
(Bayerisches Kriegsarchiv, Inacheis 2)

STELLUNGSKRIEG UND FELDBAHNEN

Die zum Stehen gekommene und von der Marne zurückgewichene Angriffsarmee im Westen grub sich gegen die stabilisierte Front der Franzosen und Engländer in Schützengräben und Bunkern ein. Hinter der Westfront bauten die Soldaten (und unter ihrem Kommando die zum größten Teil russischen Kriegsgefangenen) wahre Infrastrukturen des Krieges und des Todes auf. In Beton, Stein, Holz und Stahl wurden immer weitere Gräben, Stellungen, Unterstände und Tunnel gebaut und befestigt; dahinter entstanden Wohnbaracken, Stabsgebäude, Fernmeldezentren, Feldpostämter, Flugplätze, Pferdeställe, Gemüseplantagen, Kirchen, Kinos, Bordelle, Lazarette – und Friedhöfe.

Nicht wie einst gedacht der Versorgung einer Armee während der Schlacht, sondern der Versorgung dieser scheinbar für die Ewigkeit angelegten Infrastruktur dienten die vielen tausend Kilometer Feld- und Förderbahn, die sich alsbald von den Endpunkten der Voll- und Kleinbahnen in die „Parks“ oder in die Artilleriestellungen schlängelten. Niemand kann eine Gesamtzahl der Gleiskilometer in der 600 mm-Feldspur benennen, denn täglich änderten sich die Linienführungen. Viele Bahnen, so in den Vogesen, im „Mihiel-Bogen“ östlich von Verdun und in den Argonnen wurden weit über das technische Niveau von provisorischen Feldbahnen fortentwickelt. Mit geschottertem Oberbau, seitlichen Abflussgräben, begleitenden Telefonleitungen, festen Bahnhofgebäuden und Lokschuppen waren sie schließlich im Sinne der Eisenbahnsprache „Kleinbahnen“, auf denen nach festen Fahrplänen Personen und Güter befördert wurden. Mehr als 2000 „Brigadeloks“ übernahmen die Hauptlast der Zugförderung. In Frontnähe musste mit den in ähnlicher Stückzahl beschafften Benzolloks von Deutz gefahren werden, die sich nicht durch Rauch- und Dampfwolken verrieten. Auf kleinen Förderbahnen und den Gleisen ganz dicht hinter den vordersten Stellungen wurden die Wagen mit der Muskelkraft von Pferden und Soldaten befördert. Die an Feld- und Förderbahnen im Westen eingesetzten Eisenbahnpioniere waren echte Frontsoldaten, so mancher von ihnen fand den Tod.

Die preußischen 1'C-Güterzugloks waren auf den Strecken der besetzten Gebiete hochwillkommen. Die Vorlaufachse gewährleistete brauchbare Laufeigenschaften auch auf schlechtem Oberbau, der Achsdruck von nur 13 bis 14 t erlaubte freizügigen Einsatz. Auf der Rückseite dieses Fotos einer G 5^3 ist mit Bleistift vermerkt „Belastung der fertig gestellten Brücke in der Nähe vom Bahnhof Lowicz". Die Aufnahme stammt demgemäß aus der Zeit von Wiederaufbau und Umspurung des Eisenbahnnetzes in Russisch Polen nach den Gebietsgewinnen des Sommers 1915.
Die Nummer der preußischen Lok lautet 4012, doch besagt dies nicht viel: Jede preußische Direktion reihte ihre Maschinen der jeweils selben Gattung in dieselbe Nummerngruppe ein. Der Name der Direktion war aber in recht kleinen Lettern in die Schilder eingegossen, so dass die Identität, z. B. als 4012 Halle oder Posen, offen bleibt.

NEUE GEGNER, NEUE FRONTEN

Während an der von der Schweiz bis zur Nordsee etablierten Westfront kaum je ein Kilometer Boden gewonnen wurde, entstanden immer neue Kriegsschauplätze, auf denen weitere in den Krieg eingetretene Staaten um ihre Interessen kämpften und auf denen die Großmächte jene Entscheidung zu erzwingen suchten, die in Frankreich und Belgien ausblieb. An die Seite Deutschlands war das Osmanische Reich getreten. Es kämpfte am Suezkanal und vor Bagdad gegen England und am Kaukasus gegen Russland. Zum Nachschub für den fernen und schwachen Bündnispartner gehörten Lokomotiven für die Hedschasbahn. Nicht jeder, der heute in Jordanien und Syrien Nostalgiefahrten genießt und an Lokomotiven glänzende Fabrikschilder mit der Jahreszahl 1917 von Hartmann in Chemnitz fotografiert, weiß vom schwierigen Weg der Maschinen von Sachsen durch Österreich-Ungarn, Serbien und Bulgarien und – in Einzelteile zerlegt – über die Taurusfeldbahn in den Orient.

Am 23. Mai 1915 erklärte Italien Österreich den Krieg, um seine Grenze zum Brenner und auf die Ostseite der Adria vorschieben zu können.

Die im Rom gehegte und von den Westmächten bekräftigte Erwartung, die Donaumonarchie sei am Ende ihrer Kräfte, erwies sich als ein blutiger Irrtum. An einer langen Alpenfront von der Schweizer Grenze durch die Dolomiten bis zur Mündung des Isonzo in die Adria entwickelte sich die Apokalypse des Krieges im Hochgebirge. Hier kämpften österreichische und italienische Soldaten und alsbald auch das deutsche Alpenkorps nicht nur gegen den Feind, sondern auch gegen Kälte, Schneesturm, Steinschlag und Lawinen. Die Zahl der erfrorenen, verschütteten und abgestürzten Soldaten übertraf die Zahl der im Kampf Gefallenen. In schönen Gebirgslandschaften wurden mit riesigem Aufwand militärische Schmalspur- und Feldbahnen gebaut. Die bereits an der mazedonischen Front eingeführten Seilbahnen wurden hier zu einem weit gespannten leistungsfähigen Transportsystem entwickelt.

Im Sommer 1916 glaubte eine weitere Regierung, sich aus der Konkursmasse Österreich-Ungarns mit begrenztem Risiko bedienen zu können: Am 27. August 1916 erklärte Rumänien der Donaumonarchie den Krieg und schickte seine Armee über die Karpaten nach Siebenbürgen. Auch diese Rechnung ging nicht auf. Gewiss waren die Truppen des alten Kaisers Franz-Joseph schon an der Ostfront gegen Russland und am „südwestlichen Kriegsschauplatz" gegen Italien mehr als überfordert, und schon hatte die unaufhaltsame Erosion des Vielvölkerheeres begonnen. Ganze Truppenteile insbesondere tschechischer Nationalität waren zur russischen Armee übergelaufen. Aber die anlässlich des rumänischen Angriffs vom Deutschen Kaiser berufene neue Oberste Heeresleitung („Dritte OHL") mit Hindenburg und Ludendorff an der Spitze schaffte es, Rumänien zunächst von Bulgarien aus zu bedrängen und sodann mit eilends herangeführten Reserven im Vorfeld der Karpaten eine Wende zu erzwingen. Im Herbst 1916 wurde aus der Verteidigung Siebenbürgens ein schneller Vormarsch ins rumänische Kernland. Am 10. Januar 1917 hatten die Verbündeten zwei Drittel des rumänischen Staatsgebiets besetzt.

Wiederum hatten sich die Probleme der Mittelmächte aber mit einem neuen Sieg eher verschärft als gemildert. Der entsetzliche Hunger in den deutschen und österreichischen Städten, inzwischen eines der größten Probleme für Kriegführung und Kampfmoral, konnte mit Getreide und Schlachtvieh aus Rumänien nur geringfügig gemildert werden. Die Förderanlagen für Öl als kriegswichtigen Rohstoff für den Betrieb von Lastkraftwagen und Flugzeugen waren vor der deutschen Eroberung gesprengt worden. Ob Lebensmittel, ob Öl: In beiden Fällen mussten die Eisenbahnen lange Transportwege meistern. Wie schon in Belgien und Frankreich, Litauen und Kurland, Polen und Weißrussland, Serbien und Mazedonien war der Bedarf des Militäreisenbahnwesens an Maschinen, Material und Menschen auch in Rumänien uferlos. Hauptbahnen über die Karpatenpässe mussten ertüchtigt, zerstörte Brücken jenseits der Grenze wiederaufgebaut werden. Zur Abfuhr von Kohle, Holz und Öl wurden neue Schmalspurbahnen gebaut. Preußische und ungarische Lokomotiven fuhren nun auch zwischen Bukarest und dem Schwarzen Meer.

DEUTSCHE EISENBAHNORGANISATION IN HALB EUROPA

Die Ausdehnung des deutschen und österreichischen Machtbereichs, die Dauer des Krieges und der massiv zunehmende Einsatz von Menschen und Material an den Fronten führten zu einem ständigen Anstieg der Verkehrsaufgaben, die fast durchwegs von den Eisenbahnen erfüllt werden mussten. Allein an der Westfront wurde an manchem Tag soviel Munition verschossen wie im ganzen Krieg 1870/71. Der deutsche Bahnbetrieb in den besetzten Gebieten unterstand dem Chef des Feldeisenbahnwesens beim Generalstab des Feldheeres. Diese Position hatte zunächst der württembergische Generalmajor Wilhelm Groener inne. Regional zuständig waren entsprechend den schon im 19. Jahrhundert erarbeiteten Vorschriften Militär-Eisenbahn-Direktionen (MED) und im frontferneren westlichen Besatzungsgebiet „betriebsführende Linienkommandanturen" (LK). Standorte der MED wie Charleroi, Lille, Kowno, Brest-Litowsk, Nisch und Bukarest verdeutlichen die Expansion des deutschen Militäreisenbahn-

Die preußische G 4^2 mit der Nummer Frankfurt 3835 war 1898 von der Firma Hohenzollern gebaut worden. Kriegsdienst leistete sie in Polen. Die Kurzbezeichnung „Wy" erscheint zwar nicht in offiziellen Verzeichnissen, dürfte aber auf eine Beheimatung in Wolkowysk zwischen Bialystok und Baranowitschi hindeuten.

Die Aufnahme entstand in Zelwa. Das typisch russische Empfangsgebäude, das rechts teilweise zu sehen ist, stand noch lange: Es diente im Zweiten Weltkrieg nach der Beinahe-Annexion des Bezirks Bialystok dem „Großdeutschen" Reich als Grenzstation (siehe „Reichsbahn hinter der Ostfront", S. 68).

Menschen im Ersten Weltkrieg – Das Individuum

Viele Fotografien aus dem Betriebs- und Baualltag der Eisenbahnen im Ersten Weltkrieg wecken Gedanken an das Thema „Masse und Individuum“, das unter dem Eindruck von Weltkriegen, Diktaturen und Völkerwanderungen zu einem Grundmotiv des 20. Jahrhunderts werden sollte. Die Erinnerungen an Millionenheere und Millionenparteien, Fußmärsche und Eisenbahntransporte unendlicher Menschenmengen, an die Launen übermächtiger militärischer und politischer Führer und die elementaren Auswirkungen bürokratischer Willkür, rascher Entscheidungen und des schieren Zufalls für das Leben des einzelnen „kleinen Mannes“, sie prägen unser Bild der Jahre ab 1914.

Zunächst eine Atelieraufnahme aus der Friedenszeit vor 1914: Das geschwungene in rot zu denkende „E“ auf den Schulterklappen weist den Soldaten als Angehörigen der Eisenbahntruppe aus.

Sie war zwar keine Eisenbahnerin, doch dem Schienenverkehr an der „Heimatfront“ diente auch die verhärmt aussehende Anna Lineke als Schaffnerin bei der Straßenbahn Mannheim. Die Versorgung der Familien unter den Bedingungen des zwangsverwalteten Mangels an allen Lebensgütern und die gleichzeitige Arbeit nach dem „Hilfsdienst-Gesetz“ wurden zu einer kaum erträglichen Doppelbelastung für die Frauen, deren Männer an der Front dienten.

Sehr originelle Herren der Reserve-Eisenbahn-Bau-Kompanie (REBK) 30 ziehen frische Abzüge aus dem Fixierbad ihres „Photographischen Kunst-Salons". Es ist in einem älteren Abteilwagen untergebracht. Mit diesem Bild wird vorstellbar, wo und wie die vielen gestochen scharfen Plattenaufnahmen der Eisenbahntruppen entstanden sind, die entsprechend den Anforderungen höherer Stellen den amtlichen Berichten beigegeben wurden oder die als Feldpostkarten an Familien und Freunde versandt wurden. Der Eisenbahnwagen diente im 20. Jahrhundert zahllosen Menschen als Arbeitsplatz, Krankenzimmer oder Notquartier – und wurde vielen zur Todeszelle.

Selbstverständlich in einem Eisenbahnwagen residierte die Schreibstube der Eisenbahn-Bau-Kompanie Nr. 8. Zu schreiben gab es bei den Truppen des Ersten Weltkrieges viel. Jede Einheit musste ein genaues Kriegstagebuch führen und ihren Beitrag zu den monatlichen Berichten an den Chef des Feldeisenbahnwesens („Fech") und zu den vierteljährlichen „Kaiserberichten" leisten. Mit unermüdlichem Erfindungsreichtum schickte die Etappe immer neue Verfügungen und Formblätter nach vorne, die der Erwiderung und Bearbeitung bedurften. Mit einem Schreiben vom 18. Juli 1917 warnte der Fech vor einer „Niederlage im Kampf gegen die Druckschriften" und kritisierte das überhand nehmende „Papierfeuer von rückwärts". Zurück zu unserem Foto: Es überliefert uns die fünf ausdrucksstarken Portraits von Unteroffizier Huser, Feldwebel Wohlfeil, Unteroffizier Bredenbeck, Pionier Kleemann und Gefr. Schmidt im eisenbahnmilitärischen Tabakskollegium.

betriebes. Den MED unterstanden ähnlich der Eisenbahnorganisation in der Heimat Betriebs-, Maschinen-, Werkstätten- und Verkehrsämter. Diese wiederum leiteten die örtlichen Dienststellen wie Bahnhöfe und Betriebswerkstätten für den Lokomotivdienst. Als Instanz zwischen dem Feldeisenbahnchef und den MED schuf man später drei „Militärgeneraldirektionen der Eisenbahnen" (MGD) in Brüssel, Warschau und Bukarest, die vor allem für Bau- und Verkehrsangelegenheiten ohne unmittelbaren militärischen Bezug zuständig waren. Ende 1915 waren 144.000 Mann im Militär-Eisenbahn-Betrieb tätig, davon 41.000 Soldaten, 54.000 Beamte aus der Heimat und 49.000 Hilfskräfte aus den besetzten Gebieten.

Im Winter 1917/18 betrieben deutsche Eisenbahndienststellen außerhalb der Reichsgrenzen 7.942 Kilometer Normalspurstrecken im Westen, 8.076 Kilometer im Osten und 3.637 Kilometer im Südosten. Eingesetzt waren 6.627 Lokomotiven und 178.000 Wagen. Das Personal war angewachsen auf

- 108.000 Soldaten jeden Ranges (vielfach zur Armee eingezogene Eisenbahner) in den laufend vermehrten militärischen Formationen,
- 70.000 ins Feindesland entsandte Beamte der deutschen Länderbahnen (Sie hatten im Durchschnitt 37,5 Prozent ihres Personals an die Kriegsschauplätze schicken müssen),
- 45.000 Kriegsgefangene sowie
- 219.000 im Dienst belassene einheimische Eisenbahner oder vor Ort neu angeworbene Kräfte.

Die Organisationsstrukturen wurden immer komplizierter. Die Eisenbahn-Bau-Kompanien und Reserve-Eisenbahn-Bau-Kompanien (EBK und REBK), die Militär-Eisenbahn-Bauabteilungen (Mebau) als Zusammenfassung mehrerer Baukompanien und die Feldbahn-Abteilungen (Feba) direkt hinter den Fronten wurden am 5. Juli 1917 jeweils auf Armee-Ebene einem Kommandeur der Eisenbahntruppen („Kodeis") unterstellt, mehrere Kodeis unterstanden wiederum einem Regimentskommandeur der Eisenbahntruppen („Rekodeis"). Ein „Rekodeis" (man hat sich bei solchen Bezeichnungen nicht nur einen Offizier, sondern einen ganzen Stab vorzustellen) wurde ab 1917 auch jeweils für ganze Kriegsschauplätze und für je eine MED eingesetzt.

ERINNERUNGEN AN DEN LOKOMOTIVBETRIEB HINTER DER WESTFRONT

Nicht anders als die Soldaten der Schützengräben und Artilleriebatterien konnten auch die Eisenbahnpioniere und die in den Besatzungsbetrieb entsandten Bahnbeamten ein Leben lang von ihren Kriegserlebnissen erzählen. Wir folgen einem badischen Zugführer nach Frankreich. (Im Gegensatz zu heutigen Journalisten wusste der Leser der 1921 erschienenen Erzählung[3] noch, dass „Zugführer" nicht auf der Lokomotive steht, wo bekanntlich der Lokführer seinen Beruf ausübt, sondern im Gepäckwagen eines Personen- oder Güterzuges die Aufsicht führt. Er war einst Vorgesetzter von Lokführer, Heizer und Schaffner und vor Einführung der durchgehenden Druckluftbremse auch Chef der Bremser, die an den Spindeln

3) F. Scherpe, Die deutsche Feld-Eisenbahn im Weltkrieg, Heidelberg 1921

Hier steht ein medizinisches Consilium aus Alt-Österreich. Auf der Rückseite des Fotos steht: „Auf Transport nach Galizien Anfang August 1916 Strecke Wladimir Wolynskij – Sokal, von links nach rechts: Oberapotheker Scholmann, Inspektor Stiegler, Stabsarzt Fr. Stockert, Stabsarzt Fr. Meyer, Unterarzt Schneider, Unterarzt Schnock." Der Chronist hat ergänzend noch auf die Lokomotive hinzuweisen, einen Vierkuppler der weitverbreiteten Reihe 73 der kkStB, auf deren Leistungsfähigkeit und auf deren Höchstgeschwindigkeit von nur 35 km/h die österreichisch-ungarischen Militärfahrpläne abgestimmt waren. Die gezeigte 73.75 aus dem Jahre 1887 kam nach dem Ersten Weltkrieg zur Tschechoslowakischen Staatsbahn.

Ausgesprochene Individuen mit Pickelhauben im Stoffüberzug sehen wir hier an der Sperre irgendeines Bahnhofs in Bayern.
Wie jeder Straßenbahnbetrieb setzen auch die Königlich Bayerischen Staats-Eisenbahnen Frauen bei der Fahrkartenkontrolle ein.

der Handbremsen auf die Pfeifsignale des Lokführers achteten.)

An einem unfreundlichen Novembertage hatte Schaible Bereitschaft. Er empfing beim Fahrmeister seine Post, las die neueste Zeitung, die mitgekommen war. Dabei ging er auf dem Bahnsteig auf und ab. Leise rieselte Schnee vom grauen Himmel herab. Es war der erste, den Schaible in Frankreich fallen sah. Es wurde Winter. An ein Ende des Krieges war aber noch nicht zu denken. …

Abends um 6 Uhr andern Tages hatte Schaible von Hirson nach Charleville eine Eskadron der 12er Husaren zu bringen. Der Zug bestand aus 56 Wagen. Das war mit Ladung ein Gewicht von etwa 780 Tonnen. Er hatte die Fahrtrichtung Hirson – Mohon über Auvillers, Tournes. Unser Zugführer fuhr die Strecke zum ersten Mal. Sie war ihm völlig unbekannt. Er sorgte sich. Wie er mit dem langen, schweren Zug durchkommen würde? Vorn am Zuge war eine gute Zwillingsmaschine mit 12 Atmosphären Druck. Das beruhigte ihn einigermaßen; denn auf diese konnte man sich verlassen. Allerdings war zu bedenken, dass der Lokomotivführer die Strecke ebenfalls noch nie gefahren war. Solche Gründe konnte man aber nicht berücksichtigen. Der Transport musste sofort nach Mohon gebracht werden. Die Verantwortung, dass die Truppen an Ort und Stelle kamen, trug das Zugpersonal.

Eine Weile fuhren sie unbehelligt. Schaible beobachtete scharf und aufmerksam die Strecke. Auf den Stationen, an denen der Zug hielt, wurde auf Befragen nach der Strecke geantwortet, dass sie schon durchkommen würden. Teilweise würde es ein wenig steigen und dann wieder fallen. Die Auskunftgebenden waren Leute von der Charleviller Betriebskompagnie, welche die Strecke besetzt hielten. Da war es zu verzeihen, dass Schaible keine rechte Auskunft erhielt.

Statt geringer wurde die Steigung größer. Zuletzt kletterte die Maschine eine Anhöhe hinan, deren Neigung 1 : 80 war. Man fuhr durch einen großen Wald. Die Maschine hielt sich wacker. Es ging gut vorwärts. Endlos aber schien dem gespannt nach vorn ausschauenden Zugführer der Rücken, den man langsam erklomm. Die Maschine tat ihr Möglichstes. Besorgt schaute der Lokführer auf sein Wasserstandsglas. Er verbrauchte große Mengen Dampf. Die Maschine war gut. Für das Gewicht, das sie nachzuschleppen hatte, jedoch etwas zu leicht. Das ewige Radschleifen machte den Mann ganz nervös. Er musste mit dem Dampf sparen, sonst ging ihm das Wasser aus. Die Folge des Dampfmangels war, dass die Lokomotive auf halbem Wege nicht mehr arbeitete, und der Zug stehen blieb. Schaible und der Lokomotivführer schauten besorgt die Strecke entlang. „Na, geht's nicht mehr weiter?" frug der erstere den vor Aufregung und Anstrengung schwitzenden Lokführer. Der Schweiß, der, mit Ruß und Kohlenstaub vermengt, von dessen Stirn perlte, malte schmierige Striemen auf sein Antlitz. Mit dem Unterarm wischte er sich die Tropfen von der Stirn, wodurch sein Gesicht noch rußiger wurde. „Da schauen Sie mal in die Feuerbüchse, Zugführer", sagte er. „Ein Siederohr ist hin. Das Wasser rinnt in die Glut, und der Wasserstandsanzeiger sinkt rapid. Heizer, wir wollen zunächst mal das lecke Rohr dichten." Während des Dampfmachens wurde der Schaden ausgebessert. „Wie wird das noch enden", dachte Schaible und ging unruhig hin und her. Nach einer Viertelstunde rief der Lokführer: „Zugführer, wir wollen's jetzt versuchen. Vielleicht packen wir es und kommen die Anhöhe vollends hinauf. Ich habe wieder genügend Dampf." „Also dann Vorwärts", rief der Angerufene. Ein Stück ging es gut, bis die Maschine wieder Radschleifen bekam und stehen blieb. Zum zweiten Male musste Dampf gemacht werden. Der Lokführer und Schaible wurden ständig unruhiger. Beim dritten Halt kletterte letzterer auf die Maschine hinauf. Der Führer und der Heizer standen mit ratlosen und verzweifelten Gesichtern oben. Was machen? „Das Wasser ist alle. Im Tender ist keins mehr", sagte tonlos der Lokomotivführer. „Wie weit werden wir mit dem bisschen Wasser noch kommen können?" frug der Zugführer mit einem fragenden Blick auf das Wasserstandsglas, das nicht mehr anzeigte, weil das Wasser fast versiegt war. „Zuguterletzt fliegt uns die ganze Maschine noch in die Luft", meinte der Heizer nachdenklich und tief atmend. „Probieren wir's das letzte Mal. Vielleicht gelingt es, vielleicht sind wir auch hin dabei", sagte der Lok-

Menschen im Ersten Weltkrieg – Die Masse

Von vielen Menschen, die vor neunzig Jahren lebten, besitzen wir heute nur noch ein winziges Porträt auf einer alten Gruppenaufnahme. Der einzelne Mann, die einzelne Frau, sie waren für die militärischen und kriegswirtschaftlichen Planer nur Verfügungsmasse. Ihr „Einsatz", ihre „Verwendung" kosteten keine teuren Import-Rohstoffe, sondern nur ein Minimum an Nahrung, ein wenig vaterländische Propaganda und notfalls den staatlichen Zwang, der als Mittel der Regierungspolitik gegen die eigenen Staatsbürger im Ersten Weltkrieg alltäglicher wurde als je zuvor – und dann jahrzehntelang zum europäischen Alltag gehörte.

Die Soldaten auf Transport, die Eisenbahner in einem Lokomotiv-Betriebswerk und erst recht die Arbeiter an einer Brückenbaustelle: Sie bleiben für uns anonym. Musste der eine schon kurz nach dem Zeitpunkt der Aufnahme an der Front sterben? Nahm der andere im November 1918 an dem Versuch der rechtlosen Untertanen teil, ihr Schicksal selbst in die Hand zu nehmen? Wurde der nächste nach 1933 Opfer oder Mittäter eines vielfach grausameren Regimes und eines noch schrecklicheren Krieges? Wir wissen es nicht. Und wir wissen auch nicht, wo und wann 55 Mann in einer Fabrik oder einem Bergwerk eine kleine Tenderlok belagerten.

Auf der Stichbahn nach Thiaucourt südwestlich von Metz gleich jenseits der deutsch-französischen Grenze haben bayerische Eisenbahnpioniere im September 1914 eine gesprengte Brücke ergänzt. Der auf Stahl- oder Holzpfeilern anzubringende „Peine"-Walzträger bewährte sich für den Behelfsbrückenbau ausgezeichnet.

Wie Ameisen am Riesenbau der Kriegstechnik wirken am 13. Januar 1916 die zahllosen Männer der REBK 34, die bei Sveta Petka in Ostserbien eine Kriegsbrücke mit Baukastenteilen des Systems „Lübbecke" über die Nischava gebaut haben. Wenige Tage später wird der „Balkanzug" auf seiner langen Fahrt von Berlin nach Konstantinopel über diese Brücke rollen.

führer. Besorgt schaute Schaible dem Heizer und dem Führer zu, denen es schließlich mit äußerster Umsicht gelang, den Zug nochmals langsam in Gang zu bringen.
Einige Minuten später war die Höhe glücklich erreicht. Die drei Männer auf der Maschine atmeten befreit auf. Nun hatte man ein wenig Gefäll' und fuhr gleich darauf in den Bahnhof Auvillers ein. Dies war eine Wasserstation. Die Maschine abhängen und an den Wasserkran fahren, war das Werk von Augenblicken. Im Nu legte der Heizer den Schlauch in die Öffnung des Tenders. Schaible drehte den Hahn auf, das Wasser strömte rauschend in den Wasserbehälter ein, und in wenigen Minuten zogen schon die Pumpen an. Das drohende Unglück war vorüber und die Explosion verhütet. Den dreien, welche die Gefahr gekannt hatten, und deren Leben selbst vor allem dabei gefährdet gewesen war, wurde leichter ums Herz. Es war aber auch die höchste Zeit gewesen. Die Maschine hatte schon ganz verdächtig gefaucht und geschnauft. Langsam wurde sie ruhiger, je mehr Wasser das Wasserstandsglas zeigte. Vorsichtshalber untersuchte der Führer die Lokomotive. Er öffnete vorn den Rauchkammerfang. Und was sah er da! „Mit dem Weiterfahren ist's aber doch aus, Zugführer", sagte er; denn das ganze Wasser läuft mir ja hier herein." Die Siederöhren hatten sich bei dem niederen Wasserstand unter der Einwirkung des Feuers, das darunter brannte, zum Teil bereits gelöst und waren undicht geworden, so dass man in den Rauchkammer ein Bad hätte nehmen können. Die schwer beschädigte Maschine musste abgehängt werden.
Schaible sah in Gedanken zu seinem Zuge hin und überlegte, was nun am besten zu machen sei, und wo am schnellsten eine Maschine zu beschaffen war. Aber sah er richtig? Ihr Zug kam ja auf sie zu. Er fuhr! Wie kam denn das nur? Er eilte ihm entgegen. Die Wagen mussten wohl ins Rollen gekommen sein. Rasch sprang er auf die erste Bremse und drehte sie zu. So noch bei einer zweiten. Knapp vor der defekten Maschine brachte er den Zug zum Stehen. Schaible sprang ab und sagte: „Zu allem Pech hätte uns der Zug jetzt bald noch die Lokomotive über den Haufen gerannt." Der Heizer, der in einer Art Kanal stand, welcher unter dem Gleis ausgeschachtet war, hörte das, kam neugierig daraus hervor und sah erstaunt, dass in unmittelbarer Nähe hinter ihm die Wagen standen. „Na, das wäre nicht übel gewesen", sagte er kopfschüttelnd. „Die Maschine wäre bei dem Aufstoß entgleist und in das Loch hineingefallen. Mich hätte sie dabei schön an die Wand gedrückt." „Heute ist aber auch alles verkehrt", erwiderte Schaible. „Es gelang mir gerade noch, zwei Bremsen zuzumachen. Ich weiß gar nicht, was mit meiner Gruppe los ist. Schon einige Male habe ich den Leuten gesagt, dass sie aus ihren Bremshäuschen heruntersteigen sollen, wenn irgendwo gehalten wird, und ihre Laternen zeigen. Ich sehe dann, ob keiner schläft, und kann ihnen Befehle zurufen. Als ich aber vorhin den Zug in Bewegung sah, war kein Licht zu sehen. Alle sitzen natürlich wieder in ihren Kapriolen, nehmen die Laterne zwischen die Beine, schlagen den Mantel um sich und lassen sich wärmen. Muss doch mal nachsehen, ob's nicht so ist." Der Lokomotivführer, welcher hinzugetreten war, spann das Gespräch fort und sagte: „Es werden uns aber auch meist fast nur Strecken-, Hallen- und Gepäckarbeiter geschickt, die wohl als Kriegsbremser eingefahren sind, wohl aber noch nicht viel verstehen. Was brauchbar ist, kommt weg an andere Plätze." Schaible lief den Zug entlang und fand die Leute, wie er vermutet hatte, wohlverwahrt in ihren Kapriolen. Sie hatten geglaubt, man fahre weiter. Selbst der Schlussbremser, ein schon älterer, mit dem Handwerk gut vertrauter Mann, hatte nicht bemerkt, dass der Zug allein ins Rollen gekommen war. Sie schreiben sich's für diesmal gehörig hinter die Ohren. Der Zugführer hatte den Maschinendefekt gemeldet. Zum Glück fuhren einige Minuten später fünf leere Maschinen durch Auvillers, die gestellt wurden. Die letzte wurde abgehängt. Zufällig stand sie verkehrt und schaute in der Richtung nach Mohon. Sie sollte den Zug weiterbefördern. ... Die Fahrt ging nun glatt vonstatten. Die Soldaten in den Wagen hatten von den Vorfällen nichts bemerkt. Da es Nacht war, schliefen sie.

DEUTSCHE UND FREMDE LOKOMOTIVEN

Der Bedarf an Lokomotiven übertraf jede frühere Erwartung. Bis Ende 1914 waren allein auf den westlichen Kriegsschauplatz schon 1.781 deutsche Lokomotiven überwiesen. Zahlenmäßig am stärksten vertreten waren preußische G 7 (927

Staatliche Stellen und – mit ihrer wohlwollenden Förderung – viele private Firmen und Verlage produzierten eine unendliche Fülle von Kaiser- und Hindenburg-Devotionalien und propagandistischen Druckerzeugnissen. In seiner Albernheit fast selbstironisch wirkt die Spielzeugdarstellung des „Balkanzuges" mit den Uniformen und Flaggen der Mittelmächte von Deutschland über Österreich-Ungarn und Bulgarien bis zum Osmanischen Reich.

Während auf den Vollbahnen die Dampflokomotive regiert, genügt hier in den Stellungen für die Beförderung eines ungefederten Wagens die menschliche Muskelkraft. Bewegend ist wieder der Anblick der Gestalten und Gesichter auf der gestochen scharfen Aufnahme. Nur noch die Mützen erinnern an militärische Uniformen. Unsägliche Entbehrungen und die Allgegenwart des Todes machten den Frontsoldaten immun gegen die Formvorschriften des friedensmäßigen Heeresdienstes.

Loks), G 5 (289 Loks) und G 3 (mit 96 Loks). Auch Bayern, Sachsen, Württemberg und Baden waren vertreten. Dazu kamen Beutelokomotiven, von denen man am 1. April 1915 im Westen 2.241 zählte. Fast alle gehörten der Belgischen Staatsbahn, deren Netz ja nahezu vollständig von den deutschen Militäreisenbahnbehörden betrieben wurde. Laufachslose Dreikuppler mit Baujahren zurück bis 1864 waren am häufigsten vertreten. Moderne 2'C1'h4- und 1'Eh4-Maschinen erregten das Aufsehen der deutschen Fachwelt. Nicht zu vergessen ist der Bedarf an Meterspurloks für die weitverzweigten Netze belgischer und französischer Kleinbahnen. Da die großenteils bescheiden dimensionierten vorgefundenen Loks nach Stückzahl und Leistung nicht ausreichten, wurde das besetzte Westgebiet auch Kriegsheimat für viele Loks von privaten deutschen Kleinbahnen.

Im Osten und Südosten wurden nur wenige Beutelokomotiven erobert, jedenfalls fehlte es an leistungsfähigen Loks. Österreichische und deutsche Maschinen mussten hier fast den ganzen Bedarf abdecken. Von Januar 1916 bis April 1917 schwankte die Zahl der deutschen Lokomotiven im östlichen Besatzungsgebiet zwischen 1730 und 1870 Maschinen. Für die auf Normalspur umgestellten Strecken in Russisch-Polen bauten deutsche Hersteller auch neue Loks.

Während des gesamten Ersten Weltkrieges ließen die Bahnen und Armeen der Mittelmächte aber für Vollbahnen

Die Fronten waren dicht gesäumt von den filigranen Gleisen der Feld- und Förderbahnen. Anstelle der Dampfloks wurden in der Nähe der Front Motorloks eingesetzt, weil ihr Betrieb den feindlichen Artilleriebeobachtern weniger auffiel. Für leichten Bau-, Munitions- und Proviantverkehr genügte auch die Bespannung mit Tieren. Das Bild mit bäuerlich wirkenden Soldaten und dem Ochsen vor einer Kipplore neben dem schönen Gehöft könnte vollkommen friedlich wirken, wären da nicht die Sichtblenden gegen feindliche Einsicht. Auf dem Hügel im Hintergrund stehen die Franzosen, zwischen der Idylle und dem Höhenzug schneidet die Westfront durch das Bauernland.

keine speziellen Lokomotiven bauen, die nach Leistungsprofil und Fertigungsmethoden als „Kriegslokomotiven“ anzusprechen wären. Freilich verschob sich der Schwerpunkt der Beschaffungen von Schnell- und Personenzugloks zu den Güterzugloks vor allem preußischer Gattungen. Die 1913 erstmals gebaute G 8^1 (später 55^{25} der Deutschen Reichsbahn) war nach den Maßstäben ihrer Zeit als außerordentlich leistungsfähige Heißdampflok sehr geschätzt, aber auch die alte preußische G 7^3, eine 1'D n2v aus dem Jahre 1893, wurde nachgebaut. Die P 8 (später 38^{10} der Deutschen Reichsbahn) konnte angesichts der überall sehr niedrig festgelegten Höchstgeschwindigkeiten als Schnellzuglok für die wenigen D-Züge, die Militär-Urlauber-Züge und die Sonderzüge hoher Stäbe gelten. 1917 begann die Lieferung der von mehreren Länderbahnen bestellten 1'E h3-Güterzuglok der Gattung G 12. Sie war fast das Gegenteil einer „Kriegslok“, denn ihre solide und teure Konstruktion forderte friedensmäßige Baustoffe und geordnete Einsatzbedingungen. Ihr Leistungsprofil war nicht auf den Frontdienst unter primitiven Bedingungen, sondern am ehesten auf die neuen Nachschubtrassen abgestellt, die mit staunenswertem Aufwand in Belgien errichtet worden waren.

Während den „Balkanzug“ nur handverlesene Militärs und Geschäftsreisende benutzen durften, reisten weiterhin Millionen schlichterer Fahrgäste mit Personen- und Güterwagen durch Europa. Junge schlecht ausgebildete Soldaten fuhren an die Front, um ihre gefallenen Kameraden zu ersetzen, in der Gegenrichtung fuhren Kriegsgefangene und in immer mehr Lazarettzügen die Verwundeten. Manchem von ihnen rettete der „Heimatschuss“ das Leben, mancher hatte ein Leben lang an seinen Wunden zu leiden – und mancher starb unter Qualen noch im Lazarettzug.

NACHSCHUBTRASSEN FÜR EIN ZWEITES 1914

1917 wurden im deutsch-belgischen Grenzbereich drei Neubaustrecken fertig. Den größten Aufwand forderte die Strecke Aachen – Tongern, die dicht an der niederländischen Grenze als Nordumfahrung des Knotens Lüttich die Verbindung zwischen Deutschland und Belgien verbesserte. Die Trasse wurde nach Kriterien, die erst Jahrzehnte später bei den Neubaustrecken für Hochgeschwindigkeiten üblich wurden, in annähernder Luftlinie an Städten und Dörfern vorbei und in weitgehend ebener Lage durch Tunnel und über lange Viadukte geführt. Die Geultalbrücke als größter Kunstbau ist 1.107 Meter lang und am höchsten Pfeiler 54 Meter hoch. Die Strecke ist ein Denkmal für die tragische Realitätsferne deutscher Kriegs- und Baupolitik. Die Niederlage in der Marneschlacht vom September 1914 war ja schon unverrückbare Geschichte. Mag sein, dass sie durch mangelnde Kapazität der Eisenbahnen zwischen Rhein und Maas mit verursacht war, aber eine zweite Chance für den Schlieffenplan würde die Weltgeschichte nicht bereithalten, und deshalb brauchte man eigentlich auch nicht mehr die Eisenbahnen zu bauen, die 1914 gefehlt hatten. Zugleich standen die Brücken und Tunnel zwischen Aachen und Tongern auch für den dauerhaften Anspruch, den Berlin inzwischen auf Belgien erhob. Weil aber Frankreich 1914 (und weiterhin) nicht besiegt worden war und weil überlegene Kräfte wenige hundert Kilometer weiter westlich unablässig gegen die deutschen Stellungen anrannten, war dieser Anspruch hinfällig.

Aber immerhin: Die Strecke Aachen – Tongern ist heute eine wichtige Achse des Güterverkehrs in Ostbelgien. Und auch für andere Kriegsschauplätze und Besatzungsgebiete kann bilanziert werden, dass die deutschen Bahnbauten in langen Friedensjahrzehnten nützlich blieben. Das Deutsche Eisenbahnpioniere bauten zwar Bahnen für Kaiser und Reich, bauten aber unfreiwillig und auf lange Sicht auch der nach 1918 gegründeten polnischen Republik ihr normalspuriges Eisenbahnnetz zwischen Krakau und Wilna, bauten der Lettischen Staatsbahn ihr wichtigstes Lokomotiv-Ausbesserungswerk in Libau, bauten den Rumänen ihre Waldbahnen und bauten in Mazedonien Schmalspurbahnen, die noch im Jugoslawien der Tito-Zeit nützlich waren.

VERDUN, SOMME ... UND „ALBERICH“

Unzählige Durchbruchsversuche beider Seiten im Westen von November 1914 bis Sommer 1918 blieben vergeblich und kosteten immer mehr Opfer. „Flandern“, „Lorettohöhe“, „Chemin des Dames“, „Verdun“, „Somme“, „Ypern“, diese Namen stehen für Millionen Soldaten, die per Bahn in die Hölle der Schützengräben fuhren, oftmals ohne Wiederkehr. Bald fehlten den Wagen der Blumenschmuck und den Soldaten die „Liebesgaben“. Der Hunger in der Heimat begleitete die Soldaten an die Front. Aber auch jede Granate, jedes neue Geschütz und jede Rolle Stacheldraht mussten mit der Eisenbahn herangeführt werden, von der Fabriken in Oberschlesien, Berlin und an der Ruhr über den Rhein und über die

Die Feldbahnen des ersten Weltkrieges waren die ersten großen Einsatzgebiete für die Zugförderung mit Verbrennungsmotor. Entsprechend dem Stand der Technik wurden die fast durchwegs zweiachsigen Loks von einzylindrigen Benzolmotoren angetrieben. Diese schwere Benzollok von der Motorenfabrik Oberursel steht im April 1918 in k.u.k.-Diensten, und zwar auf der Feldbahn San Stino di Livenza – Grisolera am südlichen Ende der Piavefront (und wenige Kilometer entfernt von den Adriastränden, die heute jeden Sommer von leicht bekleideten Deutschen mit großer Übermacht kampflos besetzt werden).

Bahnen der besetzten Gebiete bis zu den Endpunkten des Normalspurnetzes, wo Menschen und Material auf Feldbahnen oder Lastkraftwagen umgeladen wurden. Die Transportbewegungen zur Vorbereitung kleinerer oder größerer Operationen erhielten phantasievolle Tarnbezeichnungen. Allein im Juni 1916 wurden nach und im Westen Züge unter anderem für „Oculi", „Dietrichs Ende", „Angerapp", „Aisne 7", „Pferdelos", „Drachenfels", „Regensburger Kanonen", „Regensburgs Abreise" und „Bechens Vergrößerung" gefahren.

Eine der eigenartigsten und am wenigsten bekannten militärischen und technischen Großaktionen des deutschen Heeres und der deutschen Militäreisenbahn im Ersten Weltkrieg galt aber keiner Offensive, sondern dem planmäßigen Rückzug aus dem weithin verwüsteten Kampfgebiet der Somme-Schlacht in die vorbereitete Siegfried-Stellung. Um das geräumte Gebiet für den Feind unbrauchbar zu machen und zur Sicherung wertvollen Materials zerstörte man soweit wie irgend möglich die Infrastruktur in der aufzugebenden Zone. Den Eisenbahntruppen war die Aufgabe gestellt, die Eisenbahnanlagen nach exaktem Plan von der Front aus abzubauen bzw. zu sprengen. Die Transportaufgaben waren jedoch so umfangreich, dass einige Strecken zunächst noch einmal für ganz kurze Zeit verbessert werden mussten. So ermöglichte man durch die Zulegung einer dritten Schiene in Vollbahngleise die Durchfahrt meterspuriger Kleinbahnzüge von den Abbauspitzen ins Hinterland. Die gesamte Operation unterlag strengster Geheimhaltung und lief unter der Tarnbezeichnung „Alberich". Der 9. Februar 1917 wurde als „Alberichtag 1" festgelegt. In 31 Alberichtagen waren im Tagesdurchschnitt nicht weniger als 1.020 Pioniere und 816 Hilfskräfte eingesetzt. Sie zerstörten alle Bahnhofgebäude, Wassertürme, Brücken und Telefonleitungen und führten 920 Züge hinter die Siegfriedlinie.

- Kaum zu glauben: Vom Rückbau der vordersten Förderbahnen („nur bei völliger Dunkelheit ohne jede Beleuchtung und unter Vermeidung jeden Geräusches") bis zur Sprengung der letzten Signalmasten vor St. Quentin gelang die völlige Geheimhaltung.
- Makaber: Die Eisenbahnpioniere mussten Anlagen zerstören, die sie selbst zuvor mit größtem Einsatz gebaut hatten. So war der große Normal- und Schmalspurbahnhof Ham fast über das ganze Jahr 1916 eine deutsche Großbaustelle gewesen. Allein hier wurden mehr als 140 Weichen und Kreuzungen diverser Spurweiten demontiert.
- Vorahnung für die Bevölkerungsverschiebungen im nächsten Weltkrieg: In 341 „Gemüsezügen" deportierte man 140.000 arbeitsfähige Zivilisten aus dem Alberich-Gebiet ostwärts, während die nicht arbeitsfähigen Personen „dem Feind überlassen" wurden.

WAFFENSTILLSTAND IM OSTEN

Das Zarenreich hatte seine Völker mit der Kriegführung überfordert. Erbitterte Offensiven, bei denen die schiere Menschenmasse sowohl die Ausrüstung als auch das taktische Geschick hatten ersetzen müssen, waren wieder und wieder im Feuer deutscher Geschütze und im Schnee und Schlamm zwischen Stochod und Düna opferreich gescheitert. Im März 1917 stürzte eine Hungerrevolte den Zaren. Die neue bürgerliche russische Regierung versuchte den Krieg weiterzuführen,

Die Ausdehnung des Universums Feld- und Förderbahn wird deutlich durch Landkarten wie diese vom Eisenbahnnetz um Verdun am 1. April 1918. Nicht alle hier in violett (Voll- und Kleinbahnen mit 1435, 1000 und 800 mm Spurweite), rot (Feldbahnen) und grün (Förderbahnen) gezeichneten Bahnen dienten dem deutschen Heer: Von Nordwesten nach Südosten schlängelt sich hellrot gezeichnet recht unauffällig die Front durch das Kartenbild. Die Aufklärung vom Flugzeug aus erlaubte eine recht genaue Erfassung auch der französischen Kriegsbahnen. Beide Kriegsparteien hatten mit ihren Gleisen fast jeden Kilometer ihrer Stellungen erschlossen. Vielerorts war die Zone absoluter Verwüstung und tödlicher Unterbrechung jeden Verkehrs zwischen den beiderseitigen Endpunkten der Bahnen nur wenige hundert Meter breit.

Wenn die Karte im Nordwesten keine Bahnen mehr zeigt, dann nur, weil diese Räume nicht mehr zum Befehlsbereich des „Kodeis C“, des „Kommandeurs der Eisenbahntruppen“ in einem mit den Armeegrenzen nicht genau deckungsgleichen Gebiet „C“ gehörten.

Stationsnamen wie „Penzberg Ost“, „Feldmoching“, „Schwabing“ oder „Regensburg“ im deutschen 600-mm-Netz lassen erkennen, dass hier bayerisches Heimweh für die Benennung der Betriebsstellen maßgeblich war, während die Bezeichnungen „Grunewald“, „Rummelsburg“ oder gar „Plauderstübchen“ unschwer der preußischen Dienstfantasie zuzuordnen sind.

Bayerisches Kriegsarchiv
Akte Inacheis 12

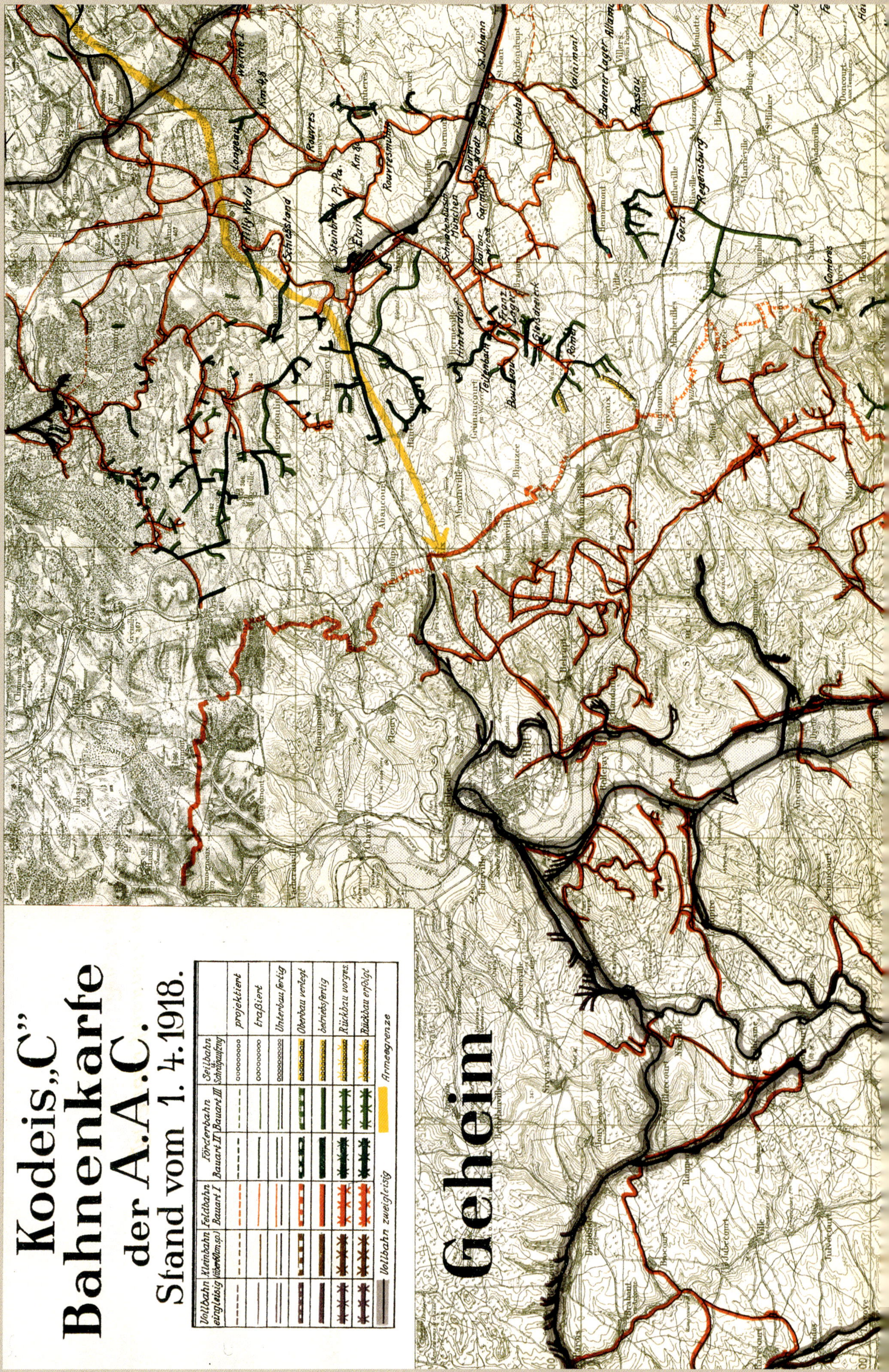

doch waren die Truppen endgültig kriegsmüde. Im Sommer 1917 eroberten die Mittelmächte alle Gebiete zurück, die Österreich-Ungarn 1914 verloren hatte. Doch Berlin wollte noch mehr ...

Im April 1917 fuhr ein streng geheimer Zug vom badischen Gottmadingen quer durch Deutschland nach Saßnitz. Der russische Sozialist Lenin hatte von der Obersten Heeresleitung die Erlaubnis bekommen, aus dem Schweizer Exil nach Schweden zu fahren, um über Finnland nach Petrograd zu gelangen. Die Erwartungen der deutschen Seite erfüllten sich: Lenin und seine Anhänger übernahmen im November 1917 die Macht in Russland, schlossen mit Deutschland einen Waffenstillstand und nahmen Friedensverhandlungen auf. Als diese ins Stocken gerieten, überschritten deutsche Truppen am 18. Februar 1918 die Waffenstillstandslinie und besetzten weite Teile Weißrusslands und der Ukraine bis zum Schwarzen Meer. Der Vormarsch vollzog sich auf den breitspurigen Bahnlinien und wurde auch noch fortgesetzt, nachdem die Sowjetregierung am 3. März 1918 den Diktatfrieden von Brest-Litowsk unterzeichnet hatte. Hinter der Erinnerung an den Zweiten Weltkrieg ist heute fast vergessen, dass deutsche Truppen im 20. Jahrhundert schon einmal am Schwarzen Meer gestanden hatten, um die Rohstoff- und Nahrungsquellen eines Ostimperiums in Russland und der Ukraine für einen „Endsieg“ zu sichern, den Ludendorff 1918 zu erzwingen suchte. Der deutsche Besitzstand war größer als je zuvor. Auch gegen Italien hatte man im Oktober 1917 einen großen Erfolg erzielt. Nach zweieinhalb Jahren zermürbender Schlachten in einer engen Gebirgszone am Austritt des Isonzo von den Alpen ins Flachland war ein weiter Vorstoß bis zum Piave geglückt. Dicht vor Venedig hatte Italien mit aller Mühe eine Abwehrlinie aufbauen können. Die Lage der Mittelmächte schien nicht aussichtslos.

„GROSSE SCHLACHT IN FRANKREICH“

Der Zwei-Fronten-Krieg war nach fast vier Jahren vorbei. Bei weitem nicht alle Truppen konnten nach Westen verlegt werden, weil die Besetzung der politisch unsicheren Ostgebiete viele Kräfte band. Am 21. März 1918 traten die deutschen Truppen noch einmal zu einer großen Offensive an, die als „Große Schlacht in Frankreich“ in die Militärgeschichte einging. Wie schon so oft im Weltkrieg brach sie alle schauerlichen Rekorde: Nie zuvor war ein Angriff mit so vielen Geschützen, mit so viel Sprengstoff und Giftgas begonnen worden. Erstmals nach fast vier Jahren Stellungskrieg im Westen gelang einer Kampfpartei ein Durchbruch in großer Breite. Der deutsche Vormarsch führte tiefer ins französische Hinterland als es die Entente zu dieser Zeit dem erschöpften deutschen Heer noch zugetraut hatte. Ein neues Ferngeschütz begann über 120 km Distanz mit der Beschießung von Paris. Frankreich und England stürzten in eine tiefe Krise. Sie führte zur Bildung eines gemeinsamen Oberkommandos unter dem französischen General Ferdinand Foch, der Ludendorff an militärischem Talent und politischer Rücksichtslosigkeit nicht nachstand.

So groß die psychologische Wirkung der „Großen Schlacht in Frankreich“ war, so problematisch war für das deutsche Heer ihr militärisches Ergebnis. Nach einigen Tagen Panik und Flucht stabilisierten die Verteidiger auf weit zurückverlegter Linie ihre Abwehr. Die erhoffte Spaltung zwischen dem

Typisches Traktionsmittel der 600 mm-Bahnen und auch ein beliebtes Mitglied der Großfamilie von Männern, Tieren, Waffen und Maschinen im Stellungskrieg war die „Brigadelok“. Gleich zwei Exemplare dienen hier am 7. März 1971 der Probebelastung einer Brücke, die im „Mihielbogen“ östlich von Verdun gebaut worden war.

Nachdem Ludendorff in Russland endlich den Rücken frei hatte, wollte er mit der Verstärkung durch die von dort nach Westen überführten Truppen die Franzosen und Engländer schlagen. Er wusste, dass er hierfür nur noch sehr wenig Zeit hatte, weil Tag für Tag weitere unverbrauchte und bestens ausgerüstete amerikanische Divisionen an der Westfront erschienen. Ein Jahr uneingeschränkter U-Boot-Krieg hatte dies nicht verhindern können. Zur Vorbereitung der Märzoffensive 1918 wurden allein an Soldaten und Hilfskräften der Eisenbahntruppen 36.000 Mann nach vorne gebracht. Sie streckten unter strengster Tarnung und Geheimhaltung bevorzugt nachts die Voll- und Feldbahnen möglichst weit zu den vordersten Linien vor und hatten sich bereitzuhalten, nach der ersten Angriffswelle sogleich die verwüstete Kampfzone mit Gleisen zu überbrücken. Der Einsatz der Eisenbahnpioniere vor und während der „Großen Schlacht in Frankreich“ war gefährlich und kostete viele Opfer. Den schweren und schweißtreibenden Stahlhelm trugen die Gleisbauer nur in unmittelbarer Nähe des Feindes.

französischen und dem englischen Frontabschnitt hatte Ludendorff nicht erreicht, die Deutschen hatten 11 km vor dem hierfür wichtigen Bahnknotenpunkt Amiens halt machen müssen, an einen Durchbruch zum Atlantik war nicht zu denken. Die Deutschen standen nun in einem weit vorgeschobenen Frontbogen vor einem überlegenen Feind – ohne den an der Westfront lebenswichtig gewordenen tief gestaffelten Schutz durch Gräben und Sperrwerke. Fieberhaft arbeiteten die Eisenbahnpioniere an den Gleisen für den Nachschub. Mehrfach gelang der Lückenschluss zwischen eigenen und feindlichen 600 mm-Feldbahnen über die alten Schützengräben hinweg. Doch die vorgefundene Infrastruktur war trostlos, und dies wusste niemand besser als die Deutschen: Das Eroberungsgebiet vom März 1918 war großenteils identisch mit der Rückzugs- und Zerstörungszone der „Alberich“-Aktion vom März 1917.

Ludendorff konnte nur noch die Flucht nach vorn antreten. Bis Juli 1918 glückten ihm noch weitere Vorstöße, die jedoch ebenfalls ohne strategische Bedeutung blieben und der deutschen Westfront einen immer chaotischeren Verlauf gaben. Im Aisnetal östlich von Soissons bauten Eisenbahnpioniere die letzten kurzen Neubaustrecken. Die zur Sicherung der nach vier Jahren geglückten zweiten Überquerung der Marne begonnenen Bauten mussten unter andauernder Fliegerbombardierung nur noch vollendet werden, um den schnellen Rückzug auf die alte Frontlinie abzusichern. Nur Tage nach den Baukolonnen kamen die Sprengtrupps.

HINDENBURG: „ES GING AM ENDE ÜBER UNSERE KRAFT“

Die Landkarte vom Sommer 1918 mit deutschen Positionen immer noch von Flandern bis zum Schwarzen Meer und von Estland bis Palästina gibt über die realen Kräfteverhältnisse nur unzureichend Auskunft. Die mit unerhörtem Aufwand zu höchsten Leistungen getriebene deutsche Kriegsmaschinerie zeigte immer mehr Zeichen der Überforderung. Aus den seit fast vier Jahren nur noch mangelhaft ernährten Familien der Heimat konnte kein gesunder kampfkräftiger „Ersatz“ für die Millionen gefallenen Soldaten mehr rekrutiert werden. Ausgehungerte Frauen und kriegsinvalide Männer konnten in der Rüstungsindustrie nicht den Leistungsstandard halten, den das „Hindenburg-Programm“ seit 1916 forderte. Der Nachschub für die ständigen „Materialschlachten“ stockte. Die seit 1914 währende britische Seeblockade hatte sich als eine der wirksamsten Waffen der Entente erwiesen. Auf Weizen, tierisches Fett, Pflanzenöl, Naturkautschuk, Kupfer und Erdöl konnten die Mägen bzw. die Fabriken trotz aller Findigkeit der Wissenschaft nicht völlig verzichten. Bucheckern, Eicheln und Zuckerrübenbrösel im Brot, Kleidung aus Holz- und Brennnesselfasern, Getreidekaffee und die unermüdliche Phantasie der Chemiker bei der Produktion dubioser Brotaufstriche aus Zucker und Farbstoff ließen den „Ersatzstoff“ zum Hass- und Angstwort der Notjahre werden.

Der bayerische Schriftsteller Arthur Achleitner beschrieb[4] noch im Krieg sehr anschaulich die Probleme des Lokomotiv-

4) Arthur Achleitner, Unsere Eisenbahner im Felde, Regensburg 1918

dienstes unter den Vorzeichen von Personal- und Materialmangel. Besondere Bedeutung maß er der Tatsache bei, dass die herkömmliche feste Zuordnung von Personalen zu Maschinen nicht mehr aufrechterhalten werden konnte.

In der ersten Zeit des Jahres 1918 erreichte und überschritt die dienstliche Beanspruchung von Personal und Maschinen den Höhepunkt, die Verhältnisse für die deutschen Eisenbahnverwaltungen wurden äußerst schwierig, die Hilfsmittel zur Linderung dieser Verkehrsnot erwiesen sich als unzulänglich. Am meisten und schnellsten rächte sich der „wilde" Turnus für die Maschinen, an denen nichts mehr, auch die kleinen Mängel und Schäden nicht, ausgebessert werden konnte; der Reparaturstand schnellte zu einer bedenklichen und gefährlichen Höhe empor; das nötigste Werkzeug war und blieb verschwunden, die bis ins Übermaß ausgenützten Maschinen starrten von Schmutz, so dass die Messingteile von den eisernen nicht mehr zu unterscheiden waren; alle Armaturbestandteile waren undicht geworden. Besonders sicherheitsgefährdend war die Undichtigkeit der Kolben- und Schieberstopfbüchsen, weil durch den stetig ausgetretenen Dampf dem Führer der Blick auf die Strecke benommen war. Die Ursache war das schlechte Packungsmaterial, das die Dampfhitze nicht aushielt, und die schlechte Beschaffenheit des Schmieröls. Es entstand viel Heißlauf von Achsen und Lagern sowie der beweglichen Maschinenteile. Das schlechte Petroleum hat die Fahrsicherheit ebenfalls ungünstig gestaltet, indem vielfach die Signale erloschen. Der Umsicht und dem hoch entwickelten Verantwortungsgefühl der Lokführer war es zu danken, dass die durch mangelhaften Signalblick verursachten Unfälle auf eine verhältnismäßig geringe Zahl beschränkt blieben. Eine große, bis zur Unerträglichkeit gesteigerte Plage für das Lokpersonal bildete ferner die minderwertige Beschaffenheit der im Winter 1917/18 angelieferten Kohle. In den Feuerkisten, in denen scheinbar ein Riesenfeuer loderte, brannte oben nur dürftig eine dünne Schicht, alles andere bis auf den Rost hinab waren Schlacke und unverbrennbare Rückstände. Schlechtes Feuer führt zum Dampfmangel, dieser verursacht dem Lokführer qualvolle Arbeit und bittere Aufregung. Der flotte Betrieb hängt von der guten Kohle ab; schlechtes Brennzeug ist für das Personal eine Schinderei!

Mit dem „unbeschränkten U-Boot-Krieg" gegen den Schiffsverkehr über den Atlantik hatten Kaiser Wilhelm II. und die „Dritte OHL" 1917 einen neuen übermächtigen Gegner auf den westlichen Kriegsschauplatz geholt: die USA. Sie konnten an der Kanalküste ständig ausgeruhte, technisch hochgerüstete und bestens versorgte Truppen ausladen und damit den Franzosen und Engländern helfen. Am 18. Juli 1918 kam die Front wieder ostwärts in Bewegung, und zwar durch den Einsatz einer neuen Waffe:

Immer mehr Panzer

Diese Feldbahn fuhr nicht für Kaiser Wilhelm, sondern für den anno 2004 allen Ernstes selig gesprochenen österreichischen Kaiser Karl, der 1916 dem legendären Franz-Joseph I. nachgefolgt war. Schauplatz ist eine Stadt in der oberitalienischen Tiefebene.

In militärischen Dienst stand von 1914 bis 1918 das seit 1885 zur Holzabfuhr errichtete weit verzweigte Eisenbahnnetz am Donon in den Vogesen mit der seltenen Spurweite von 700 mm. Ein Rest des Bahnsystems wird als „Waldbahn Abreschviller“ heute museal betrieben.

Nicht die Nähe einer Front, sondern der Holzbedarf war bestimmend für den Bau der Uzatalbahn mit 760 mm Spurweite in den Karpaten nahe der Grenze Ungarns zum besetzten Rumänien durch österreichische Eisenbahnpioniere 1917. Die Bahn hatte keinen Anschluss zu bestehenden Bahnen! Am 17. Juli 1917 wird die kleine 399,001 der MÁV mittels provisorischer Hebevorrichtung von einem Straßentransportwagen auf ihr Gleis umgesetzt.

Ein ähnliches Motiv zweieinhalbtausend Kilometer entfernt: Auch in Nevers in Frankreich musste 1918 eine kleine Schmalspurlok umgeladen werden. Bezeichnend für das kriegsentscheidende Gefälle an technischer Ausrüstung zwischen den USA und ihren Gegnern ist, dass die Amerikaner für den Transfer einen schweren Dampfkran benutzen können.
Sammlung Dr. Brian Rampp

Viele Kleinbahnen, zum größten Teil meterspurig, seltener mit einer Spurweite von 800 mm, dienten dem deutschen Etappen- und Frontdienst in Belgien und Frankreich. Unsere Bildstrecke dokumentiert Bau und Inbetriebnahme einer schönen Klappbrücke. Der Aufwand war notwendig, weil der zu überquerende Kanal für Schiffe befahrbar bleiben musste, die für den Nachschub große Bedeutung hatten. Auf der Brücke sehen wir eine der weit verbreiteten Dampfloks der Straßenbahnbauart mit Kastenaufbau.

(„Tanks“) überrollten die deutschen Schützengräben. Im August 1918 war jeder Gebietsgewinn durch die letzten deutschen Offensiven dahin, im September ging schon ein großer Teil des seit 1914 gehaltenen Besitzstandes verloren. Zu keiner Zeit und an keiner Stelle brach der deutsche Widerstand gänzlich zusammen, wurde der Rückzug zur Flucht. Diese Formen der Niederlage traten aber an den Fronten der Bundesgenossen ein. Das Osmanische Reich konnte nirgends mehr standhalten. Bulgarien verließ das Bündnis. Damit wurde die deutsche Position auf dem Balkan unhaltbar und musste schnell geräumt werden. Italien machte seine Gebietsverluste von 1917 wett. Die Donaumonarchie zerbrach. Die deutschen Truppen in Rumänien konnten sich nicht mehr um die Sicherung der Transporte kümmern, sondern mussten um ihre Heimkehr durch ein immer feindseligeres Ungarn besorgt sein.

DIE NIEDERLAGE

Anfang November 1918 rebellierten immer mehr deutsche Soldaten und die Opposition in der Heimat gegen die Weiterführung des Kampfes gegen übermächtige Gegner in einem absehbaren fünften Kriegswinter. Die Herrscherhäuser in Reich und Ländern hatten jede Glaubwürdigkeit verspielt und stürzten. Die Regierung der soeben geborenen Deutschen Republik musste am 11. November 1918 im französischen Compiègne einen Waffenstillstand unterzeichnen – im Salonwagen 2419 D, der General Foch als Dienstquartier diente. Das Dokument enthielt einschneidende Bestimmungen auch für die deutschen Eisenbahnen. So mussten sofort 5.000 Lokomotiven und 150.000 Wagen an die Entente abgegeben werden. Der schnelle Rücktransport der geschlagenen Armeen hinter den Rhein war die letzte Aufgabe der deutschen Feldeisenbahner. Wegen der Überlastung der Bahnen mussten aber sogar Eisenbahntruppen mit der Landstraße vorlieb nehmen. Die Bay. Feldbahn-Betriebs-Kompanie 117 verließ am 11. November 1918 zu Fuß ihren letzten Standort in Belgien und konnte einen Zug erst wieder in Gießen besteigen, am 6. Dezember nach einer Gesamtmarschleistung von 367 km.

Die deutschen Eisenbahntruppen wurden demobilisiert und nach dem Versailler Vertrag aufgelöst. Ihre Leistungen wurden nicht vergessen: Eine ganze Anzahl von Büchern würdigte ihre Taten. Wie fast die gesamte Weltkriegs-Erinnerungs-Literatur vermittelten sie den Eindruck, man habe den Krieg eigentlich gewonnen, denn man sei disziplinierter und besser ausgerüstet gewesen als alle Gegner. Das deutsche Volk, die deutsche Armee seien um den Sieg betrogen worden.

Die österreichische 760 mm-Schmalspurlok U 1 ist verunglückt. Wo sie in hilfloser Lage vor dem Hintergrund eines beschädigten Behelfswasserturms aufgenommen wurde, wissen wir nicht. In Betracht kommt ein weiter Raum im Osten zwischen Russisch Polen, Galizien und Rumänien. Nach dem Ersten Weltkrieg lief sie als U 37.001 bei den ČSD. Das Gleis im Vordergrund ist normal- oder breitspurig, so dass nicht an eine Entgleisung zu denken ist, sondern an einen Absturz vom Transportwagen. Mag sein, dass die Maschine 1914 von den Russen erbeutet wurde und von ihnen beim eiligen Rückzug 1917 abgeworfen wurde.

„Meine Lieben! Hier überreiche ich Euch eine Karte von einem Eisenbahnunglück, das zwischen Ramotzki und ... am Kriegsschauplatz passiert ist. Es war eine Holzbrücke abgebrannt. Oben, was drüber geht, das sind die Schienen. Das Glück war, dass es ein Kieszug gewesen ist. Wenn es 5 Minuten später gewesen wäre, so wäre ein Urlauberzug in das Unglück gestürzt."
... berichtet uns der unbekannte Absender dieser Foto-Ansichtskarte vom Absturz eines russischen Vierkupplers in dem erst 1918 besetzten Teil Lettlands.

RIESIGE LEISTUNGEN UND ERNÜCHTERNDE BILANZ

Gewaltige Brückenbauten, erstaunliche Erfolge beim Bahnbau unter unwirtlichen Bedingungen, riesige Betriebsleistungen, opferreicher Dienst der Feldeisenbahner in Stellungskrieg und Schlachtgetümmel: Die Bilder, Texte und Zahlen überblenden eine ernüchternde Bilanz. Wie in den meisten Bereichen von Militärtechnik, Heeresorganisation und Kampftaktik war auch auf dem Gebiet des Eisenbahnwesens ein großer Teil der deutschen Vorarbeiten im realen Krieg sehr schnell überholt. Der Generalstab hatte eine neue größere Auflage des Krieges von 1870/71 mit Kavallerieattacken, Vormärschen der Infanterie, der Belagerung von Festungen sowie mit heroischen Seeschlachten einüben lassen, hatte aber den Krieg der Maschinengewehre, Handgranaten, Minenwerfer, Funkgeräte, Flugzeuge, Gasgranaten, U-Boote, den Wirtschafts-, Hunger- und Propagandakrieg nicht vorausahnen können.

Schon im August 1914 sprengten die Reparaturarbeiten an den belgischen und französischen Vollbahnen die vorgehaltenen Baukapazitäten. Das hölzerne Baukastensystem „Schultz" für Kriegsbrücken kam nicht zum Einsatz. Das modernere Stahlbau-System Lübbecke war tauglicher, doch viel wichtiger wurden Neukonstruktionen in Holz, Stein, Beton und Stahl je nach örtlichen Gegebenheiten. Viele Großbauten mussten von deutschen Privatfirmen übernommen werden. Die Feldbahnen auf 600-mm-Spur gelangten zwar zu größter Bedeutung, nicht aber im vorgeplanten Sinne. Nur einmal, im Winter 1914/15 von Thorn in Richtung Lodz, versuchte man den in Manövern geübten Bau einer Feldbahn zur Unterstützung laufender Operationen. Das Projekt fraß Zeit und Kapazitäten, bis zur Fertigstellung war die Schlacht längst geschlagen. Die

Nachdem Lenin über deutsche Gleise vom Schweizer Exil nach Petrograd gekommen war, putschte er seine Bolschewistische Partei an die Macht. Erstes Ziel war Frieden für das völlig erschöpfte und zerrüttete Russland. Die Mittelmächte forderten Handlungsfreiheit in Polen, der Ukraine und dem Baltikum. Am 3. März 1918 unterschrieb die Sowjetdelegation in Brest-Litowsk einen entsprechenden Friedensvertrag. Das Pressefoto entstand bei der Rückfahrt der deutschen, österreichischen, bulgarischen und türkischen Vertreter nach Berlin. Im rechten Wagen steht der „Oberbefehlshaber Ost" General Hoffmann, im linken Wagen der Vorsitzende der ottomanischen Delegation Hakki Pascha.

Sowohl in den „Alberich“-Tagen im Februar/März 1917 als auch während des Rückzugs von September bis November 1918 wurden lange Streckenabschnitte mit einem „Aufreißgerät“ zerstört. Es bestand aus einer aus Schienen gebogenen Schlinge, die um hoch gehobene Schienenenden gelegt und dann von ein bis zwei Lokomotiven an einer Kette vorwärts geschleppt wurde. Die Schlinge riss dann die Schienen von den Schwellen ab. Jeder Bahnübergang und jede Weiche machte aber ein neues Einfädeln der Schlinge notwendig, für das jeweils eine Stunde Zeitaufwand veranschlagt wurde. So sah die Strecke anschließend aus.

Die zwischen März und Juli 1918 erzielten Gebietsgewinne konnten im unbefestigten Gelände hinter ungünstig ausgebuchteten Frontlinien nicht lange gehalten werden. Ab Sommer 1918 überrollten hunderte von „Tanks“ die erschöpften deutschen Truppen. Die Eisenbahnpioniere sprengten hinter den letzten Rücktransporten Bahnanlagen, die sie in vier Jahren selbst instand gesetzt oder neu gebaut hatten. Diese Brücke bei Chimay am südwestlichen Rand von Belgien traf diese Maßnahme am 6. September 1918.

„Zwillinge“ und „Brigadeloks“ leisteten zwar auf den dauerhaft angelegten Bahnen des Stellungskrieges gute Dienste, aber davon war vor 1914 keine Rede gewesen.

Die Gesamtbilanz des Einsatzes der Eisenbahnen sämtlicher Mächte im Ersten Weltkrieg war paradox. Die Züge beförderten millionenmal mehr Soldaten, Geschütze und Granaten als in früheren Kriegen, und doch war der militärische Einsatz der Eisenbahn für den Kriegsausgang weniger entscheidend als in den Jahrzehnten zuvor. Der seinerzeitige Überraschungseffekt war nämlich verbraucht, jeder Angreifer traf auf einen in Eisenbahntechnik und Eisenbahnorganisation wohl vorbereiteten Gegner. Auf den im Vergleich zum 19. Jahrhundert sehr engmaschigen Eisenbahnnetzen des besonders umkämpften westlichen Kriegsschauplatzes hatten Besitz oder Befahrbarkeit der einen oder anderen Strecke oder die Kontrolle über einen Knotenbahnhof nicht mehr die frühere Bedeutung. Die deutsche und österreichische Unterschätzung der russischen Eisenbahnvorbereitung hatte schon 1914 erhebliche Folgen für Österreich-Ungarn und für Ostpreußen.

Für jeden kommenden Krieg war absehbar, dass sich die im Ersten Weltkrieg ständig gewachsene Bedeutung des Lastkraftwagens noch weiter verstärken würde. Noch weit wichtiger für den Ausgang des Krieges waren jedoch Erfindungen geworden, bei denen das mit Verbrennungsmotor betriebene Fahrzeug zugleich Waffe ist, nämlich Flugzeug, U-Boot und Panzer. Hinter diese Kampfmittel, deren Weg zum Feind spontan gewählt werden kann, musste die Eisenbahn mit ihren zeitraubenden Be- und Entladevorgängen und mit ihrer Bindung an vorher festgelegte Spuren ins zweite Glied zurücktreten.

In der Eisenbahnchronik des Ersten Weltkrieges wurden die Verbündeten und Gegner Deutschlands bisher vernachlässigt. Österreich-Ungarn besaß ebenfalls beachtliche Feldbahnsysteme für die Spurweiten 600 und 760 mm. Besondere Leistungen erzielte man mit elektrischen Generatorzügen. Sie arbeiteten mit Motoren an den Fahrzeugachsen, die von Akkumulatoren gespeist wurden. Hinter der Italienfront bauten die Österreicher mit der Gröden- und Fleimstalbahn alpine Schmalspurbahnen, die jedem Vergleich mit Friedensprojekten standhielten. Das Roth-Waagner-System für Kriegsbrücken wurde von Freund und Feind als bestes seiner Art anerkannt.

Russland hatte vor dem Krieg auf ein Feldbahnsystem mit 750 mm Spurweite gesetzt. Nachdem der russische Aufmarsch 1914 schneller gelungen war als die Mittelmächte erwartet hatten, nahmen die Eisenbahnprobleme Russlands schnell zu, weil das Breitspurnetz recht weitmaschig war und weil für das in Galizien eroberte österreichische Normalspurnetz zu wenige Fahrzeuge vorhanden waren.

Frankreich besaß wie Deutschland Feldbahnmaterial mit 600 mm Spurweite und baute während des Krieges an der deutschen Front zahllose Feld- und Förderbahnen. Stets wirkte

Die Engländer hatten den größten Nachholbedarf auf dem Gebiet des Feldbahnwesens. Erst die Katastrophe der Sommeschlacht im Sommer 1916 brachte die Abkehr von der pferdebetriebenen Förderbahn und die Bestellung von schmalspurigem Eisenbahnmaterial. Weil die britische Industrie den Anfangsbedarf von 700 Dampf- und 100 Motorloks nicht befriedigen konnte, baute Baldwin (USA) von Oktober 1916 bis April 1917 für die englischen Truppen auf dem Kontinent 495 Tenderloks mit der Achsfolge 2'C. Wir sehen die Nr. 647 mit einem Schlauch zum Wassernehmen aus Bächen und Granatrichtern.
Aufnahme: Sammlung Keith Taylorson

sich für die Franzosen günstig aus, dass sie ohne Probleme eines Besatzungsbetriebes mit einem eigenen gut ausgebauten Vollbahnnetz arbeiten konnten.

Den größten Nachholbedarf hatte England. Die britische Generalität setzte bis 1916 auf die Kombination von kurzen Pferdebahnen und Lkw. Erst das Debakel an der Somme – bis heute die größte Katastrophe der langen Kriegsgeschichte Englands – ließ das Bedürfnis unabweisbar werden, in aller Eile lokomotivbetriebene Feldbahnen einzurichten. Mit der Lieferung der Lokomotiven war die eigene Industrie überfordert, so dass die unerschöpflichen Produktionskapazitäten der USA aushelfen mussten.

Die USA waren es denn auch, die mit ihren militärischen Kräften und wirtschaftlichen Reserven den Krieg entschieden. Die Amerikaner betraten den Kriegsschauplatz in Westeuropa zwar spät und ohne aktuelle Kampferfahrung, konnten aber ihre Kräfte mit einer Großzügigkeit einsetzen, der Ludendorffs Zwangs- und Mangelverwaltung nichts mehr entgegenzusetzen hatte. Dokumentiert wird dies mit einem zeitnah geschriebenen Text. Er erschien in Anlehnung an eine britische Fachveröffentlichung (Railway Age Nr. 1/1919) im Sommer 1920 in der österreichischen Zeitschrift „Die Lokomotive“[5]. Die deutsche Fassung verrät sowohl Bewunderung als auch Neid.

Am 6. April 1917 waren die Vereinigten Staaten in den Krieg gegen Deutschland eingetreten. Unmittelbarer Anlass war der „uneingeschränkte U-Boot-Krieg“ gegen Passagier- und Frachtschiffe im Atlantik. Erst 1918 traten aber amerikanische Truppen nennenswert an der Westfront in Erscheinung. Im Zuge des Aufbaus eines eigenständigen Feldeisenbahnsystems von den Atlantikhäfen zur kämpfenden Truppe erschienen die Buchstaben USA an verschiedensten älteren Loks. Hier steht eine 1'C1'-Schnellzug-Tenderlok der belgische Reihe 4 zum Dienst für neue Herren bereit. Die eigenartige Konstruktion mit Innenzylindern und Außenrahmen stammt von 1878! 1878? Da erkämpften Rumänien, Bulgarien und Serbien im Bündnis mit Russland vom Osmanischen Reich ihre Unabhängigkeit und Österreich-Ungarn besetzte Bosnien-Herzegowina. So friedlich, wie es aus deutscher Sicht in Erinnerung blieb, waren die Jahre zwischen 1871 und 1914 nicht.

Sammlung Dr. Brian Rampp

Erst recht die belgische 51, eine Ct ebenfalls mit Innenzylindern und Außenrahmen wirkt eigenartig anachronistisch als Transportmittel eines Krieges, der mit U-Booten, Flugzeugen und Panzern entschieden wurde. Sie wurde erstmals gebaut 1866, als das militärische Eisenbahnwesen gerade eben seine ersten europäischen Bewährungsproben in Böhmen und Oberitalien erlebte.

Sammlung Dr. Brian Rampp

DIE AMERIKANISCHEN EISENBAHNTRUPPEN IM WELTKRIEGE

Als die Vereinigten Staaten im April 1917 in den Krieg eintraten, um Wilsons Note von den 14 Punkten[6], vom Selbstbestimmungsrechte der Völker usw. in die Tat umzusetzen, galt es zunächst 2 Millionen Mann mit Ausrüstung nicht bloß ungefährdet über See zu bringen, sondern auch deren Unterbringung in Frankreich und Transport an die Front zu bewerkstelligen. Im Jahr nach der Kriegserklärung vor dem wirklichen Eintritt Amerikas in den Kampf im Juni 1918, hatte die amerikanische Transportabteilung 1.300 Offiziere und 30.000 Mann, die von elf französischen Häfen aus, mit zahlreichen Wasserstraßen und Eisenbahnen einen ansehnlichen Betrieb eröffneten mit ausschließlich amerikanischen Fahrzeugen. Der erste amerikanische Zug auf französischem Boden lief am 1. Juli 1918 von Gierre nach Nevers, eine Entfernung von 130 km.

Zur Zeit des Waffenstillstandes hatten die amerikanischen Eisenbahntruppen einen Stand von 1970 Offizieren und 53.136 Mann, wozu noch zugeteilt waren 553 Offiziere und 21.452 Mann, insgesamt somit ein Stand von 2.523 Offizieren und 74.588 Mann. Von dieser Zahl standen 5760 Offiziere und 21.832 Mann im engeren Kampfgebiete und 1947 Offiziere und 52.756 Mann in der Etappe; von letzteren waren 779 Offiziere und 27.079 Mann im Hafendienst und 328 Offiziere und 546 Mann im amerikanischen Hauptquartier zu Tours, der Rest verteilte sich auf den Zugdienst,

5) Die Lokomotive, Wien, Jahrgang 1920, S. 114 ff

6) Sie stammt freilich erst vom 8. Januar 1918

Mit ihrer symmetrischen Achsfolge bewährte sich die von ALCO entwickelte 1'C1't-Feldbahnlok besser als die in England und nach englischem Vorbild von Baldwin gebauten 2'C-Maschinen. Die Loks wurden auch von Vulcan und Davenport gebaut. Sammlung Dr. Brian Rampp

Eine elegante 2'B-Schnellzuglok nach britischem Vorbild war die belgische 17. Von den gezeigten belgischen Loktypen war die Mehrzahl 1914 deutsche Beute geworden. Sammlung Dr. Brian Rampp

Wagen- und Lokomotivaufbau, Bahnerhaltungsdienst und Wasserwege. In französischen Eisenbahndiensten standen 37 amerikanische Offiziere und 2.687 Mann, während 126 Offiziere und 2530 Mann im französischen Bahnerhaltungsdienst standen. Im amerikanischen Eisenbahnbetrieb auf französischem Boden standen 16.000 Mann, weitere 6.139 waren in amerikanischen Reparaturwerkstätten tätig und 3.927 Mann in der Bahnerhaltung der eigenen Linien. Etwa 8.000 km Eisenbahnen hatten die Amerikaner im Betriebe, wobei sie vom Schiff zur Bahn über 50 Häfen täglich nahezu 30.000 t und 10.000 Mann zu befördern hatten.
Drei direkte Linien führten von den Haupthäfen auf Entfernungen von 800 – 1.600 km zur amerikanischen Front, auf denen direkte amerikanische Züge, sowohl Fahrzeuge als Personal, andauernd verkehrten, wobei noch stets der eigentliche inländische französische Kriegsverkehr und ein Lokaldienst in Betracht kamen. Als Häfen kamen hauptsächlich Bordeaux und St. Nazaire, sowie dazwischen liegende kleinere Häfen in Betracht, welche alle durch die Paris-Orleáns-Bahn mit Innerfrankreich in Verbindung stehen. Ihr Anteil an diesem Betrieb war so groß, dass französischerseits die ganze Betriebsübernahme angetragen wurde, bis endlich der Waffenstillstand dem ein Ende setzte. Notwendig war zunächst eine Leistungserhöhung der benützten Bahnen, wozu ihre Ausstattung mit neuen Gleisen bis zu 1.500 km Länge hinzutrat, und die Einstellung von 15.068 Güterwagen und 1.105 Lokomotiven.

Die nachstehende Übersicht zeigt alle bis zum 5. Dezember 1918 bestellten, verschifften und in Betrieb genommenen Fahrzeuge.

Lokomotiven:	*aus Amerika*	*andere*	*insgesamt*
Anzahl der bestellten	1.600	425	2.025
Am Seewege	34	–	34
Im Hafen	139	–	139
In der Montierung im Aufbau	19	63	82
In der Montierung fertig	8	–	8
In Gebrauch genommen	1.105	336	1.441

Güterwagen:	*aus Amerika*	*andere*	*insgesamt*
Anzahl der bestellten	30.000	1.040	31.040
Am Seewege	400	–	400
Im Hafen	747	–	747
In der Montierung im Aufbau	1.238	–	1.238
In der Montierung fertig	80	–	80
In Gebrauch genommen	15.068	988	16.056

Zur Kennzeichnung der Größe des amerikanischen Verkehres sei erwähnt, dass zwischen 1. Juni 1917 und 30. November 1918 von Amerika aus 6.000.000 t verschifft wurden; im ersten Monat betrug der Tagesdurchschnitt 720 t, im November 1919 aber 27.000 t, also viel mehr als im ersten ganzen Monat zusammen genommen. Dies war aber erst ein Drittel der vorgesehenen Höchstleistung von 90.000 t täglich, wenn im Juni 1919 der Krieg noch fortdauern sollte und die amerikanische Armee einen Stand von 4 Mio. Mann erreicht haben sollte. Zur Durchführung gab es keine veralteten „Instruktionen", sondern es wurden tüchtige amerikanische Eisenbahnfachkreise herangezogen, die ihre Aufgabe mit Geschick lösten. Da es bisher keine amerikanischen Eisenbahntruppen gab, war die Arbeit in Frankreich sehr schwierig und es ist ein offenes Geheimnis, dass es zeitweise zu starken Reibungen zwischen dem französischen Personal und den Amerikanern kam. Als im Mai 1917 eine Kommission zu General Pershing gesandt wurde, um das Eingreifen Amerikas in Frankreich zu organisieren, war seine Losung: „Der Erfolg der amerikanischen Armee hängt von ihrer Verpflegung und deren Nachschub ab, ist also eine reine Verkehrsfrage." In der Kommission waren vertreten u. a. zwei Verkehrsdirektoren der amerikanischen Eisenbahnen und ein Ingenieur der Baldwinwerke in Philadelphia. Die Seele der amerikani-

schen Kommission war Major Wilpus, früher Vizepräsident der New York Central-Bahn. Er setzte den in Frankreich gänzlich unbekannten Péage-Verkehr7 auf einigen Linien durch, wobei zunächst die Strecke St. Nazaire – Tours – Bourges – Chagny – Chalindrey – Epinal (Burgund) und die von Bordeaux über Perigeux in Bourges einmündende Südlinie in Betracht kamen. Später folgte eine Linie vom Kriegshafen Brest nach Tours, dem amerikanischen Hauptquartier, von dort die Hauptlinie über Orléans und Troyes nach Chaumont, wo eine zweite Linie von Bourges eintraf, späterhin wurde sogar vom Mittelmeerhafen Toulon aus eine Linie über die PLM in Mitbetrieb genommen, die in Chagny wieder an das Burgundische Netz anschloss. Die nördlichen Häfen von Calais und Boulogne dienten als englische Stützpunkte, wogegen der Hafen von Bordeaux sich bald als unzulänglich erwies, da er bisher hauptsächlich für Personenverkehr in Frage kam. Es wurde daher zunächst in St. Nazaire der Betrieb aufgenommen, der den Nachschub für 200.000 Mann gestattete, wobei sich später ais Durchschnittswert ein Nachschubgewicht von 15 kg pro Kopf täglich ergab, einschließlich Munition, Nahrung, Kleidung usw., alles inbegriffen. Das Mittelmeer kam nicht in Frage, da die Schiffe Gefahr liefen, schon bei der Einfahrt bei Gibraltar durch Unterseeboote versenkt zu werden und das Mittelmeer stark damit „verseucht" war. Mit der steigenden amerikanischen Truppenzahl wurden insgesamt zehn Häfen in Betrieb genommen. Neben St. Nazaire erhielt Bordeaux die größten amerikanischen Aufwendungen zur Ausgestaltung der Hafenanlagen, deren Docks über 50 km neues Gleis erhielten.

Wie bereits erwähnt, wurden neue amerikanische Fahrzeuge in den regen Dienst auf den französischen Bahnen eingestellt. Da die vorhandenen amerikanischen Typen viel zu schwer waren (bekanntlich haben die dortigen Hauptbahnen selten weniger als 22 t Achsdruck, die meisten 25 t, sehr viele schon 27 t als Höchstgrenze), so wurden ganz neue 1D-Lokomotiven bestellt, welche mit etwa 18 t Achsdruck dem französischen Lichtraumprofil entsprachen und ebensolche Zug- und Stoßvorrichtungen erhielten. Sie entsprachen ungefähr den 1D-Vierzylinder-Verbundlokomotiven der PO an Hauptabmessungen und Rostfläche, jedoch mit kleinerem Treibraddurchmesser und größerem Dienstgewicht, waren jedoch Heißdampf-Zwillingsloks mit Barrenrahmen und darauf stehender seichter Feuerbüchse, die jedoch zwischen den Rädern angeordnet war. Die erste Lokomotive wurde

7) pachtweise Mitbenutzung von Strecken anderer Gesellschaften

angeblich in 20 Tagen erbaut, zumindest 30 Stück des ersten Auftrages von 680 Stück waren monatlich nachzuliefern. Diese 1.600 Stück Lokomotiven, in der amerikanischen Fachwelt als Pershingtype bezeichnet, konnten sehr rasch fahren, da alle 15.000 Güterwagen nach amerikanischer Gepflogenheit die durchgehende Druckluftbremse aufwiesen, was in Frankreich ebenso wie in Europa (sic!) bis daher nicht der Fall war. Die vierachsigen Güterwagen liefen auf zwei Drehgestellen und hatten 30 t Ladegewicht, also doppelt soviel wie die kleineren französischen zweiachsigen Güterwagen von 15 t Tragfähigkeit.

Für diesen großen Lokomotivstand haben die Amerikaner großzügig vorgesorgt. Die Lokomotiven wurden in den amerikanischen Fabriken vollständig fertiggestellt und wie üblich der Fabriksprobe unterzogen. Dann gab es zweierlei Versendungsarten. Die meistgebräuchliche Versendung der Lokomotiven bestand in deren Zerlegung in der amerikanischen Fabrik und Verpackung in 16 Kisten, deren größte ein Gewicht von 15 t hatte. Die nur abgebauten Lokomotiven waren ganz vollständig bis auf das Gestänge, Führerhaus, Kamin, Rohrleitung und Armaturen. Der erste Zusammenbau fand auf Schiffswerften statt. Durch die französischen Hafenkrane wurden die Lokomotiven ausgeschifft, auf Eisenbahnwagen verladen und durch einen 35-t-Lokomotivkran im Lagerraum abgeladen. Wenn eine größere Anzahl beisammen war, wurden die geordneten Kasten wieder aufgeladen, wobei sieben Wagen für je eine Lokomotive erforderlich waren. In den französischen Hallen waren je zwei Stück 100-t-Krane zum Aufbau vorhanden. Die erste Lokomotive wurde am 24. Oktober 1917 von St. Nazaire abgeliefert; bis einschließlich 12. Dezember 1918 waren im ganzen 1032 Lokomotiven fertiggestellt. Dabei sind 30 kleine Satteltenderlokomotiven nicht eingerechnet, die in Rennes zusammengebaut wurden. Die höchste Tagesleistung wurde am 6. September 1918 mit 14 Lokomotiven erreicht, wobei je zur Hälfte ganz zerlegte und abgebaute verarbeitet wurden. Im gleichen Monat wurden 215 Stück geliefert, davon 77 abgebaute, 137 zerlegte und eine der bereits erwähnten kleineren Tenderlokomotiven mit sattelförmigem Wasserkasten. Die Gesamtleistungsfähigkeit betrug 300 Stück monatlich, die aber niemals erreicht wurde, da die Anlieferung geringer war oder Stockungen in den Häfen eintraten. Als zuerst der Vorschlag auftauchte, nur abgebaute Lokomotiven zu verschicken, verwahrte sich das Schiffsamt dagegen mit der Begründung, dass es kein Schiff gebe, welches eine derart hohe, konzentrierte Ladung aufnehmen konnte, ohne zu sehr beansprucht zu werden. Dennoch fanden sich solche Schiffe, die sogar gleichzeitig 12 bis 15 Lokomotiven mit ihren Tendern aufnahmen. Das Gesamtgewicht einer solchen Ladung mit etwa 1200 bis 1500 t Gewicht war selbst für die 6000 t-Einheitsschiffe nicht zu groß. Dadurch ist auf beiden Seiten viel Zeit und Geld erspart worden.

Die Wagenmontierung erfolgte in La Rochelle, wo auch

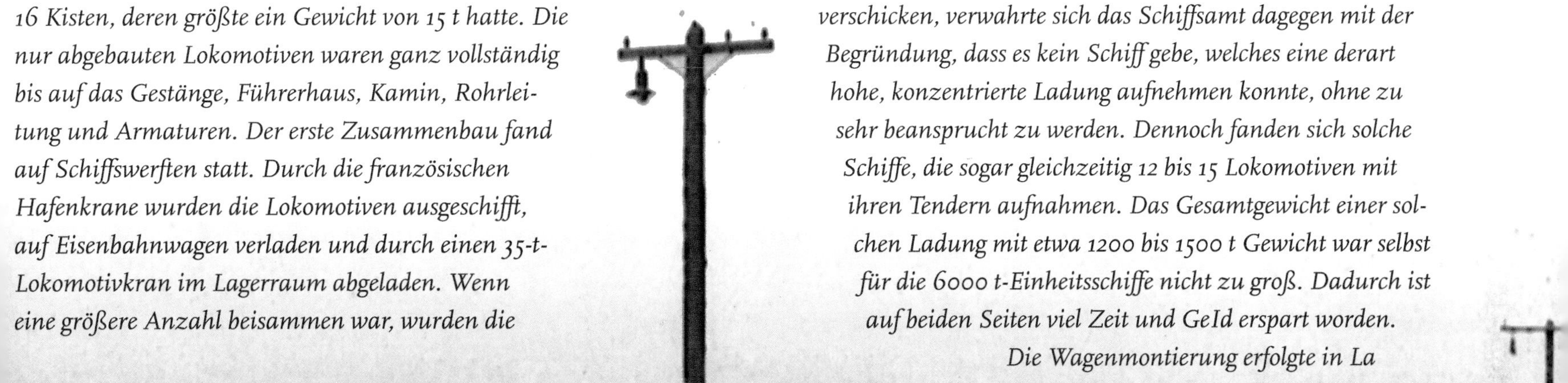

Mehr als 2.000 dieser unverwüstlichen 1'D-Loks wurden wichtigste Triebkraft für den amerikanischen Nachschub in Frankreich. Die meisten wurden nach Abschluss ihrer militärischen Aufgaben 1918/19 an die französischen Bahngesellschaften verkauft, die sie teilweise noch im Zweiten Weltkrieg einsetzten. Nach dem populären US-General John Joseph Pershing wurden sie als „Pershings" bezeichnet. Sammlung Dr. Brian Rampp

ein kleiner Lokomotivreparaturstand errichtet wurde. Die Anlage daselbst besaß 135.000 m^2 Fläche, davon 14.800 m^2 bebaut, mit 10 km Gleis, worin zwei Montierungs-, vier Verlade-, ein Lokomotiv- und Kran-Reparaturgleis und drei Anstreichgeleise enthalten waren. Jede Gruppe hat sechs Gleise; die äußeren dienen für Krane und zum Umladen, die zwei mittleren dem Aufbau und für Krane; sie sind auf ihrer ganzen Länge von 4.000 m überdeckt und je nach dem Fortschritt der Arbeit in Abschnitte geteilt: für Lagern und Aufbau der Drehgestelle, für Aufbau und Nieten, für Fußboden, für Seiten und Stirnwand und für Bedachung. Zum Anstreichen dienen drei Gleise von je 300 m Länge ohne Dach. Die Arbeiten erfolgten nur gruppenweise für je 100 Wagen. Der erste Wagen verließ La Rochelle am 26. Februar 1918, worauf bis zum 11. Dezember 1918 im ganzen 14.830 Wagen geliefert wurden. Die höchste Tagesleistung am 26. September 1918 betrug 150 Wagen, in der vorletzten Woche dieses Monates 700 Stück.
Mehr als eine Million Soldaten ist von Amerika auf 100 englischen Schiffen nach England gebracht worden und von dort über den Ärmelkanal in kleineren Schiffen übergesetzt worden. Die Amerikaner brachten auch die Kohle für ihren Eisenbahnbetrieb mit, etwa 190.000 t monatlich. Die englischen Eisenbahnen hatten oft 60 bis 80 Sonderzüge für amerikanische Truppen zu stellen. Obzwar deren Aufenthalt in England nicht länger als drei bis vier Tage währte, waren es doch täglich 6000 bis 30.000 Mann, wozu noch 20.000 zur Fliegerausbildung gehörten. Noch sei erwähnt, dass auch die französischen Wasserstraßen zum Verkehr stark herangezogen wurden. Von Le Havre bzw. Rouen die Seine aufwärts und dann mit Schleppern und Kähnen, sodann mit Pferden auf den altfranzösischen Kanälen bis Chaumont in Burgund, monatlich bis zu 280.000 t hauptsächlich Kohle wurden derart verfrachtet, wobei allerdings für die etwa 1.500 km lange Strecke sechs Wochen gebraucht wurden, und mehrmaliges Umladen nötig war. In den amerikanischen Werkstätten wurden auch 99 französische Lokomotiven neu montiert und 359 belgische Lokomotiven der Hauptreparatur unterzogen. Für die französischen Bahnen wurden 1.423 Lokomotiven und 45.993 Wagen ausgebessert. Da die französischen Bahnen bald nach Kriegsausbruch an großem Wagenmangel litten und die geringe englische Aushilfe nicht ausreichte, wünschte man 6.000 Arbeiter aus Amerika, je zur Hälfte für die Lokomotiv- und Wagenreparatur. Da die amerikanischen

Auch das wieder entstandene Polen erhielt „Pershings" und reihte sie als Tr 20 ein. Nach dem deutschen Einfall in Polen 1939 erhielten 144 Exemplare deutsche Nummern. Der fluchtartige Rückzug 1945 verstreute die Loks in viele Länder. Die 1920 von Baldwin gebaute polnische Tr 20-146 mit der Reichsbahnnummer 56 3786 blieb in Österreich stehen, wo sie nach dem Zweiten Weltkrieg schrottreif fotografiert wurde. Am 23. November 1948 wurde sie von der sowjetischen Besatzungsmacht abtransportiert. Ein Lokomotivschicksal in unruhiger Zeit.

Eisenbahnmaterial aus den USA erschien nicht nur auf dem westlichen Kriegsschauplatz. Ab 1915 bestellte die russische Eisenbahn-Mission in den USA bei Baldwin und ALCO insgesamt 1.175 robuste 1'E-Lokomotiven. Nur etwa 880 wurden in Wladiwostok ausgeladen und auf der Transsibirischen Eisenbahn nach Europa gebracht. Aufgrund des Boykotts der Sowjetmacht durch die westliche Welt blieben weitere Exemplare in Amerika bzw. wurden storniert. Das Foto zeigt eine solche Lok vor einem russischen Panzerzug, in den hinter dem ersten Wagen eine gepanzerte D-Güterzuglok der mehrtausendfach verbreiteten Gattung O eingereiht ist.

Ein Foto aus dem Hafenbahnhof von Montoire am Unterlauf der Loire mit der „Pershing" 1627 zeigt, dass im amerikanischen Gastbetrieb in Frankreich auch die Bekohlung mit moderner Technik erledigt wurde. Der Dampfbagger trägt ebenfalls das Kennzeichen „USA". Sammlung Dr. Brian Rampp

Eisenbahner keine besondere Truppe bildeten, so war es sehr schwer, sie später aus den übrigen Soldaten herauszusuchen, so dass nur 2.000 Mann zur Verfügung gestellt werden konnten. Die Amerikaner haben ohne jedwede Vereinbarung, was nach dem Kriege damit geschehen soll, ihre Bauten und Anlagen aufgeführt. Es ist nicht bekannt, ob sie von den Franzosen abgelöst, bzw. bezahlt worden sind, doch hieß es, der amerikanische Staat verschenke die Anlagen an Frankreich. Jedenfalls haben die großen Hafenerweiterungen bedeutenden Wert, ebenso die neuen Bahnhöfe und Werkstätten. Weniger beliebt sind die amerikanischen Lokomotiven und Wagen, schon aus den alten Lieferungen vom Jahre 1900 her, trotzdem sie damals in Amerika selbst bestellt und streng übernommen wurden, waren sie als wenig dauerhaft bekannt, und sehr große Kohlenverschwender, noch vielmehr die Schnellbauten des Krieges. Eine große Anzahl dieser Maschinen ist daher an die kleinen Verbündeten von Frankreich wieder abgegeben u. a. an Rumänien, welches einen genügend starken Oberbau aufweist. So hat Amerika, gleich von Kriegsbeginn an ein Feind der Mittelmächte, dann beim offenen Kampf mit reichen Mitteln und wohlbedacht die Entscheidung herbeigeführt und die Feinde mit erdrückender Übermacht an Maschinen, Munition und Menschen vernichtet. Doch das amerikanische Volk hat den Gewaltfrieden von Versailles und St. Germain seine Zustimmung versagt. Wüsste es, wie unermesslich Wilsons halsstarreste Kathederweisheit und sein krankhafter Deutschenhass Schaden gestiftet hat, so würde es sicher auch seinen Verpflichtungen nachkommen, ein so schwer geprüftes Land wie Österreich wiederaufrichten zu helfen.

Am 25. April 1919 standen in den großzügig neu errichteten Gleisanlagen von Le Mans mindestens 16 „Pershings“ unter Dampf. Sie sollten keine Soldaten und Waffen mehr an die Front bringen, sondern Wirtschaftshilfe für das schwer getroffene Frankreich. Wie schon im Bürgerkrieg des 19. Jahrhunderts hatte die Streitmacht der Vereinigten Staaten von Amerika, obwohl sie weder die größte noch die auf den Schlachtfeldern erfahrenste war, mit den Ressourcen einer überlegenen Wirtschaftskraft einen langen und opferreichen Krieg am Ende für sich entscheiden können. Wiederum hatten die USA den Sieg aber nicht nur für sich errungen, sondern auch für die Freiheit von Völkern und Individuen. Nicht viel mehr als zwanzig Jahre nach dem Waffenstillstand von Compiègne mussten sie erneut kommen, mit Soldaten, Flugzeugen, Panzern – und Dampflokomotiven der Bauart 1'Dh2. Sammlung Dr. Brian Rampp

Fünf Monate nach dem Waffenstillstand posieren am 19. April 1919 „American Traincrews“ stolz auf der Lok 1271. Aufnahmeort ist das Depot St. Pierre des Corps, das noch heute bedeutsame Betriebswerk am Rande von Tours im Loiretal. Sammlung Dr. Brian Rampp

U S A

Kampf um Grenzen, Streit um Lokomotiven:

Kleinkrieg auf Schienen nach 1918

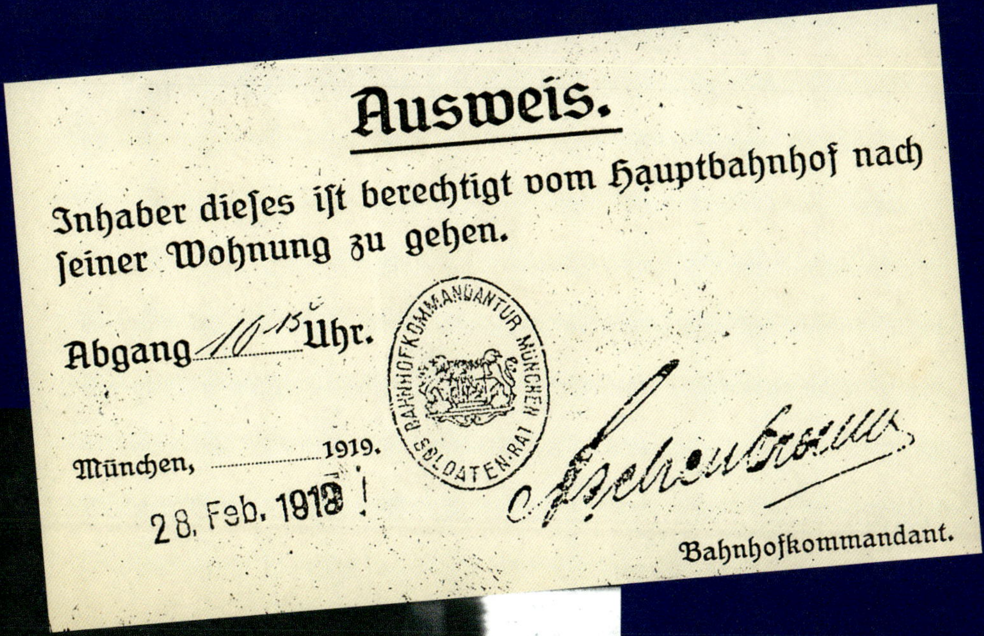

Ausweis.

Inhaber dieses ist berechtigt vom Hauptbahnhof nach seiner Wohnung zu gehen.

Abgang 10 15 Uhr.

BAHNHOFKOMMANDANTUR MÜNCHEN SOLDATEN-RAT

München, ... 1919.

28. Feb. 1919 !

Bahnhofkommandant.

In den Tagen zwischen der Ermordung des bayerischen Ministerpräsidenten Kurt Eisner (21. Februar 1919) und der Ausrufung der Räterepublik (Nacht von 6. auf 7. April 1919) war die Lage in München so gespannt, dass ein aus dem Weltkrieg heimkehrender Soldat einer schriftlichen Berechtigung bedurfte, um „vom Hauptbahnhof nach seiner Wohnung zu gehen“. Ein kurioses Dokument aus wirren Tagen! Der unterzeichnende militärische Bahnhofkommandant Aschenbrenner ging in die Geschichte des bayerischen Bürgerkriegs ein mit einem Handstreich gegen die Rätemacht, die sich diesmal noch durchsetzen konnte. Der anschließende Kampf um den Münchner Hauptbahnhof kostete 17 Todesopfer.

Zu den dramatischsten militärischen Situationen im kleiner gewordenen Deutschland kam es im Zusammenhang mit der französisch-belgischen Besetzung des Ruhrgebiets 1923. Die Reichsbahner legten die Arbeit nieder. Die Bezahlung der untätigen Beamten im Besatzungsgebiet ohne Erzielung von Verkehrseinnahmen und der Mangel an Ruhrkohle führten die deutsche Volkswirtschaft an den Rand des Zusammenbruchs. Das Geldwesen kollabierte tatsächlich: Die Inflation beschleunigte sich bis zu jenen historisch unvergessenen Wochen im Herbst 1923, in denen Brote, Nahverkehsfahrkarten und Briefmarken Milliarden und Billionen kosteten. Am 26. September 1923 brach die Reichsregierung den passiven Widerstand ab und setzte auf Verhandlungen mit den Alliierten. Am 16. Oktober erlaubte sie den deutschen Eisenbahnern, im Dienste der Regie ihre Arbeit wieder aufzunehmen. Aus dieser Zeit stammt das Bild eines Stellwerkers neben seinem Morsegerät aus der Pfalz. Rückseitig hat er vermerkt: „Besetztes Gebiet, Freinsheim, Aug. 1924“

„*Hoffen wir, dass dieser Krieg doch endlich noch zu einem siegreichen Ende kommen möge …*“ oder – je nach Bildungsniveau und politischer Gesinnung auch drastischer „*Wenn der Scheißkrieg nur endlich aus wäre …*“: Solche Botschaften findet man in vielen Sprachen auf zahllosen Feldpostkarten von Soldaten aller am Weltkrieg beteiligten Nationen. Der November 1918 brachte das Kriegsende, nicht aber den ersehnten Frieden.

Irgendeine Hütte mit Karten spielenden Soldaten und einem Maschinengewehr? Nein, die Szene wurde auf einem offenen Güterwagen aufgenommen, der mit primitiven Schutzvorrichtungen Bestandteil eines Panzerzuges geworden ist. Fahrzeuge mit solcher Bewaffnung und Armierung hatten gegen Artillerie und Fliegerbomben des Ersten Weltkrieges sehr bald keinen Kampfwert mehr gehabt, waren aber um so besser in den Bürger- und Volkstumskämpfen nach 1918 verwendbar. Reichswehr und nationalistische Freikorps setzten von 1918 bis 1921 mindestens 47 Panzerzüge verschiedenster Zusammensetzung und Ausrüstung ein, und zwar

- im Rahmen der Parteinahme deutscher Soldaten gegen die Sowjets in den Bürgerkriegsgebieten des Baltikums,
- bei den wechselvollen Kämpfen um die deutsche Ostgrenze, die von Deutschen wie von Polen mit dem Ziel geführt wurden, im Vorfeld des Friedenvertrages oder anschließend gegen dessen Festlegungen vollendete Verhältnisse zu schaffen,
- bei der Niederschlagung der „Münchner Räterepublik“ Ende April/Anfang Mai 1919,
- bei der Liquidierung sozialistischer Zentren in Sachsen im Mai 1919
- und im März 1920 bei Brechung des Widerstandes von Arbeitern im Ruhrgebiet, die sich unter der Bedrohung durch den rechtsradikalen „Kapp-Putsch“ bewaffnet hatten.

Vor allem bei den letztgenannten Aktionen innerhalb Deutschlands gingen die Truppen grausam vor und ermordeten aus Motiven politischer Rache viele unbewaffnete Männer und Frauen. Am 5. Mai 1921 erzwang die Interalliierte Militärische Kontroll-Kommission die Auflösung aller Panzerzüge.

DER KRIEG UM DEN FRIEDEN

In vielen Regionen Europas ging der große Krieg der Millionenheere mit schweren Waffen unmittelbar über in kleine Kriege um Beute, um neue Grenzen und letztlich auch gleich wieder um Startvorteile für den nächsten großen Krieg.

Italien versuchte seine neuen Grenzpflöcke günstig abzustecken, nicht nur gegen das besiegte Österreich, sondern auch gegen Serbien, das sich zum „Königreich der Serben, Kroaten und Slowenen“ arrondierte und in Kärnten und der Steiermark ebenfalls möglichst große Beute aus der Erbmasse Österreichs gewinnen wollte. Auch die Grenze nach Ungarn wollte Belgrad möglichst weit nach Norden schieben. Ansprüche gegen das zusammen mit Österreich besiegte Ungarn und gegen das an der Seite der Mittelmächte gescheiterte Bulgarien erhob auch Rumänien. Aus bisher österreichischen und ungarischen Territorien und demgemäß in einem längeren Prozess von Grenz- und Volkstumskämpfen bildete sich die Tschecho-Slowakei. Nicht durch schlichtes Walten des Selbstbestimmungsrechtes, sondern in kriegerischen Abgrenzungsprozessen von Deutschland, Sowjet-Russland und Litauen bildete sich wieder das vor mehr als einem Jahrhundert von der Landkarte verschwundene Polen heraus. Und auch Lettland, Estland und Finnland, Griechenland und die Türkei, kaukasische Völker und Stammesverbände im Orient kämpften gegeneinander und gegen mächtige Nachbarn um nationale Zukunft und Größe. Erst in einem langen grausamen Bürgerkrieg erkämpften Lenins Bolschewiki die Macht über Zentralrussland hinaus bis zum Japanischen Meer und zum Kaukasus und erweiterten Sowjet-Russland zur Sowjetunion.

Der Krieg zeigte neue Erscheinungsformen. Die Zeit der Massenheere mit tausenden von Geschützen war fürs Erste beendet. Fanatisierte Freikorps, Milizen, Feierabendsoldaten, Grenzschutzverbände und erst allmählich die nationalen Armeen neuer Staaten kämpften mit einer recht zufälligen Bewaffnung aus den Hinterlassenschaften der großen Armeen. Sie führten Scharmützel gegeneinander, aber auch gegen Volksgruppen, Minderheiten und Religionsgemeinschaften, denen die jeweils herrschende Ideologie ihr Recht auf Eigentum, wirtschaftliche Existenz, kulturelle Eigenständigkeit oder auch nur das schlichte Heimatrecht in einem strittigen Gebiet absprach. Nicht der bewaffnete Kampf Mann gegen Mann und Technik gegen Mensch im Ersten Weltkrieg, sondern der Volkstumskrieg gegen Ortsschilder und Grabsteine, gegen Lehrer und Geistliche, gegen Familien und Bauernhöfe, wurde zur Schule der Diktaturen des 20. Jahrhunderts. An vielen Kriegsschauplätzen fremder Länder und an den

Brennpunkten der politischen Auseinandersetzungen im eigenen Land kämpften frühere Soldaten des deutschen Heeres gegen die schnell entdeckten neuen Feinde, nämlich Juden, Slawen und „Bolschewisten".

Eisenbahnen und Bahnhöfe wurden Schauplätze und Streitobjekte der Kämpfe nach dem Ersten Weltkrieg. Von Bahnlinien und Stationen aus konnten auch schwächere Verbände das Umland kontrollieren. Panzerzüge, im Krieg der schweren Artillerie zuvor fast bedeutungslos geworden, wurden wieder zu einer scharfen Waffe. Der Film-Klassiker „Doktor Schiwago" liefert realistische Vorstellungen von der Bedeutung der Eisenbahn im Bürgerkrieg zwischen „Roten" und „Weißen" in Russland 1917 bis 1922.

Nur eine von zahllosen Rangelein an und um Strecken und Bahnhöfe: Das sich herausbildende Südslawien (erst ab 1930 offiziell „Jugoslawien") beanspruchte in der Untersteiermark das Gebiet um Luttenberg. Per Bahn erreichbar war dieses nur über die österreichische Strecke Spielfeld-Straß – Radkersburg. Die Bevölkerung begann die Schienen herauszureißen, um den Südslawen den Zugang nach Luttenberg zu sperren. Doch die Grenze wurde unabhängig von den Eisenbahnverhältnissen gezogen. Am 22. Februar 1922 wurde der Betrieb auf der von Österreich nach Südslawien führenden und in Luttenberg – jetzt Ljutomer – isoliert endenden Stichbahn wieder aufgenommen. 1924 sie nach Süden mit dem jugoslawischen Netz verknüpft.

VERSAILLES, ST. GERMAIN, TRIANON

Die offizielle Festlegung neuer Grenzen war den Friedensverträgen vorbehalten, die in Paris von großen Delegationen mit epochalem Aufwand vorbereitet wurden. Der Präsident der USA Woodrow Wilson hatte in seinen berühmt gewordenen „14 Punkten" das Selbstbestimmungsrecht der Völker zur Richtschnur für die europäische Nachkriegsordnung erklärt. Doch die Geschichte der US-Außenpolitik ist die Geschichte „problematischer" Partnerwahl. Später mit Stalin gegen Hitler, dann mit alten und neuen Faschisten gegen Stalins Erben, mit den Islamisten gegen Breschnew und mit Saddam Hussein gegen die Islamisten ... und 1918 besiegten die USA den waffenklirrenden Nationalismus von Wilhelm Zwei und Ludendorff in fast bedingungslosem Schulterschluss mit den französischen, italienischen, serbischen und tschechischen Nationalfanatikern. Die ab 1918 herausgebildete und bis 1920 in feierlichen Verträgen

- am 10.9.1919 in St. Germain mit Österreich, in Kraft am 16.7.1920,
- am 4.6.1920 in Trianon mit Ungarn, in Kraft am 26.7.1921,
- und am 28.6.1919 in Versailles mit Deutschland, in Kraft am 10.1.1920

besiegelte Nachkriegsordnung unterwarf mindestens so viele Menschen einer ungewollten Herrschaft wie sie andere davon befreite. Bestimmend hierfür war der Grundirrtum, dass es in den deutsch-ungarisch-slawisch-rumänischen und katholisch-evangelisch-orthodox-jüdisch-islamischen Mischgebieten zwischen Ostsee, Adria und Schwarzem Meer überhaupt homogene Nationalstaaten mit „gerechten" Grenzen geben könne.

Von denen, die seit 85 Jahren über den Versailler Vertrag rechten, hat wohl nur eine Minderheit jemals den 662 Seiten dicken Sonderband des Reichsgesetzblatts mit dem „Friedensvertrag zwischen Deutschland und den alliierten und assoziierten Mächten vom 28. Juni 1919" aufgeschlagen. In drei Sprachen regelt das Dokument eine unglaubliche Fülle von Details. Fast kurios liest sich die Beschreibung der künftigen Grenzlinie zwischen Deutschland und Polen in Art. 27 des Vertrages. Der Versuch, den in Europa weithin fehlenden politischen Willen zum Frieden durch ein juristisches Zwangssystem zu ersetzen, schlug fehl.

de là, vers l'amont et jusqu'à son confluent avec le Küddow : le cours de la Netze ;	thence upstream to its confluence with the Küddow: the course of the Netze;	von dort der Lauf der Netze stromaufwärts bis zur Mündung der Küddow;
de là, vers l'amont et jusqu'en un point*) à choisir à environ 6 kilomètres au Sud-Est de Schneidemühl : le cours du Küddow ;	thence upstream to a point to be chosen about 6 kilometres south-east of Schneidemühl: the course of the Küddow;	von dort der Lauf der Küddow aufwärts bis zu einem etwa 6 km südöstlich von Schneidemühl noch zu wählenden Punkte;
de là, vers le Nord-Est et jusqu'à la pointe la plus méridionale du rentrant formé par la limite Nord de la Posnanie à environ 5 kilomètres à l'Ouest de Stahren :	thence north-eastwards to the most southern point of the re-entrant of the northern boundary of Posnania about 5 kilometres west of Stahren:	von dort nach Nordosten bis zu der südlichsten Spitze der von der Nordgrenze Posens gebildeten Einbuchtung ungefähr 5 km westlich von Stahren:
une ligne à déterminer sur le terrain laissant dans cette région la voie ferrée de Schneidemühl-Konitz entièrement en territoire allemand ;	a line to be fixed on the ground leaving the Schneidemühl-Konitz railway in this area entirely in German territory;	eine im Gelände noch zu bestimmende Linie, welche in diesem Raum die Eisenbahnlinie Schneidemühl–Konitz ganz auf deutschem Gebiete läßt;
de là, la limite de Posnanie vers le Nord-Est jusqu'au sommet du saillant qu'elle forme à environ 15 kilomètres à l'Est de Flatow ;	thence the boundary of Posnania north-east wards to the point of the salient it makes about 15 kilometres east of Flatow;	von dort die Grenze Posens nach Nordosten bis zu ihrer ungefähr 15 km östlich von Flatow vorspringenden Spitze;

Der Ruhrkampf
Die dramatischsten Ereignisse an und auf Deutschlands Eisenbahnen zwischen den Weltkriegen waren ohne Zweifel die administrativen und militärischen Konfrontationen während des „Ruhrkampfs“. Schon 1921 hatten die Franzosen die Besetzung der linksrheinischen Gebiete und der rechtsrheinischen Brückenköpfe vertragswidrig über Düsseldorf und Duisburg hinaus ausgedehnt. Um die Jahreswende 1922/23 rügte die französische Regierung einen Rückstand der deutschen Reparationslieferungen an Kohle und Telegrafenstangen. Sie suchte einen Vorwand, ihr Okkupationsgebiet noch weiter auszudehnen. Mit 85 von der Reichsbahn angeforderten Sonderzügen wurden von 8. bis 11. Januar 1923 französische Truppen in das Waldgebiet zwischen Ratingen Ost und Hösel gebracht. Zwischen 11. und 16. Januar besetzte die Infanterie alle wichtigen Verkehrspunkte, Betriebe und Behörden in einem Gebiet, das im Norden von der Lippe und im Süden von der Ruhr begrenzt wurde. Die nicht an Flüssen verlaufende Demarkationslinie östlich von Lünen, Hörde und Hengstey wurde mit Stacheldraht gesichert. Auf den südlichen Ruhranhöhen postierte sich Artillerie, um bei Widerstand die Städte zu beschießen. England bezeichnete die Ruhrbesetzung als Verstoß gegen den Versailler Vertrag und verweigerte die Beteiligung. Belgien übernahm das nordwestliche Besatzungsgebiet um Dorsten und Duisburg. Die Eisenbahner verweigerten spontan die Arbeit für die Besatzungsmacht. Die Reichsregierung deklarierte offziell den „passiven Widerstand“ aller Staatsbediensteten, und zwar nicht nur im Ruhrgebiet, sondern im gesamten alliierten Besatzungsgebiet von Freiburg bis zur niederländischen Grenze. Daraufhin zogen die Franzosen Feldeisenbahntruppen nach und begannen mit der Übernahme des Betriebes. Am 2. März 1923 errichtete die interalliierte Rheinlandkommission eine Eisenbahnbehörde „Régie des chemins de fer des territoires occupés Rhénans“. Die Aktivitäten der mit deutscher Sprache und deutscher Betriebstechnik nicht vertrauten Militäreisenbahner auf dem engmaschigen Eisenbahnnetz des Ruhrgebiets gegen den zähen Widerstand der deutschen Eisenbahner führten zu chaotischen Verhältnissen und zahlreichen Unfällen. Jeder Zugverkehr zwischen der „Regie“ und dem unbesetzten Reich kam zum Erliegen. Die Rbd’en Trier, Mainz, Ludwigshafen und Essen wichen ins unbesetzte Gebiet aus. Zahlreiche deutsche Eisenbahner wurden verhaftet, mit Geldstrafen belegt oder ausgewiesen.
Die „Bilderbeilagen zu den Zigaretten Oberst und Blaupunkt“ aus dem Hause „Waldorf-Astoria“ zeigen deutsche Güterwagen unter französischer Bewachung. Vor allem versuchten die Franzosen, Ruhrkohle abzufahren. Letztlich galt die Ruhrbesetzung aber dem Versuch, einen westlichen Teil Deutschlands als „Rheinische Republik“ vom Reich abzutrennen.

Historisch falsch und politisch katastrophal war die Festschreibung einer deutschen *Allein*schuld am Kriege, wirtschaftlich unsinnig die heraus abgeleitete Verpflichtung zu Reparationszahlungen in astronomischer Höhe. Die ultimative Forderung nach der deutschen Unterschrift ohne vorherige Verhandlungsmöglichkeit widersprach jedem Rechtsempfinden.

Wenn die Pariser Vorortverträge also zwar sicherlich verfehlte Produkte waren, so muss immer wieder der bis heute herrschenden selbstgefälligen deutschen Lesart widersprochen werden, der Vertrag von Versailles sei ein Dokument höhnischer Willkür gegen einen hilflos darniederliegenden Feind. Frankreich hatte vier lange Jahre lang den zerstörerischsten Krieg der Geschichte innerhalb seiner Grenzen erleben müssen. Weite Gebiete des eigenen Landes waren zu Zonen völliger Verwüstung geworden. Ein besonderes Trauma hatten Ludendorffs letzte Offensiven zwischen März und Juli 1918 hinterlassen. Nach vier Jahren Kampferfahrung, unterstützt seit langem durch ein riesiges englisches Heer und neuerdings auch durch bestens ausgerüstete amerikanische Truppen hatten die Franzosen zu dieser Zeit nicht mehr erwartet, vom deutschen Heer in allergrößte Gefahr gebracht zu werden. Sowohl der Waffenstillstand des 11. November 1918 von Compiègne als auch der Frieden von Versailles waren Ausdruck des Bestrebens, einen als übermächtig erlebten Feind endlich zu bändigen. Für die Öffentlichkeit und die politisch-militärischen Wortführer in Frankreich waren die Ergebnisse alles andere als ein Triumph. Den ganzen Krieg über hatte es als selbstverständlich gegolten, dass ein Sieg über Deutschland auf jeden Fall zur dauerhaften französischen Kontrolle über Belgien, über das ganze linksrheinische Deutschland und über alle Rheinbrücken führen müsse. Doch vor allem durch engli-

Polen und die sich stabilisierende Sowjetmacht führten von 1919 bis 1923 gegeneinander einen wechselvollen Grenzkrieg. Freischärler aus Deutschland und anderen Staaten nahmen auf polnischer Seite an den Kämpfen teil. Bekannt wurde ihr „Polonia-Zug“. Das Foto zeigt seine Insassen 1922 in sehr ausgelassener Stimmung.

schen und amerikanischen Einfluss wurde die alliierte Besetzung des Rheinlandes zeitlich begrenzt. Der einzige dauerhafte Gebietszuwachs Frankreich war Elsass-Lothringen. Frankreich stellte seine Ostgrenze von 1815 wieder her – aber sie war keine Linie des Sieges gewesen, sondern hatte die Niederlage Napoleons besiegelt.

Bis heute nicht verstummt ist das Selbstmitleid über die vermeintliche Willkür der Alliierten, dem geschlagenen Deutschen Reich die Vereinigung mit allen deutschen Siedlungsgebieten im zerfallenen Österreich zu verbieten. Hätte Deutschland diese Gebiete von Bozen und Marburg (Drau) bis Eger und Oderberg erhalten, so wäre es trotz aller in Versailles verordneten Gebietsverluste nach Bevölkerung, Fläche, Bodenschätzen und Industriekapazität stärker gewesen als 1914! Ein für klassischen Nationalismus ehrenwertes Ziel, für das ein historisches Fenster im 19. Jahrhundert durchaus offen gewesen war – aber nicht das Ergebnis, das die Deutschen nach ihrer größten Niederlage erhoffen konnten.

LOKOMOTIVEN MIT FREMDEN WAPPEN

Zahlreiche Lokomotiven und Eisenbahnwagen erhielten nach 1918 neue Wappenschilder, Besitzerangaben und Nummerntafeln. Der Symbolwert solcher Umwidmungen war nicht zu unterschätzen. Der polnische Adler auf bisher königlich-preußischen Schnellzugloks, der böhmische Löwe auf ehemaligen Maschinen der kaiserlich-königlichen österreichischen Staatsbahn, kyrillische Schriftzeichen Serbiens auf Lokomotiven der Königlich Ungarischen Staatsbahn, das tat den Gemütern in Berlin, Wien oder Budapest weh, die ja nicht nur Verkleinerungen einstiger Hoheitsgebiete hinnehmen mussten, sondern borniert von der historischen Untauglichkeit und Unwürdigkeit polnischen, tschechischen oder balkanslawischen Wesens zu gleichberechtigter Staatlichkeit überzeugt waren.

Noch immer liest man in der eisenbahnhistorischen Fachliteratur hergebrachte Fehlinterpretationen zum seinerzeitigen Eigentumsübergang an Eisenbahnfahrzeugen. Am beliebtesten ist die Bezeichnung der Abgabeobjekte als „Reparation“ – und sie trifft für die wenigsten zu.

- Der Waffenstillstand vom November 1918 forderte von Deutschland u.a. die sofortige Herausgabe von 5000 Lokomotiven „modernster Bauart“. Mit dieser Verpflichtung sollte nicht ein Friedensvertrag mit Entschädigungsregelungen vorweggenommen werden. Vielmehr sollte dem deutschen Heer sofort die Mobilität für die Wiederaufnahme der Kampfhandlungen genommen werden. Zugleich sollte im Zusammenhang mit der Räumung Frankreichs und Belgiens sichergestellt werden, dass Deutschland ausreichend viele Lokomotiven für den wieder zu etablierenden Zivilbetrieb zurücklassen würde. Nur wenn man die später tatsächlich fast vollständig im Westen verbliebenen Loks als (sehr reichlichen!) Ersatz für die zerstörten oder verschrotteten französischen und belgischen Loks betrachtet, passt die seinerzeit allerdings amtlich hierfür nicht verwendete Bezeichnung als „Reparation“.
- Wenn die Preußische Staats-Eisenbahn-Verwaltung Teile ihres Netzes an Polen (z.T. für die Freie Stadt Danzig), Litau-

Freikorps-Kämpfer, die bereits im Baltikum und in den innenpolitischen Kämpfen von 1918 bis 1920 blutige Spuren hinterlassen hatten, gingen 1923 zum „aktiven Ruhrwiderstand“ über, auf dessen Konto mehrere Eisenbahnattentate gingen. Der folgenschwerste Anschlag bestand darin, am 30. Juni 1923 in einem belgischen Militärzug eine Zeitzünderbombe zu verstecken. Sie explodierte, als der Zug die Hochfelder Rheinbrücke befuhr. Im zerfetzten Abteilwagen starben acht belgische Soldaten. Die Täter wurden nie ermittelt.

Unsere seltenen Fotos zeigen die Reste des Wagens und die Leichen auf dem Brückengleis am 2. Juli 1923. Trotz solcher Zuspitzungen siegte letztlich die politische Vernunft. Am 15. November 1924 gab die „Regie“ alle Strecken und Fahrzeug an die Reichsbahn zurück. Als Verlust durch Zerstörung wurden abgeschrieben: 23 Loks, 1187 Personen-, 433 Gepäck- sowie 1621 Güter- und Bahndienstwagen. Im Juli und August 1925 räumten die Franzosen und Belgier das Ruhrgebiet und stufenweise bis zum 30. Juni 1930 auch alle linksrheinischen Gebiete.

Die deutschen Länderbahnen verloren aufgrund des Waffenstillstandes und der Gebietsabtretungen 8.264 Lokomotiven, 13.326 Personen- und 280.013 Güterwagen. Mit Informationen und Bildern von ihren Einsätzen und Schicksalen jenseits der deutschen Grenzen könnte man ein dickes Buch füllen. Hier müssen ganz wenige Beispiele genügen. Lettland erbte von Preußen u.a. sechs 2’Bn2v-Schnellzugloks der Gattung $S\ 5^2$. Hier steht die An 40 ex Königsberg 507 im Grenzbahnhof Vainode zu Lettland. Um das Foto hat der Absender der Ansichtskarte 1936 nach Dänemark geschrieben: „Gern würden wir uns in diesen Zug setzen, um zu Euch hinzusausen.“ Ein im Rückblick nur allzu plausibler Wunsch, standen den baltischen Staaten doch unter der Sowjetmacht ab 1940, unter der deutschen Besatzung ab 1941 und ab 1945 wiederum unter sowjetischer Hoheit überaus grausame und opferreiche Jahre der Fremdherrschaft bevor.

Dem Krieg gegen eigene Bürger, nämlich gegen die sozialistisch organisierten Arbeiter in Wien und anderen Industriestädten Österreichs, dienten die Panzerzüge des Dollfuß-Regimes. Die modernste der für die Februarkämpfe 1934 gepanzerten Lokomotiven war die erst 1927 gebaute 1’D1’h2t-Nebenbahnlok 378.04. Die Armierung lässt deutlich erkennen, dass nicht an einen Schutz gegen Artillerie gedacht war, sondern an eine Durchsetzung gegen die Handfeuerwaffen einer verzweifelten Bevölkerung.

Als Ausstattung für das Abtretungsgebiet Eupen-Malmedy und als Ersatz für Lokverluste während der deutschen Besetzung erhielt Belgien beträchtliche Stückzahlen preußischer Lokomotiven. Die $T\ 16^1$ mit der Nummer Essen 8167 erhielt die Nummer 9865. Im zweiten Weltkrieg kam sie wieder nach Deutschland und beschloss ihre Tage als 94 1808 in der DDR!

Diese badische VI c kam nach Frankreich und fuhr bei der im Westen des Landes tätigen ETAT als 32-906. Baden musste insgesamt 102 Loks abgeben.

So manches Stück militärischer Eisenbahntechnik wurde nach 1918 noch lange weiter genutzt. Wo sich zwei friedliche Arbeiter vor der von Henschel 1917 gebauten Brigadelok 1495 fotografieren ließen, wissen wir nicht. Die Maschinen fuhren in vielen Ländern für Industrie und Landwirtschaft, teilweise bis in die 70er-Jahre des 20. Jahrhunderts.

en, Belgien, Dänemark, die Tschechoslowakei und das Saargebiet übergeben musste, dann blieben selbstverständlich in der Regel die dort stationierten Fahrzeuge an ihren Heimatorten und auf ihren Stammstrecken. Mit einer Reparation, also mit einer Kriegsentschädigung, hatte dies nichts zu tun. Nachteilig für Deutschland, Österreich und Ungarn war die Bestimmung in Art. 371/318/301 (jeweils im Absatz 2) der Verträge von Versailles, St. Germain und Trianon, dass die von den Mittelmächten auf Normalspur umgenagelten „Strecken des ehemaligen Russisch-Polen" als „abgezweigte Teile" des preußischen, österreichischen bzw. ungarischen Staateisenbahnnetzes galten mit der Folge, dass Polen Fahrzeugbestände entsprechend den dortigen Streckenlängen behalten bzw. nachfordern durfte.

- Viele deutsche Loks blieben unter den chaotischen Bedingungen des deutschen Rückzugs 1918 in südosteuropäischen Ländern stehen und wurden dort noch jahrzehntelang verwendet. Auch dieser Sachverhalt hat mit „Reparation" nicht zu tun.
- Um wirkliche Reparationen handelte es sich nur bei neugebauten Loks vor allem für Jugoslawien und Rumänien.

FRITZ MÖBES ERZÄHLT VON DER WAGENÜBERGABE

Aus der chaotischen Zeit nach dem Waffenstillstand und seinem Dienst bei der Übergabe von Wagen im Vollzug des Waffenstillstandes erzählte der 1890 in Buckau bei Magdeburg geborene Eisenbahner Fritz Möbes in seinen unveröffentlichten Erinnerungen (Sammlung Reinhard Schulz):

1916 habe ich die Prüfung zum Lokführer, 1918 zum Betriebswerkmeister „alter Ordnung" bestanden. Die Revolution erlebte ich in Krefeld. Mitte Dezember wurde ich zur Wagenübergabe nach Hohenbudberg überwiesen. Der Sitz der Übergabegruppe war Aachen, der Leiter ein Franzose. In Hohenbudberg übernahmen Belgier die abgegebenen Wagen. Ich wurde Feldeisenbahner und konnte in Krefeld wohnen bleiben. Für die Übergabe wurden mir acht deutsche Wagenmeister und eine Anzahl Schlosser aus dem Bw zugeteilt. Die Wagen wurden von einer belgischen Gruppe übernommen, die von einem Werkmeister aus Löwen geleitet wurde. Ihm standen eine Anzahl Fachleute aus Flandern und Wallonien zur Seite. Mein belgischer Kollege hatte mit seiner kleinen Tochter die Einnahme seiner Vaterstadt im dichten Kugelregen miterlebt. Er war kein Freund der Deutschen. Die Wagen wurden jeden Morgen auf den uns zugeteilten Gleisen bereitgestellt. Auf jeder Seite des Zuges gingen ein deutscher und ein belgischer Beamter oder Angestellter. Außerdem folgten auf jeder Seite mehrere deutsche Handwerker, die kleine Schäden an Ort und Stelle beseitigten. Die Untersuchungen waren gründlich. Dies galt vor allem bei Personenwagen. Konnten die Mängel nicht sogleich behoben werden, wurden die Wagen einem linksrheinischen Bw oder EAW zugeleitet. Wagen, die von der Übernahme endgültig ausgeschlossen wurden, erhielten mit weißer Farbe die Anschrift C J R M / Rb (Kommission der interalliierten Eisenbahn-Material-Übergabe/ dauernd zurückgewiesen). Die Wagen rollten über den Rhein in das unbesetzte Deutschland zurück. In den ersten Wochen klappte das Verfahren gut. Dann kamen die Belgier mit Sonderwünschen. Sie verlangten z.B. nur Wagen mit oder ohne Bremsen, Spezialwagen, bestimmte Personenwagen usw. Um diese Spezialwünsche zu erfüllen, mussten verschiedene Gleise geräumt werden. Die dort stehenden Züge verstopften den Rangierbahnhof. Ich ließ daher auch diese Züge mit der genannten Aufschrift versehen und über den Rhein zurücklaufen.

In Hohenbudberg wurden auch Loks an die Siegermächte übergeben. Stendaler Personale hatten aus Mitteldeutschland einen Lokzug gebracht. Solche Reisen dauerten mehrere Tage. Die Personale wohnten und schliefen in einem angehängten D-Zug-Wagen. Im unbesetzten Deutschland herrschte Mangel, im besetzten dagegen war alles zu kaufen. Die Stendaler hatten tüchtig eingekauft und baten mich, ihren D-Zug-Wagen mitnehmen zu dürfen. Ich sagte dem Leiter des Lokzuges am Abend des 13. Februar 1919: „Fahren

Das französische Heer hatte ab 1888 als Standardtyp einer 600-mm-Feldbahnlok eine BBt-Fairlietype beschafft, die nach ihren Konstrukteuren als „Péchot-Bourdon" bekannt wurde. Den 1914 vorhandenen bescheidenen Bestand ergänzten französische, englische und amerikanische Hersteller während des Krieges mit 432 weiteren Maschinen. Obwohl Deutschland den Krieg verloren hat, darf dieses Exemplar als Nr. 13 bei einer Bauunternehmung in Memmingen gute Dienste leisten, wie eine schwach erkennbare Schrift am Wasserkasten verrät.

Sie den Wagen in der Dunkelheit über die Drehscheibe auf das Ausfahrgleis." Gleichzeitig gab ich einem Wagenmeister den Auftrag, an dem Wagen das Zeichen C J R M / Rb anzubringen. Bei dieser Arbeit wurde der Deutsche von einem Belgier überrascht. Anstatt sich herauszureden, ließ es der Übeltäter zu einem Wortgefecht kommen. Der Vorfall kam an die große Glocke! Der Wagen wurde in der Nacht auf einem Sondergleis abgestellt. Ich musste mich am anderen Tag bei dem Leiter der Übergabegruppe aus Aachen im Wagen melden ...

Ein fast vergessener Abschnitt in der wechselvollen Geschichte der Beziehungen zwischen Deutschland und Russland ist die wirtschaftliche und insgeheim auch militärische Zusammenarbeit der beiden international verfemten Staaten in den 20er-Jahren. Ein Beispiel für friedlichen Handel in schwierigen Zeiten bleibt die Lieferung von 700 schweren Güterzugloks von fast allen namhaften deutschen Herstellern an Sowjetrussland 1921/22. Riesige Schwimmkräne verluden die Maschinen in Hamburg auf die Ostseefrachter.

In verkürzter Zusammenfassung der weitere Ablauf: Möbes wurde aufgefordert, sich im Büro der Belgier zu melden. Da ein deutscher Wagenmeister ihn vor Einsperrung warnte, flüchtete er zu Fuß auf der Eisenbahnbrücke über den Rhein. Am 15. Februar meldete er sich fernmündlich beim deutschen Gruppenleiter in Hohenbudberg. Dieser teilte ihm mit, dass nach ihm gefahndet werde und dass die Gruppe wegen seiner Abwesenheit das Büro nicht verlassen dürfe. Bei Stellung habe er acht Tage Haft oder Stubenarrest zu erwarten. Nicht zuletzt wegen der besseren Ernährungslage im linksrheinisch besetzten Deutschland und zur Sicherung wertvoller Bücher in seiner Krefelder Wohnung trat Möbes den Rückweg an. Am 20. Februar 1919 wurde ihm das in Abwesenheit gefällte Urteil verkündet: Ein Monat Haft. Im Gefängnis Anrath bei Krefeld saß er bis 15. März 1919 ein und verdiente für das Kniffen von Briefumschlägen in dieser Zeit insgesamt 13 Pfennig. Er musste sodann das belgisch besetzte Gebiet verlassen und ging in das britisch besetzte Gebiet nach Köln. Von der ED Köln wurde er aus dem Heeresdienst entlassen und trat am 24. April 1919 in den Dienst des EAW Jülich.

ZÜGE IM KRIEG GEGEN EIGENE STAATSBÜRGER

Zu den vielen Erscheinungsformen politischer Gewalt in der friedlosen Nachkriegszeit ab 1918 gehörten die Diktaturen in vielen Staaten Europas. Lenin und seine Partei formierten das riesige Russland mit seinen kolonialen Besitzungen aus der Zarenzeit zur Sowjet-Diktatur. Spätestens mit dem Übergang der Macht auf Stalin und dem Beginn einer schnellen Industrialisierung auf der Basis millionenfacher Sklavenarbeit im vorgeblichen Dienst der Arbeiterklasse begannen die Fahrten unzähliger Gefangenenzüge auf die Baustellen und in die Arbeitslager der großen Sowjetunion.

Weiter westlich in Europa etablierten sich Diktaturen nicht etwa nur in Italien (Faschismus ab 1922) und Deutschland (Nationalsozialismus ab 1933). Auch in der Türkei, Polen, Österreich, Ungarn, Jugoslawien, Bulgarien, Spanien, Portugal, Griechenland und Rumänien entstanden autoritäre Staatsformen in recht unterschiedlichen Ausprägungen, deren Systeme und Aktivitäten heute hinter den übergroßen Schatten von Hitlers Terror und Krieg weithin vergessen sind. Ein Thema für historische Spezialisten ist beispielsweise der „Austrofaschismus" 1933 bis 1938. Im wirtschaftlich darniederliegenden und politisch zerrissenen Österreich schaltete der christlich-soziale Bundeskanzler Engelbert Dollfuß 1933 das Parlament aus und ging mit Unterstützung der aggressiv antisozialistischen paramilitärischen „Heimwehren" daran, einen autoritären Staat zu errichten. Er sollte die sozialen Gegensätze mit einer ständestaatlichen Wirtschaftsordnung lösen, die den päpstlichen Sozialenzykliken von 1890 und 1930 folgen sollte. Zwar findet dieses Regime mit seiner entschiedenen Feindschaft gegen die Nazis bis heute Anerkennung, doch bekämpfte es noch radikaler die sozialdemokratische Arbeiterbewegung und damit den einzigen vorstellbaren Bündnispartner gegen Hitlers Griff nach der Alpenrepublik.

Für die geplante gewaltsame Zerschlagung der Sozialdemokratie und ihres „Schutzbundes" bereitete das Dollfuß-Regime sechs provisorische Panzerzüge vor. Vorgesehen war jeweils eine Lokomotive in Zugmitte mit umgebenden Hochbordwagen für einen Offizier und 17 Mann aus dem Infanterieregiment Nr. 2. Nach Provokation eines sozialdemokratischen Aufstandes im Februar 1934 wurden sämtliche Panzerzüge zwischen 13. und 15. Februar im Stadtgebiet von Wien gegen die schwach bewaffneten Arbeiter eingesetzt. Unter den insgesamt fast 400 Toten der Februarkämpfe war auch ein Lokführer, der im Panzerzug einen Bauchschuss erlitten hatte.

Dollfuß genoss seinen Sieg nicht lange: Am 25. Juli 1934 wurde er von Nazis im Kanzleramt ermordet. Die völkisch-rassistische Variante des Faschismus zeigte auch in Österreich ihre rücksichtlose Aggressivität. 1936 eröffneten die von religiösen oder rechtlichen Traditionen nicht mehr gebundenen Faschisten den Bürgerkrieg gegen die spanische Republik, 1938 übernahmen sie die Macht in Österreich – und ein Jahr später brachen sie den Zweiten Weltkrieg vom Zaun.

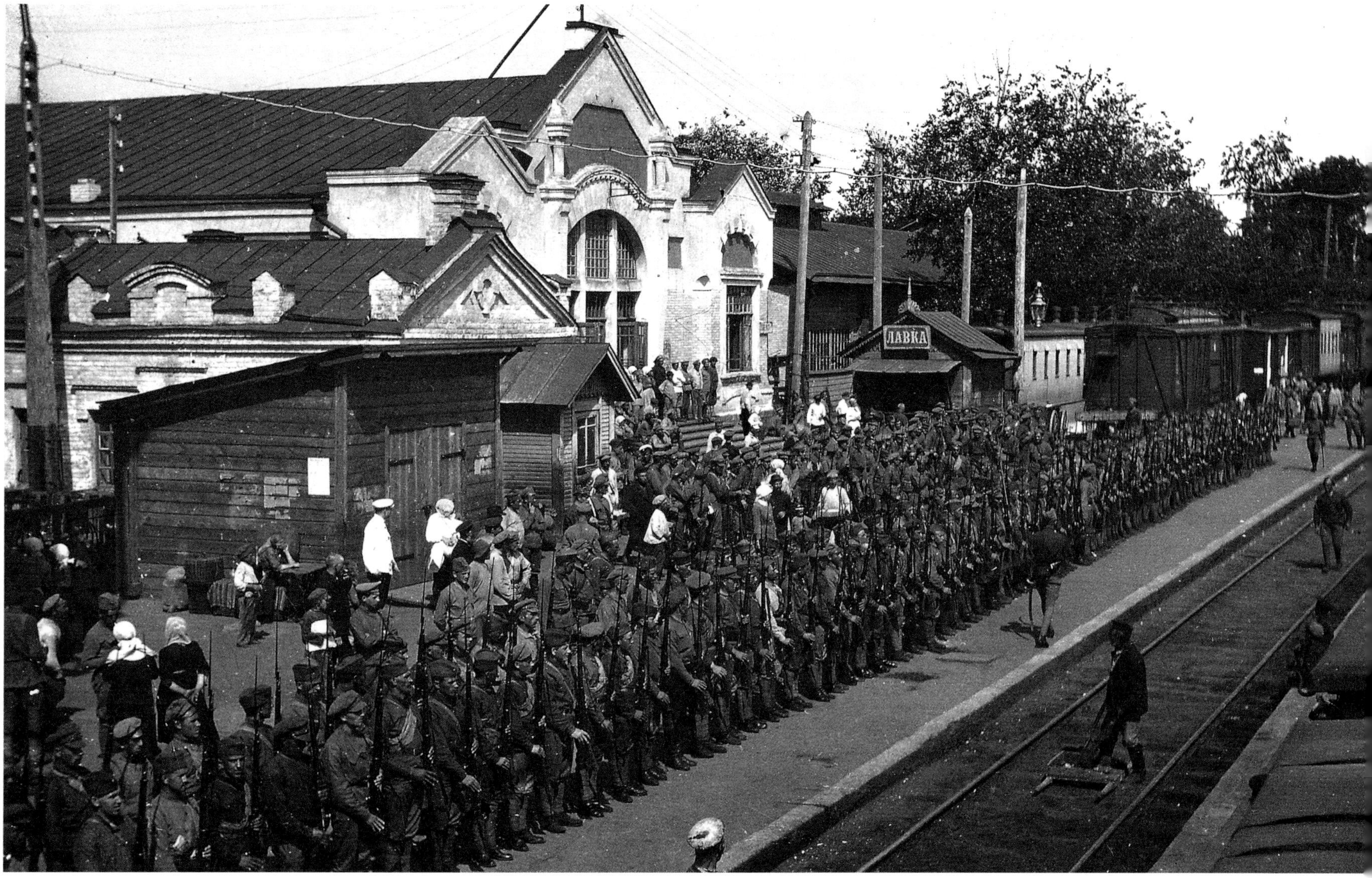

Zahllose Russen, Deutsche, Tschechen, Engländer und Angehörige der nichtrussischen Völker des Zarenreiches kämpften vielfach mit Waffen aus dem Ersten Weltkrieg in einem langen Bürgerkrieg und in vielen kleinen Grenz- und Volkstumskriegen zwischen der Ostsee, dem Kaspischen Meer und dem Japanischen Meer um Staatsform und nationale Unabhängigkeit. Aus Samara nahe der Front zwischen „roten" und „weißen" Armeen im Sommer 1918 stammt die Aufnahme mit einer abenteuerlich uniformierten Truppe am Bahnsteig. Offiziere mit Säbel schreiten die Front ab.

Gewollter Krieg, ungewollter Eisenbahnkrieg:

Europas Bahnen in Hitlers Diensten

Ein halbes Jahr nach der Annexion der deutsch besiedelten Gebiete der Tschechoslowakei besetzte die Wehrmacht auch die Zentralgebiete Böhmens und Mährens, in denen sodann die Kolonialherrschaft des „Protektorats“ errichtet wurde. Wenige Jahre später warb diese Ansichtskarte der „Böhmisch-Mährischen Bahnen“ für die Zusammenarbeit von Wirtschaft und Eisenbahn bei der Steigerung der Kriegsproduktion. Rückseitig ist erläutert, dass es um beschleunigten Wagenumlauf geht.

Die wichtigste Kriegslok für die Deutsche Reichsbahn und mit mehr als 6.700 Exemplaren eine der meistgebauten Dampfloks der Welt wurde die 52. Als sie aber endlich aus der zuvor beschafften Einheitslok 50 abgeleitet war und bis die Hersteller im ganzen deutschen Machtbereich auf ihre Massenfertigung eingerichtet waren, schrumpfte das von den Deutschen betriebene Eisenbahnnetz schon wieder ganz erheblich. Am 7. Juli 1943 führte man auf dem Rangierbahnhof Seddin stolz die höchste bisher erreichte Tagesproduktion vor: 51 Lokomotiven! So viele Maschinen hatte die Reichsbahn zu Zeiten der Weltwirtschaftskrise in einem ganzen Jahr nicht abgenommen.

Sammlung Alfred B. Gottwaldt

KRIEG NACH INNEN UND AUSSEN ALS REGIERUNGSPROGRAMM

Man kann vielen Staatsmännern und Heerführern des Ersten Weltkrieges bittere Vorwürfe machen, weil sie ihren Völkern für irreale politische Konzepte und untaugliche militärische Strategien wahnwitzige Opfer abverlangten. Sie lebten und handelten jedoch in einer Vorstellungs- und Erfahrungswelt, die dem Ruhm des eigenen Herrschers und der Größe der eigenen Nation hohen und höchsten Rang einräumten. Eigenes und fremdes Leben für König und Vaterland zu opfern, wurde nicht nur als legitim, sondern als ehrenvoll betrachtet. Die Kirchen segneten Heere und Kanonen, Dichter rühmten „Helden“ aus Vergangenheit und Gegenwart.

Nach 1918 mussten Sieger und Besiegte erfahren, dass Tod, Leiden und Zerstörung sinnlos gewesen waren. Anstelle der Apokalypse von „Vernichtung“ und „Untergang“, die man für den Fall der Niederlage beschworen hatte, und anstelle des Friedens, des Wohlstandes und der Sicherheit, die als Lohn des Sieges versprochen waren, erlebten siegreiche und unterlegene Völker überall in Europa elende Jahre, in denen genau jene gesunden Menschen und jene Wirtschaftgüter fehlten, die Krieg verzehrt hatte.

Wie im vorigen Kapitel bereits skizziert führte die kollektive Erfahrung des Weltkrieges nicht zum Verstummen von aggressivem Nationalismus und Kriegspropaganda. Während deutsche und ungarische Agitatoren die gewaltsame Wiederherstellung alter Besitzstände forderten, konnte man z. B. in polnischen oder tschechischen Tageszeitungen Landkarten finden, in denen Expansionswünsche bis an die Oder bzw. die bayerische Donau skizziert waren. In denselben 1920er-Jahren gab es aber viele Hoffnungsschimmer auf eine länderübergreifende Koalition wenn schon nicht der Versöhnung und Freundschaft, so doch der Vorsicht und des Zurückschreckens vor dem großen Krieg. Auch rechtsgerichtete autoritäre Regierungen begnügten sich außenpolitisch zumeist mit verbalem Radikalismus und lenkten kollektiven Hass lieber risikolos gegen Minderheiten im eigenen Lande als gegen Armeen jenseits der Grenzen.

Mit rollendem Material aus dem Ersten Weltkrieg werden Soldaten auf einem Übungsplatz kurz vor dem Zweiten Weltkrieg befördert. Die zweiachsige Lok mit Allan-Steuerung entspricht dem Henschel-Typ „Fabia“, der um 1910 aktuell gewesen war. Die für die alte Heeresfeldbahn einst vieltausendfach beschafften „Brigadewagen“ haben neue Steckrungen und Seitenwände erhalten. Auffällig: Wer wohl den Militärs auf aller Welt beigebracht hat, ein Offizier müsse unbedingt breitbeinig und mit hinter dem uniformgestärkten Rücken „verborgenen“ Händen stehen?

Aufnahme: Sammlung Rüdiger Fach

Ohne die uferlose Literatur über Wesensmerkmale und Motivationen des Hitler-Regimes wortreich zusammenfassen oder ergänzen zu müssen, kann man jedenfalls unschwer vom ersten Tage an sein unbedingtes Streben nach einem neuen Krieg erkennen, der mit den Zielen mindestens einer Vorherrschaft in Europa und der Kolonialisierung Osteuropas als „Lebensraum" nicht anders als ein Weltkrieg gedacht werden konnte. Der ab Januar 1933 betriebenen Kriegsvorbereitung dienten so zentrale Aktivitäten wie

- die technisch-materielle Aufrüstung,
- die Herstellung der „Wehrhoheit" im Sinne der Lösung von Vertragspflichten zur Truppen- und Rüstungsbegrenzung,
- die Maßnahmen zur größtmöglichen Unabhängigkeit von ausländischen Rohstoffen („Autarkie" im Rahmen des Vier-Jahres-Plans ab 1936)
- und vor allem die Umwandlung der Nation in jenen absolut kontrollierten, suggestiv indoktrinierten und gehorsamen Kasernenhof, den Ludendorff im Ersten Weltkrieg als Hinterland seiner Kriegsfronten so sehr vermisst hatte.

Die territorialen Erweiterungen

- Saarland Januar 1935,
- Österreich März 1938,
- deutschsprachige Randgebiete der Tschechoslowakei September 1938,
- „Protektorat Böhmen und Mähren" März 1939
- und Memelland März 1939

ließen sich zwar propagandistisch hervorragend als Erfüllung alter nationaler Sehnsüchte darstellen, wurden jedoch sofort nach Realisierung des jeweiligen Gebietszuwachses im Sinne der Kriegvorbereitung nutzbar gemacht.

Das Erdöl und die Metalle der „Ostmark", die Kohle und die Erze des „Sudetenlandes", die Industrie des „Protektorates" – und nicht zuletzt das Eigentum der in Wien und Prag zahlreichen Juden – waren für die weitere Aufrüstung und die demnächstige Kriegswirtschaft interessanter als der Zuwachs an „Volksgenossen", auf den man etwa im Falle Südtirols zugunsten des Bündnisses mit Mussolini unsentimental verzichtete.

Bei der Kriegsvorbereitung auf dem Gebiet des pioniermäßigen Feldbahnwesens bevorzugte die Wehrmacht die Spurweite 750 mm. Eine gelungene, aber in Produktion und Unterhaltung aufwendige Konstruktion war die von Henschel und Jung 1939 entwickelte HF 110 C. Die Lok mit der Original-Wehrmachtsnummer 11025 wurde lange nach dem Zweiten Weltkrieg bei einer „Kindereisenbahn" in der Sowjetunion fotografiert. Die kyrillische Beschriftung am Pufferträger bescheinigt die Zugehörigkeit zur Eisenbahn-Direktion Stalingrad.

Aufnahme: Josef Otto Slezak, Sammlung Knipping

AUFRÜSTUNG UND EISENBAHN

Der Versailler Vertrag hatte der Weimarer Republik nur ein Berufsheer mit einer Stärke von 100.000 Mann zugestanden. Genauso wie Panzer, Flugzeuge und U-Boote und andere Waffengattungen und Sonderformationen waren auch Fortbestand und Neuaufstellung von Eisenbahntruppen verboten. Reichswehrkreise umgingen die Verbote vor 1933 insgeheim; die 1933 an die Macht gekommene nationalsozialistische Führung setzte sich offen über die Festlegungen dieses Vertrages und die Abrüstungsabkommen der zwanziger Jahre hinweg. Im Mai 1935 führte sie die allgemeine Wehrpflicht wieder ein. Die „Reichswehr" wurde in „Wehrmacht" umbenannt. Im März 1936 marschierte sie in das laut Versailler Vertrag entmilitarisierte Rheinland ein, also das linksrheinische Deutschland, aus dem die letzten alliierten Truppen erst 1930 abgezogen waren.

Im Oktober 1935 wurde am traditionellen Übungsort der Eisenbahntruppen in Sperenberg südlich von Berlin eine „Pionierlehr- und Versuchskompanie für schweren Brückenbau" aufgestellt, die ein Jahr später zum Bataillon erweitert und nach Fürstenwalde (Spree) verlegt wurde. Im November 1938 wurde das Eisenbahnpionier-Regiment Nr. 68 in Rehagen-Klausdorf wieder im alten Übungsgelände aufgestellt. Außerdem übernahm die Wehrmacht die Eisenbahntruppen des im März 1938 „angeschlossenen" Österreich und führte sie als Pionier-Bataillon 56 für Eisenbahn- und schweren Brückenbau in Korneuburg bei Wien weiter. Die österreichischen Offiziere zeichneten sich durch gründliche technische Kenntnisse aus, die ihnen am Theresianum in Wien vermittelt worden waren. Eine gleichwertige reichsdeutsche Ausbildungsstätte gab es nicht. Außer den Angehörigen dieser beiden Einheiten bildeten die zahlreichen Sudetendeutschen, die in tschechischen Eisenbahnkompanien gedient hatten, den Stamm für die zahlreichen neuen Eisenbahntruppenteile. Bei Kriegsbeginn standen unter einer Inspektion der Eisenbahnpioniere zur Verfügung: 1 Regiment zu 8 Kompanien und 2 weitere selbstständige Bataillone zu je 4 Kompanien, im ganzen 16 Kompanien. Betriebstruppen gab es im Frieden nicht; sie wurden erst mit der Mobilmachung ab 26. August 1939 aufgestellt, wobei die Reichsbahn den Stamm der Einheiten stellte.

Während der von den Nazis planmäßig herbeigeführten „Sudetenkrise" wurde die Donaubrücke vor Pressburg provisorisch gesperrt. Das schon seit 1935 unbenutzte Gleis der elektrischen „Pressburger Bahn" wurde nach dem „Münchner Abkommen" wieder bis Engerau befahren, das mitsamt der Bücke dem Reich zugesprochen worden war.

PIONIERTECHNISCHE KRIEGSVORBEREITUNG

Mit Überlegungen zu einer zeitgemäßen Technologie militärischer Schmalspurbahnen als Ergänzung zu der von der Führung bevorzugten motorisierten Kriegführung verging viel Zeit. Das traditionelle System in 600-mm-Spur mit fertigen Gleisjochen bot den Vorteil der schnelleren Errichtung, während auf Bahnen mit 750 mm Spurweite sogar Panzer transportiert werden konnten. Im Ergebnis wurden Ausrüstungen für beide Systeme vorbereitet. Für das 600 mm-System konnten serienmäßige Motorloks herangezogen werden, die in Landwirtschaft und Betrieben zum Abbau von Bodenbestandteilen längst weit verbreitet waren. Für das 750-mm-System konstruierte man neue Lokomotivtypen, die zwar als technisch hochwertige moderne Schmalspurdampfloks gelten konnten (und demgemäß nach 1945 so mancher Kleinbahn gute Dienste leisteten), die aber für massenhafte Fertigung und Verwendung unter Kriegsbedingungen eher schon zu kompliziert waren.

KRIEGSVORBEREITUNG DER REICHSBAHN 1938 – 39

Die Eisenbahnaufmärsche der Wehrmacht im März 1938 gegen Österreich und im September 1938 gegen die Tschechoslowakei sowie die reichsweiten Sonderzugprogramme anlässlich von „Reichsparteitagen" und „Reichserntedankfesten" boten reichlich Gelegenheit zur Übung großer Truppentransporte für den „Ernstfall". Die Deutsche Reichsbahn zehrte aber schon jetzt von der Substanz.

- Der zur Aufgabe der Reichsbahn erklärte Bau der „Reichsautobahnen",
- die begonnenen Baumaßnahmen zur Umgestaltung und riesenhaften Vergrößerung der Bahnanlagen in Berlin und München,
- die militärischen Aufmärsche im Süden und Südosten des Reiches,

- die Transporte zur planmäßigen Erschließung bisher nicht abbauwürdiger Bodenschätze für die kommende Kriegswirtschaft,
- die Transporte für den Bau von Militäreinrichtungen (besonders „Fliegerhorste") und für den Festungsbau an der französischen Grenze („Westwall"),
- die Großeinsätze von Sonderzügen für politische Spektakel,
- die Lieferung von Kohle an Italien, das seit dem Überfall auf Abessinien (Äthiopien) vom Völkerbund mit Sanktionen bestraft wurde,

all das musste weitgehend mit dem vorhandenen Personal und Material durchgeführt werden. Allein für den Westwall waren 1938 nicht weniger als 550.000 Güterwagen mit zehn Millionen Tonnen Material erforderlich.

Die Bestellung neuer Fahrzeuge stieß an Grenzen. Die Produktion von Schienen, Lokomotiven oder Wagen war an die Zuweisung von Stahl-„Kontingenten" gebunden; die Fertigung von Panzern und Flugzeugen hatte Vorrang. Arbeitskräfte waren knapp. Die Steigerung der Beschaffungszahlen für moderne Einheitsgüterzugloks der Baureihen 41, 44 und 86 konnte kaum den Mehrbedarf abdecken, ganz zu schweigen von einem planmäßigen Ersatz des in die Jahre gekommenen Länderbahnerbes. Die Elektrifizierung des Streckennetzes und die Erweiterung der Dieselzugförderung unterlagen geheimen Vorbehalten. Mit Beginn des jetzt immer aktueller geplanten Krieges würden Kupfer für Fahrdrähte und Dieselkraftstoff für Motorfahrzeuge nicht mehr zur Verfügung stehen.

Der „Anschluss Österreichs" und die Annexion der deutsch besiedelten tschechischen Gebiete minderten die Sorgen der Reichsbahn nicht. Überall waren personelle Verstärkungen und moderne Fahrzeuge nötig. Vielerorts wurde der sehr schwache Oberbau erneuert. Bahnhöfe mit Gruppenausfahrsignalen für mehrere Gleise und dezentraler Handbedienung der Weichen nach altösterreichischer Tradition erhielten Stellwerke. Wichtige Strecken erhielten ein zweites Gleis. Etwa auf der Strecke Passau – Wels ging man dabei so hastig vor, dass der hier geschüttete Bahndamm noch Jahrzehnte nach dem Krieg ein Sorgenkind des Baudienstes blieb.

POLENFELDZUG

Am 23. August 1939 wurde die Welt durch die Nachricht vom deutsch-sowjetischen Nichtangriffspakt überrascht. Geheim blieb ein Zusatzabkommen, in dem Stalin und Hitler mit zynischem Machtkalkül Osteuropa vom Schwarzen Meer bis zur Ostsee in „Interessensphären" aufteilten. Nun konnte keine internationale Vermittlung Hitler mehr an seinem Krieg

Kameraden fotografieren
25 Jahre und einen Monat nach dem „August 1914" wurden ab 26. August 1939 wieder deutsche Männer zum Kriegsdienst einberufen (soweit sie nicht durch Verlängerungen des Pflichtwehrdienstes oder zur Ableistung angeblicher Übungen ohnehin schon bei der Wehrmacht waren). Nachdem für die „Blitzkriege" noch begrenzte Truppenstärken ausreichten, wuchs der Mannschaftsbedarf der Wehrmacht ab Beginn des Ostfeldzuges unermesslich. In manchen Monaten verlor sie allein im Osten täglich 7.000 Soldaten. Immer weitere Wehrpflichtige verabschiedeten sich an den Bahnhöfen zu einer Reise oftmals ohne Wiederkehr, bis schließlich auch 16-jährige Hitlerjungen und 65-jährigen Volkssturmmänner in sinnlose Abwehrkämpfe geschickt wurden. Zur kollektiven Einstimmung auf den vermeintlich begeisterten Aufbruch zu Kampf und Sieg diente nicht mehr die Propaganda-Ansichtskarte des Ersten Weltkrieges, sondern die mit Fanfaren unterlegte Wochenschausequenz mit lachenden Rekruten. Zur Erinnerung ins Familienalbum klebte man nicht mehr professionelle Plattenaufnahmen im Format 9 x 14 cm, sondern kleine Abzüge jener Schnappschüsse, die mit handlichen und billigen Kameras auch dem Amateur möglich waren.

hindern. Der Aufmarsch gegen Polen vollzog sich in aller Eile. Die Reichsbahn hatte 185.400 Wagen zu stellen und 14.857 Züge zu fahren. Wie schon bei der Bereitstellung der Truppen gegen die Tschechoslowakei wurden auch diesmal wieder Sonderfahrpläne für einen „Reichsparteitag" zur Tarnung von Militärtransporten genutzt. Am 1. September 1939 begann die Wehrmacht ihren Angriff auf Polen. Der Parteitag (die Ironie der Propaganda hatte ihn ausgerechnet als „Reichsparteitag des Friedens" angekündigt) fiel aus.

„Sturzkampfbomber" legten außer Militär- und Wirtschaftsanlagen und Wohngebieten auch viele polnische Bahnhöfe in Schutt und Asche. Schon am 27. September kapitulierte Polen. Inzwischen hatte die Sowjetunion mit der Besetzung des ihr zugesprochenen Ostpolen begonnen. Wehrmacht und Rote Armee trafen sich an der „Interessengrenze". Im vollständig annektierten „Warthegau" und im kolonial verwalteten zentralpolnischen „Generalgouvernement" erneuerten Schildermaler historische Bahnhofsnamen wie Posen, Thorn, Graudenz oder Bromberg und verwirklichten willkürliche Umbenennungen, die mit politischen Motiven Lodz zu „Litzmannstadt" oder Gdingen/Gdynia zu „Gotenhafen" werden ließ oder mit denen Ortsnamen rein phonetisch eingedeutscht wurden wie etwa Rzechow in „Reichshof". Eisenbahnpioniere, Reichsbahner, Reichsarbeitsdienst und Organisation Todt bauten die von der polnischen Armee gesprengten großen Brücken wieder auf. Manche davon hatten deutsche Eisenbahnpioniere im Ersten Weltkrieg nach Sprengungen durch die abziehenden Russen gebaut. Die Wehrmacht erbeutete wie schon in der Tschechoslowakei Panzer- und Lazarettzüge.

In Polen hatten sich aber bereits Nachschubprobleme gezeigt, die später im Russlandfeldzug in vervielfachter Form auftraten. Kurz vor dem Zusammentreffen mit den Sowjets stockte im Raum Lemberg der Vormarsch. Dieses Gebiet war von der Ausgangsstellung in Oberschlesien mehr als 350 km entfernt. Weder Eisenbahn noch Straßenverkehr konnten diese Distanz zeitgerecht überbrücken. Über dem schnellen Zusammenbruch der polnischen Armee mochte man solche Symptome gerne übersehen ...

REICHSBAHN 1939

Die Deutsche Reichsbahn firmierte seit 1937 nicht mehr als „Deutsche Reichsbahn Gesellschaft", sondern war wieder unmittelbare Staatsbehörde. Geleitet wurde sie vom Reichsverkehrsminister Julius Dorpmüller, der zugleich Generaldirektor war. Den Einfluss der Partei sicherten vor allem seine Staatssekretäre, zunächst Kleinmann und ab 1942 Ganzenmüller. Die Indienstnahme der Reichsbahn für die Kriegführung wurde durch immer wieder wechselnde Ausschüsse gesteuert, in denen die Wehrmacht und verschiedene Reichsministerien vertreten waren.

Ende 1939 gab es fünf Reichsbahndirektionen mehr als 1937, nämlich die RBD'en Danzig, Linz, Posen, Villach und Wien. Die RBD'en Augsburg, Breslau, Dresden, Königsberg, München, Oppeln und Regensburg hatten ihr Gebiet in Richtung Österreich, Tschechoslowakei bzw. Polen erweitert. Im „Generalgouvernement" amtierte die selbstständige, aber ebenfalls dem Reichsverkehrsministerium unterstellte und mit der Reichsbahn eng verflochtene „Generaldirektion der Ostbahn" mit dem Sitz in Krakau und den Direktionen Warschau und Krakau. Das Streckennetz hatte sich um knapp 16.000 km vergrößert. Die Zahl der Bediensteten war von 700.000 im Jahresdurchschnitt 1937 auf 958.000 im Jahre 1939 angewachsen. 47.000 davon wurden bis 1940 zur Wehrmacht eingezogen. Der Lokbestand hatte sich erheblich vergrößert. In Österreich waren 2.175 Lokomotiven übernommen worden, im „Sudetenland" 887, in Polen nicht weniger als 5.005. Fast 26.000 Lokomotiven fuhren nun für die Reichsbahn (die Ostbahn mit eingerechnet).

NEUE VORSCHRIFTEN

Verkehr und Betrieb waren zunächst noch nicht erheblich von Kriegsanstrengungen und Kriegsauswirkungen gekennzeichnet. Am 22. August 1939 waren alle Schnelltriebwagen, alle internationalen Luxuszüge und fast alle FD-Züge eingestellt worden. Die Fahrzeiten der D-Züge hatte man verlängert. Die Verbrennungstriebwagen des Nah- und Bezirksverkehrs hatte die Reichsbahn größtenteils an die Wehrmacht abgeben müssen. Eine technisch interessante Verwendung fanden dieselelektrische Wagen später in Atlantikhäfen, wo sie als Stromgeneratoren für die Entmagnetisierung von U-Booten dienten. Auch Dampfloks dienten dem Unterseekrieg: Auf Helgoland beheizten Feldbahnloks U-Boote.

Überall galten nun die Luftschutzvorschriften. Alle Fenster von Gebäuden und Wagen mussten nachts abgedichtet werden. Blenden vor den Lokomotivlaternen reduzierten den Lichtschein auf kleine helle Punkte. Die Beleuchtung von Bahnanlagen entfiel. Pufferteller, Bahnsteigkanten, Treppengeländer und geeignete Orientierungselemente auf den Wegen der Reisenden und der Bediensteten erhielten weiße Markierungen. Die Berliner S-Bahn-Wagen bekamen Schutzbügel, die einen Fehltritt in die Lücke zwischen zwei Fahrzeuge verhindern sollten. Auf Gebäude wurden weiße Pfeile aufgemalt, die bergenden Helfern nach einem Angriff den Weg zum Luftschutzraum, zum „LSR“, weisen sollten. Auch Eisenbahner mussten an Übungen teilnehmen, bei denen Brandbomben unschädlich gemacht wurden. Noch lächelte man über einen so großen Aufwand gegen die seltenen englischen Flugzeuge, die gelegentlich ein paar Bomben abwarfen und damit nur ganz zufällig einmal Schaden anrichteten.

„SITZKRIEG“ IM WESTEN

Entsprechend ihren Bündnispflichten gegenüber Polen hatten Frankreich und England dem Deutschen Reich im September 1939 den Krieg erklärt. Auf einen Entlastungsangriff im Westen gegen Deutschland hatten die Polen indes vergeblich gehofft. Frankreich hatte sich damit begnügt, seine Grenze gegen Deutschland zu sperren, die Rheinbrücken zu sprengen und die unterirdischen Bunkersysteme der im elsässisch-lothringischen Hinterland mit ungeheurem Aufwand errichteten „Maginotlinie“ kriegsmäßig zu besetzen. Tief unter der Erde versorgten elektrische Schmalspurbahnen die Soldaten. Beiderseits der Grenze hatte man per Eisenbahn die Zivilbevölkerung evakuiert. In gespenstisch leeren Räumungszonen kämpften Stoßtrupps beider Seiten um kleine Geländegewinne. Eisenbahner halfen bei der Erbeutung von Güterwagen, die im Niemandsland stehen geblieben waren.

Über die deutsch-sowjetische „Interessengrenze“ in Polen lief ein reger Verkehr. Etwa 118.000 Volksdeutsche wurden um die Jahreswende 1939/40 im Vollzug des Hitler-Stalin-Paktes aus ihren alten Siedlungsgebieten in Russland und der Ukraine in deutsche Barackenlager und zwangsgeräumte polnische Bauernhöfe verfrachtet. Ihre Fuhrwerke wurden von sowjetischen Breitspurwagen auf Reichsbahnzüge umgeladen. Ebenfalls über diese Grenze und zwei hier neu errichtete Umladebahnhöfe wurde der Güteraustausch mit der Sowjetunion abgewickelt. Deutschland erhielt Öl und Getreide, die Sowjetunion Maschinen. Pro Tag und Richtung waren 15 Züge abzufertigen. Auch Diplomaten und Militärs in oftmals geheimen Missionen passierten die Eisenbahngrenzübergänge. Schon begann die Annäherung zwischen Deutschland und Japan, deren einzige sichere Verbindung über die Transsib quer durch die Sowjetunion führte. Fahrzeit mehr als zehn Tage!

„BLITZKRIEG“ IM WESTEN

Im April 1940 besetzte die Wehrmacht Dänemark und Norwegen. Die dortigen Eisenbahnen blieben formal selbstständig, wurden aber für die deutsche Kriegführung in die Pflicht genommen. Das neutrale Schweden lieferte Deutschland

Zum Abschluss des Waffenstillstandes am 22. Juni 1940 nötigte Hitler die Vertreter des geschlagenen Frankreich wieder in den Salonwagen 2419 D, der als Mittelpunkt einer Gedenkstätte an den Waffenstillstand vom 11. November 1918 erinnerte. Ein Amateurfotograf fand ihn am 2. September 1940 in Estrees St. Denis. Später wurde das Fahrzeug nach Berlin überführt und gegen Kriegsende in Thüringen gesprengt.

In den ersten Jahren des Zweiten Weltkrieges wurden die Reisen des „Führers“ mit seinem auf Hochglanz polierten Sonderzug noch wochenschauwirksam inszeniert. Zu den wichtigsten Bauteilen seines Salonwagens gehörten die Rouleaus an den Fenstern. Sie wurden bei Fahrten nach Italien nach Überschreitung des Brenners herabgelassen, weil Begrüßungen durch die deutsch sprechenden Südtiroler bündnispolitisch unerwünscht waren. Sie wurden 1943/44 auch sofort heruntergelassen, wenn neben Hitlers Zug auf dem Nachbargleis eines Bahnhofs ein Truppentransport oder ein Lazarettzug hielt. Von Strapazen gezeichnete Frontsoldaten oder gar Verwundete mit blutigen Verbänden wollte der Hauptverantwortliche des Krieges nicht sehen.

Eisenerz und tolerierte deutsche Truppentransporte im Durchgangsverkehr von den Ostseefährhäfen nach Norwegen und Finnland.

Am 10. Mai 1940 begann nach vielfachen Verschiebungen der „Westfeldzug“, der den besonderen Ehrgeiz des einst in Frankreich eingesetzten Weltkriegsgefreiten Hitler herausforderte. Wie schon 1914 führte man den Angriff gegen Nordfrankreich über Belgien und Luxemburg, bombardierte und besetzte aber zugleich die Niederlande und unterjochte damit ohne Kriegserklärung gleich drei Staaten, mit denen das Nazireich keinerlei Konflikt hatte.

Zeitweise standen während des Westfeldzuges bis zu 35.000 Reichsbahner unter Wehrmachtsbefehl. Die Eisenbahn spielte aber beim Frankreichfeldzug keine große Rolle. Der schnelle Vormarsch der Wehrmacht stützte sich vor allem auf motorisierte Einheiten, so dass bei weitem nicht so viele Infanterietransporte anfielen wie 1914. Wie in Polen war es den Verteidigern noch gelungen, wichtige Eisenbahnbrücken zu sprengen. Zusätzlich hatten die Franzosen einige Strecken durch 10 bis 15 km lange Kolonnen von Personen- und Güterwagen blokkiert. Ähnlich wie in Polen blieb eine deutliche Krise des deutschen Nachschubs in der Endphase des „Blitzkrieges“ nur wegen des überraschend schnellen Zusammenbruchs der Gegner ohne Folgen für den Vormarsch.

FRANKREICH UND SEINE EISENBAHNEN UNTER DEM HAKENKREUZ

Die französische Armee erwies sich als schlecht ausgerüstet und motiviert. Das Land war tief zerrissen. Gegen eine auf sozialen Ausgleich und internationale Verständigung orientierte linke „Volksfront“-Regierung hatte sich ein rechtes Lager konstituiert, das mehr oder weniger offen der Parole „lieber Hitler als den Bolschewismus“ huldigte, mit Franco-Spanien sympathisierte und den Antisemitismus pflegte. Von solcher Ideologie infizierte Politiker, Generäle und Beamte waren zur Aufbietung entschlossenen Widerstandes gegen den Aggressor weder fähig noch willens – und wurden nach dem Waffenstillstand willfährige Drahtzieher der „Kollaboration“ mit den Nazis. Auch die Abwehrkraft des linken Flügels des politischen Spektrums war geschwächt, weil die in Frankreich starken Kommunisten (wie überall in Europa) durch den Hitler-Stalin-Pakt gelähmt waren. (Wer heute dem verblichenen Kommunismus wenigstens die historische Ehre des unbeirrbarsten Antifaschismus zuerkennen will, erinnert sich ungern an die Zeit von August 1939 bis Juni 1941, in der aus Moskau kein Wort der Kritik an Hitler und seinem Krieg zu vernehmen war und in der die Gestapo an der Grenze in Polen Emigranten in Empfang nahm, die Stalin damit meist einem sicheren Tod auslieferte.)

Am 22. Juni 1940 musste die französische Regierung einen Waffenstillstand unterzeichnen, in Compiègne und wieder in jenem Salonwagen Nr. 2419, in dem schon das Ende des Ersten Weltkrieges besiegelt worden war. Nordfrankreich und ein Gebietsstreifen entlang der Atlantikküste bis zur spanischen Grenze wurden von der Wehrmacht besetzt. In Vichy im unbesetzten Gebiet konstituierte sich eine französische Regierung, die in jeder Hinsicht deutschen Weisungen zu gehorchen hatte. Ausgerechnet der hochbetagte Marschall Pétain, der Retter von Verdun und Nationalheld des Widerstandes gegen das deutsche Kaiserreich, wurde oberster Wortführer der Unterwerfung unter Nazi-Deutschland.

Am 24. Oktober kam es in dem kleinen Ort Montoire-sur-le-Loir am Rande des besetzten Gebiets zwischen Paris und Tours zu gespenstischen Begegnungen. Am 22. Oktober um 18.30 h traf auf Gleis 4 (von nur fünf durchgehenden Gleisen) der deutsche Sonderzug „Heinrich“ mit Außenminister v. Ribbentrop ein, zwanzig Minuten später auf Gleis 3 ein weiterer Zug mit dem Tarnnamen „Erika“. Er war mit zwei Loks bespannt (jeweils mit deutschem und französischen Personal besetzt) und etwa zwanzig Wagen lang. In seinem Salonwagen residierte Hitler. Um 19 h empfing er den „vice-président du Conseil“ Laval (1945 hingerichtet), der mit dem Auto angereist war. Am 23. Oktober um 3.05 h und 4.00 h fuhren die Züge nach Hendaye an der spanischen Grenze, wo der „Führer“ in Gesprächen mit seinem spanischen Kollegen Franco vergeblich versuchte, Spanien in den Krieg gegen England zu ziehen. Am 24. Oktober wurde die Wehrmachtspräsenz in Montoire-sur-le-Loir von 500 auf 1.500 Mann verstärkt, wurden die Häuser in Bahnhofsnähe durchsucht, wurden Bahnsteige geweißelt, kamen ein Zug mit Wasser-Reservewagen, ein Feuerwehrzug und ein Zug mit sechs Reserveloks an – und traf um 15.29 h auf Gleis 3 wieder der Zug „Erika“ ein. Hitler stieg aus, begrüßte die Wachmannschaft und wartete mit Ribbentrop und Keitel auf seinen Gesprächspartner. Um 17.00 h traf verspätet mit dem Auto der „Chef de l'Etat francais“ Maréchal Pétain ein. Hitler begrüßte ihn und lud ihn zu einem dreistündigen Gespräch in seinen Salonwagen, wo der 84-jährige kaum zu Wort kam. Am 25. Oktober 6 h verließ Hitlers Zug den Bahnhof Montoire. (Nach „La vie du rail“ Nr. 2257 vom 7. November 1990)

Zwei „Wehrmachtsverkehrsdirektionen“ (WVD) in Brüssel und Paris überwachten und steuerten die Tätigkeit der selbst-

Mit einem in Frankreich erbeuteten Stempel sind diese beiden Aufnahmen der Wehrmachtsverkehrs-Direktion Paris auf den „25 JUIL 1940“ und den „3 AOÛT 1940“ datiert. Die Franzosen hatten die Brücke einer zweigleisigen Hauptbahn über einen der vielen Schifffahrtskanäle gesprengt. Mit ebenfalls erbeuteten Walzträgern ist die eingleisige Fahrmöglichkeit schon wieder hergestellt.

Sammlung Reinhard Schulz

An manchen Taktiken des verkehrstechnischen Krieges hatte sich innerhalb eines Vierteljahrhunderts nicht viel geändert: Dieses Foto einer zerstörten Sommekanalbrücke in Frankreich stammt von 1914.

ständig gebliebenen belgischen und französischen Bahnen, wobei die Abgrenzung zwischen den WVD'en nicht der Ländergrenze entsprach. Die Bahnen im nicht förmlich annektierten Elsass-Lothringen wurden außerhalb der Reichsbahn belassen und nur kommissarisch von den benachbarten RBD'en verwaltet. Die Niederländischen Eisenbahnen arbeiteten unter Aufsicht eines Bahnbevollmächtigtem der Deutschen Reichsbahn und einer Transportkommandantur der Wehrmacht weiter. Die Wehrmacht erbeutete in Frankreich viele Eisenbahngeschütze. Teilweise stammten die Ungetüme mit bis zu sechzehn Achsen und Kalibern zwischen 305 und 370 mm noch aus dem 19. Jahrhundert. Die Mehrzahl wurde im Ruhrgebiet verschrottet, einige aber feuerten – ohne große Wirkung – bis 1941 von der Kanalküste nach England. Französische Beutepanzer wurden auf deutschen Panzerzügen stationiert, von denen aus sie die Verfolgung von Gegnern ins Gelände aufnehmen konnten. Zunächst 3.000 Lokomotiven, denen später noch viele folgen sollten, sowie ungezählte Wagen, mussten die belgischen und französischen Bahnen an die Reichsbahn „ausleihen".

Am 27. März 1942 fuhr von Bourget-Drancy der erste Deportationszug mit Juden ab. Nach drei Tagen und Nächten und 1350 km Fahrt kam er mit 1112 Insassen in Auschwitz an. Allein bis zur Besetzung Restfrankreichs am 11. November 1942 brachten 43 solche Züge etwa 42.000 französische und aus vielen Ländern mach Frankreich geflüchtete Juden in die deutschen KZ-Baracken und in die Gaskammern.

„BALKANFELDZUG"

Vom 6. bis 21. April 1941 eroberte die Wehrmacht in einer schon gewohnten Schnelligkeit Jugoslawien und Griechenland. Der nördliche Teil Sloweniens („Untersteiermark und Oberkrain") wurde annektiert. Wieder hatte die Reichsbahn Lokomotiven und Wagen, Ausrüstung und Personal freizugeben, um die Eisenbahnstruktur auf einem riesigen Netz bis zur Ägäis und zur türkischen Grenze zu verbessern. Schon seit der Vorbereitung des Balkanfeldzugs waren stets mehrere hundert deutsche Leihlokomotiven in Rumänien und Bulgarien eingesetzt. Weitere wurden in dem unter deutscher Aufsicht unabhängig gewordenen Satellitenstaat Kroatien und im besetzten Serbien benötigt. In Mazedonien trafen die deutschen Soldaten wieder die 600-mm-„Brigadeloks" aus dem Ersten Weltkrieg.

In Jugoslawien lernten deutsche Eisenbahner und Soldaten eine Erscheinung kennen, die sie später auch in der Sowjetunion, in Frankreich und Italien immer mehr fürchten mussten: den Partisanenkrieg. Militärzüge und kriegswirtschaftlich wichtige Transporte liefen auf Minen und Sprenglücken oder wurden aus dem Hinterhalt beschossen. Sabotageschäden an Lokomotiven und Brücken häuften sich – und wurden wohlfeile Anlässe für grausame Massenmorde an Zivilisten, vor allem an Juden.

Um Mussolini bei seinem missglückten Griechenlandabenteuer beizustehen, aber auch zur Flankensicherung für den bevorstehenden Angriff auf die Sowjetunion führte Hitler von 6. bis 23. April 1941 den Balkanfeldzug, der offiziell mit der schnellen Kapitulation Jugoslawiens und Griechenlands endete, aber sogleich in einen für die deutschen Besatzer zermürbenden Partisanenkrieg mündete. Sprengstoffanschläge gegen die wenigen Hauptbahnen hatten weiträumige Auswirkungen. Eine der modernsten griechischen Lokomotiven war die nach österreichischem Vorbild von Škoda gebaute λα, die hier mit deutschen Soldaten zu sehen ist.

Ein unfreiwilliges Dokument für logistische Probleme der Wehrmacht ist dieses Foto mit dem rückseitigen Stempel „Oberkommando der Luftwaffe" und der Beschriftung „Griechenland 1942". Auf dem alten hölzernen Rungenwagen der Deutschen Reichsbahn stehen eine „Gulaschkanone", wie sie schon im Ersten Weltkrieg üblich war, und ein in Frankreich erbeuteter Lieferwagen. Allein die Instandhaltung des zusammengewürfelten Kfz-Bestandes der Wehrmacht wurde zu einem unlösbaren Problem für die Mobilität der Truppen. Die Gesamtliste der Ersatzteile umfasste schließlich mehr als eine Million Positionen.

AUFMARSCH GEGEN DIE SOWJETUNION

Spätestens nach dem Sieg über Frankreich war Hitler vollends von seiner militärischen Genialität und seiner welthistorischen Mission überzeugt. Noch 1940 befahl er die Vorbereitung des Überfalls auf die Sowjetunion. Neben irrwitzigen Vorstellungen, das in der Luftschlacht um England nicht bezwungene britische Weltreich über Indien „von hinten aufzurollen“, wollte er damit seine alten Ziele „Gewinnung von Lebensraum“ und „Austilgung des Bolschewismus“ einlösen. Nur mit Mühe konnte Hitler von einem Angriff bereits im Winter 1940/41 abgebracht werden.

Ein verkehrstechnisches „Otto-Programm“ verlangte großzügige Ausbaumaßnahmen auf den Bahnstrecken im besetzten Polen. Zuletzt nicht weniger als 30.000 Soldaten der Eisenbahntruppen verstärkten Aufmarschlinien und errichteten Ausladerampen für Panzer. Der Truppenaufmarsch im Frühjahr erforderte 12.000 Züge, mit denen in fünf Wellen 141 Divisionen mit 3 Millionen Mann über eine durchschnittliche Entfernung von 800 km an die deutsch-sowjetische Demarkationslinie in Polen und an die Ostgrenzen Ungarns und Rumäniens verlegt wurden. Otto-Programm und Aufmarsch machten zusammen knapp 34.000 Züge in sechs Monaten notwendig. Im Hinterland kam es zu erheblichen Verkehrsproblemen. Im Mai 1941 stauten sich zwischen 500 und 750 Güterzüge auf den Abstellgleisen der östlichen Reichsbahndirektionen.

Im Hinblick auf Inbesitznahme und Kontrolle der weiten Gebiete der Sowjetunion war man auf dem Gebiet des schmalspurigen Feldbahnwesens nicht untätig geblieben: Für 600 und 750 mm Spur besaßen die Pioniertruppen zu Beginn des „Ostfeldzuges“ (aus Neuanschaffung sowie aus Beute) etwa 1.750 km lokfähiges Gleis mit 2.000 Weichen und 675 km schwächeres Gleis mit 3.900 Weichen, 6.640 Feldbahnwagen, 4.600 Kipploren und 415 Lokomotiven. Unter diesen (und den in der Folgezeit weiter beschafften) Dampfloks dominierten „Halbtenderloks“ mit 750 mm Spurweite der Achsfolgen C, D und E. Die Bezeichnung will sagen, dass zwar auf den Loks Vorratsbehälter vorhanden waren, trotzdem jedoch für längere Strecken Schlepptender für Kohle und weiteren Wasservorrat beigegeben wurden. Die größte Bedeutung erlangte mit über hundert Exemplaren die überwiegend von Henschel und Jung gebaute HF 110 C. (HF = Heeresfeldbahn, 110 = ungefähre Leistung in PS, C = Achsfolge). Dazu kamen Bt-Bauloks, wie sie in den dreißiger Jahren auch an private Firmen (beispiels-

Der extreme Lokverschleiß in den besetzten Sowjetgebieten machte es notwendig, tausende von „Leihloks“ aus Belgien und Frankreich ins Reich zu bringen. Die 230-960 der französischen „ETAT“ war eine sächsische XII H2 aus dem Jahre 1910, die nach dem Waffenstillstand von 1918 in Richtung Westen gegangen war.
Aufnahme: Werner Hubert, Sammlung Knipping

Trotz Nachrüstung mit einem Überhitzer war diese Güterzuglok der Paris-Orléans-Gesellschaft keine große Hilfe für die Zugförderung der Deutschen Reichsbahn unter den extremen Bedingungen der vierziger Jahre. Sie war ja auch schon im Ersten Weltkrieg eine Veteranin gewesen und stammte aus der Zeit des russisch-türkischen Krieges 1877/78.

weise für den Bau der Reichsautobahnen) zahlreich geliefert worden waren. Den Höhepunkt der Feldbahnlokentwicklung markieren 1'E1'h2-Loks mit vierachsigen Tendern von Henschel und Jung. Motorloks für 600 mm Spurweite wurden als HF 50 B und HF 130 C typisiert und mit rund 200 bzw. 350 Stück zahlreich beschafft.

„UNTERNEHMEN BARBAROSSA"

Am 22. Juni 1941 begann auf Hitlers Befehl der Angriff auf die Sowjetunion. Er traf die Rote Armee völlig unvorbereitet. Stalin hatte im Rahmen seiner Mordaktionen gegen angebliche Verräter und Verschwörer zur Festigung seiner alleinigen Macht auch die Reihen der Offiziere in einem Maße gelichtet, das einer Enthauptung gleichkam. Zahlreiche Warnungen von Spionen, Überläufern und wohlmeinenden deutschen Informanten vor den Angriffsvorbereitungen und zuletzt allerdringlichste Hinweise auf den ungeheuren Aufmarsch hatte er ebenso ignoriert wie die tagtäglichen Verletzungen des sowjetischen Luftraums durch deutsche Aufklärer. Bis heute sind Phantasien nicht verstummt, die Hitlers Angriff als Präventivschlag gegen eine bevorstehende sowjetische Aggression rechtfertigen wollen. Der beste Zeuge gegen solche Theorien ist Hitler selbst, der gegenüber Generälen, Parteigenossen und spätabendlichen Tafelrunden stets die Leidenschaft ausgedehnter Monologe über seine Vorstellungen und Pläne pflegte und dabei doch nie von einer sowjetischen Gefahr sprach, sondern stets nur Stalins Imperium als einen „Koloss auf tönernen Füßen" verspottete, der unter den Schlägen der Wehrmacht in wenigen Wochen zusammenbrechen werde. Bezeichnend war Hitlers Weigerung, über eine Winterausrüstung für sein Ostheer auch nur zu sprechen.

Die „Heeresgruppe Mitte" stieß in den ersten zehn Tagen fast 400 km weit vor. Am 16. Juli 1941 erreichte sie Smolensk, etwa 650 km von der ostpreußischen Ausgangsstellung entfernt. Bei dieser Nachschubdistanz wurde die Versorgungslage so schlecht, dass die motorisierten Divisionen und Panzerdivisionen nur noch eng begrenzte Vorstöße unternehmen konnten. Am 2. Oktober 1941 begann mit der Doppelschlacht von Brjansk und Wjasma der Angriff auf Moskau. Bei der Räumung des Kessels bei Wjasma durch die Rote Armee blieb die zweigleisige Bahnstrecke nach Moskau bis zuletzt in sowjetischer Hand mit der Folge, dass die gesamte Bahnstrecke von Jelnis bis Wjasma nachhaltig zerstört war. Jede Schiene war von Jungpionieren der Stalinjugend gesprengt worden, jede Weiche zerstört. In die sehr hohen Bahndämme waren Sprengkam-

Auch für die nach 1918 nach Belgien abgegebene preußische S 10 galt nach ihrer Rückführung die Propagandaformel „Räder müssen rollen für den Sieg". Sammlung Alfred B. Gottwaldt

mern mit Zeitzündern (Vorlauf 30 Tage) eingebaut. Das zweite Gleis war zur Überraschung der deutschen Eisenbahnpioniere abgebaut worden. Das gesamte Gleismaterial für rund 70 km musste aus der Heimat herangefahren werden. Wegen der betrieblichen Beanspruchung des vorhandenen Gleises konnte das zweite Gleis nur mit einer Einbauspitze vor Kopf eingebaut werden.

Die „Heeresgruppe Nord" kam in zwanzig Tagen bis 10. Juli bis Luga und Dorpat, um dann aber für Wochen stecken zu bleiben. Bei den hier entbrannten schweren Kämpfen litten die deutschen Truppen unter erheblichem Munitionsmangel. Die Sowjets konnten aus Estland große Räumungsbewegungen vornehmen, ohne dass die deutsche Artillerie sie mit einem Schuss hätte stören können. Reval konnte erst am 28. August, die Insel Ösel am 6. Oktober genommen werden. Die Rote Armee nutzte die Zeit zu einer immer gründlicheren Zerstörung der Eisenbahnstrecken und -fahrzeuge. Im September 1941 wurde Leningrad eingeschlossen, eine dreijährige Hungerblockade der Millionenstadt begann. Am 15. November erreichte die Wehrmacht Tichwin, musste die Stadt aber nach wenigen Tagen wieder räumen, nicht zuletzt weil der Nachschub über eine einzige teilweise zerstörte und nur im Inselbetrieb befahrbare Eisenbahnstrecke nicht ausreichte.

Im Süden begann der Vormarsch erst am 17. Juli 1941. Nach vier Wochen war fast das ganze Gebiet zwischen Dnjestr und Dnjepr erobert. Nach einem Vorstoß von 500 km musste auch die „Heeresgruppe Süd" aus Nachschubgründen eine Pause einlegen. Am 22. November wurde Rostow eingenommen. Auch hier machte die Nachschublage nach wenigen Tagen eine Räumung notwendig. Die Verzögerungen und Rückschläge gefährdeten schon wenige Wochen nach Beginn des Feldzuges das Ziel eines entscheidenden Sieges vor Wintereinbruch.

Der Inbetriebnahme von Eisenbahnstrecken musste im großen Invasionsraum eine sorgfältige Erkundung im vielfach noch (wegen Frontnähe) oder schon (wegen beginnender Partisanentätigkeit) unsicheren Gebiet vorausgehen. Ob auf der Schiene oder auf der Straße vorgehend erlitten die Erkundungstrupps hohe Verluste. Die Wehrmacht setzte wieder Panzerzüge aus primitiv armierten Güterwagen ein, die man schon im Ersten Weltkrieg als ungenügend erkannt und abgeschafft hatte.

EISENBAHNTRUPPEN IM KRIEG

Die weiträumige Kriegführung erzwang die Aufstellung zahlreicher neuer Truppenteile. Die Gliederung bestand schließlich aus drei Eisenbahn-Pionier-Brigaden zu je zwei Regimentern, die wiederum je zwei Bataillone zu je vier Kompanien und einen Pionier-Maschinenzug enthielten. Alle Truppenteile waren voll motorisiert. Die Reichsbahn stellte aus gedienten und ungedienten Leuten Eisenbahnbau-Kompanien, Eisenbahn-Wasserstationskompanien, Eisenbahn-Stellwerkskompanien, Eisenbahn-Fernsprechkompanien, Eisenbahn-Pfeilerbaukompanien und andere Spezialformationen auf, die in Bauzügen untergebracht waren. Als Verstärkung kamen in großer Zahl Bau- und Brückenbaubataillone sowie Lastwagenkolonnen hinzu, außerdem ab 1941 Stahlbau-, Brückenbau- und Hochbauzüge mit erfahrenem technischen Personal, die von Baufirmen ausgerüstet waren, ferner gelegentlich Einheiten der Organisation Todt (der paramilitärischen Bautruppe, die für den Autobahn- und Westwallbau gegründet worden war). Die gesamte Eisenbahnpioniertruppe unterstand dem Chef des Feldtransportwesens im OKH Generalleutnant Gercke, ihr oberster Waffenvorgesetzter war der Befehlshaber der Eisenbahntruppen beim OKH, abgekürzt „Bedeis". Die nachgeordneten Stäbe waren den Heeresgruppen („Grukodeis") und den Armeen („Kommandeur der Eisenbahntruppen", abgekürzt wie schon im Ersten Weltkrieg „Kodeis") zugeordnet.

Während bei der Roten Armee der Sowjetunion Eisenbahnbau, -betrieb und -transport straff in einer Hand zusammengefasst waren, führten bei der Wehrmacht politische Einflüsse zu einer Aufteilung und Zersplitterung der Kräfte bis in obersten Spitzen. Die bewährten EBK wurden 1941 aufgelöst.

Das Reichsverkehrsministerium archivierte viele hundert Fotos verschiedener Urheber aus dem Kriegsalltag der Eisenbahnen im deutschen Machtbereich für eine künftige Dokumentation des Beitrages der Eisenbahner zum „Endsieg“. Besonders hochwertig sind die Aufnahmen der fachkundigen Fotografen der Reichsbahn. Der Lichtbildner Ludwig Schuster aus München präsentierte dem Ministerium zur Auswahl und Bestellung von Abzügen einen Ordner mit 290 Fotografien als Ertrag von 26 Reisen. Die Reihung der Bilder und die Kommentierung lassen eine zeittypische Sicht vom Ostkrieg erkennen: Die starke und rücksichtlose Ordnungsmacht nimmt Besitz von einem „Raum“, der vom niedrigen Kulturniveau slawischer Völker und von bolschewistischer Zerstörungswut geprägt ist. Das Titelblatt des Albums aus der Sammlung Alfred Baronner trägt die säuberliche Handschrift „Der Deutsche Eisenbahner im Osteinsatz“.

Der

Deutsche Eisenbahner

im

Osteinsatz.

Völlig ausgebrannte russische Güterwagen. Sie sind die stummen Zeugen einer ungewöhnlichen Zersteurungwut. Die freie Strecke und die Bahnhöfe sind gespickt mit diesem Material.

Ein elendes Häuflein bleibt zurück, wenn die deutsche Luftwaffe zuschlägt.

Viele Bombentrichter in den Straßen ergänzen das Bild, das die Schrecknisse des Krieges in dieser Stadt veranschaulicht. Kurze Zeit nach der Einahme, wurde die Bevölkerung, die allmählich wieder aus ihren Schlupfwinkeln kamen, zur Beseitigung des Schuttes ange= halten. In erster Linie wurden natürlich die Juden zu dieser Arbeit.herangezogen.

Schusters Kommentare zu den vorgefundenen Zerstörungen verraten ideologisch gewollte Schizophrenie: Wenn er von Güterwagen nur noch nutzlose Reste findet, kann er einmal die „ungewöhnliche Zerstörungswut“ der Bolschewisten apostrophieren und ein anderes Mal seinen Stolz über die wohl durchaus gewöhnliche Zerstörungswut der deutschen Luftwaffe formulieren. Der Satz „Kurze Zeit nach der Einnahme, wurde die Bevölkerung, die allmählich wieder aus ihren Schlupfwinkeln kamen, zur Beseitigung des Schuttes angehalten“, verrät Defizite im Gebrauch der Herrensprache. Um so linientreuer ist die Aussage, für diese Arbeit würden „natürlich vor allem die Juden herangezogen“. Deren Entrechtung und anschließende Ermordung wurde ja auch mit Floskeln von ihrer Verantwortung für die Sowjetherrschaft und den Krieg begründet.

Man will es nicht glauben, daß mamnach stunden=
langem Warten diesmal wieder nicht mitfahren
kann. Mit stoischer Ruhe, die dem Russen eigen ist,
wartet man eben auf einen weiteren Zug.

Alles möchte mitfahren, immer wieder wird es
versucht und wenn es auch nur ein bescheidenes
Plätzchen auf einem R-Wagen (=offener Rungenwagen) ist.

Schon ein so schlichtes Stilmittel wie Ablichtung der Reisewilligen aus der erhöhten Position des Fotografen vom Eisenbahnwagen sichert die gewollte Bildbotschaft von der Unterlegenheit der Mitmenschen, die in zwei Sätzen auch gleich dreimal nur unter dem Rubrum „man" anonymisiert werden.

links: Selbstverständlich entging dem Reichsbahnfotografen nicht die Vielfalt der Fahrzeuge in dem von ihm bereisten Besatzungsgebiet in der südlichen Ukraine. Weil Deutschland dem verbündeten Rumänien hier das so genannte Transnistrien zusprach, konnte Ludwig Schuster diesen Schnelltriebwagen der CFR aufnehmen, der zwischen Tighina und Odessa eingesetzt war.

Ganz am anderen Ende des Spektrums motorbetriebener Eisenbahnfahrzeuge war dieser erbeutete Kleinwagen für Streckenbereisungen angesiedelt.

Große Bedeutung im „Osten“ erlangten die auf der Straße einsetzbaren Schienen-LKW. Sie waren nützlich für die Versorgung von Dienstposten auf der Strecke, für den Baudienst nach Partisanenanschlägen und dank ihrer Puffer und Kupplungen auch für die Bespannung kurzer Züge. Das gezeigte Exemplar stammt von Magirus.

Die Zahl der vorgefundenen Breitspurloks blieb hinter den deutschen Hoffnungen zurück. Diese щ 1535 war betriebsfähig und konnte beim Bw Rosdelnaja eingesetzt werden.

Eines der größten Probleme für den Bahnbetrieb im „Osten“ war der Schnee. Hier steht ein sowjetischer Schneepflug einsatzbereit vor der Lok, die ihn über eine winterliche Strecke schieben wird.
Alle Aufnahmen: Ludwig Schuster, Sammlung Alfred Baronner

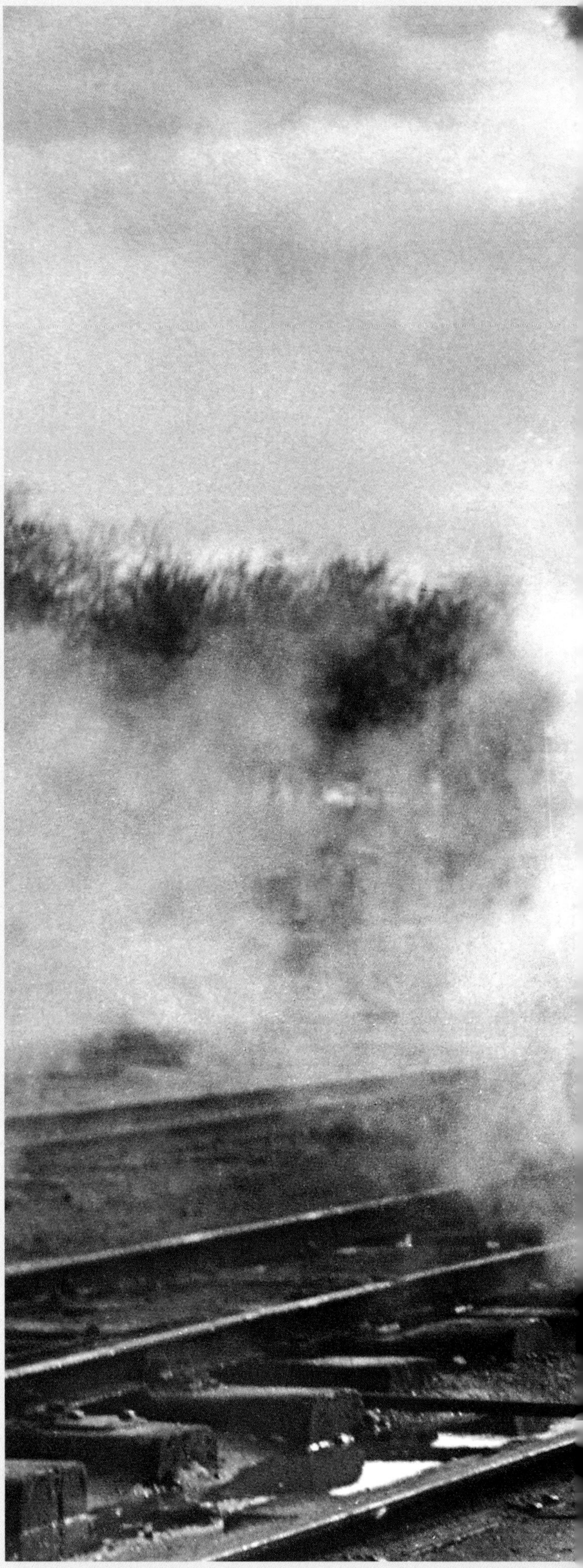

Dass Ludwig Schuster seine Arbeit als Reichsbahn-Fotograf auch in Zeiten des Kriegs nicht nur als Dokumentationsauftrag sah, zeigt diese ästhetisch äußerst gelungene Aufnahme einer preußischen G 8.

Der Kriegsberichter Paul betextete diese winterliche „Propaganda-Kompanie-Aufnahme" am 6. Februar 1943 wie folgt: „In den riesigen Räumen des Ostens, wo unsere Wehrmacht den härtesten Kampf aller Zeiten zu bestehen hat, ist der Nachschub ein entscheidender Faktor. Unsere Eisenbahnpioniere haben in schwieriger Arbeit Schmalspurbahnen gebaut, die Munition und Verpflegung dicht an die Front heranbringen." Die hinter den Wagen kaum erkennbare winzige Motorlok rangiert den Zug auf Gleisen, die mit Normalspurgleisen zu einer Umladeanlage verwoben sind, wie man sie im Ersten Weltkrieg an vielen Übergangsbahnhöfen zwischen Normal-, Meter- und Feldspur errichtet hatte. Sammlung Alfred B. Gottwaldt

Den Betrieb unmittelbar hinter der Ostfront übernahmen die „grauen" (nämlich wehrmachtsuniformierten) Eisenbahner, zum großen Teil ungediente Leute, die auch nur zum kleinen Teil über die nötige Ausbildung und Erfahrung im Reichsbahndienst verfügten. Drei „Feldeisenbahnkommandos" (FEKdo), später „Feldeisenbahndirektionen" (FBD) leiteten den Einsatz. Zwei neue Eisenbahnpionierregimenter erfüllten Aufgaben im Bereich von Wiederherstellung und Neubau von Strecken und Kunstbauten. Die Transportaufgaben (also die Kommunikation zwischen der auftraggebenden Truppe und der ausführenden Bahn, in der Eisenbahnsprache die Sparte „Verkehr") wurden ab Kriegsbeginn von den „bevollmächtigten Transportoffizieren" wahrgenommen, denen die Fragen des Eisenbahnverkehrs oft ganz neu waren. Die unglückliche Organisation führte zu Reibungen, die nur von flexibel denkenden und handelnden Offizieren und Beamten improvisierend überwunden werden konnten.

Die Ausrüstung der rasch aufgestellten Verbände war ungenügend. Werkzeuge, Maschinen, Fahrzeuge und Kriegsbrückengerät waren knapp. Auch die Bewaffnung der Eisenbahntruppe reichte nicht aus. Flak und panzerbrechende Waffen fehlten fast ganz, so dass die in unmittelbarer Frontnähe eingesetzten Kompanien gegen feindliche Vorstöße wehrlos waren. Oft wurden kleine Gruppen auch im Hinterland von Partisanen überfallen, wo sie abgelegene Strecken wiederherstellen oder betreiben mussten. Die Zahl der Gefallenen war bei den Eisenbahnpionieren größer als bei den Panzergrenadieren.

EISENBAHNORGANISATION IM OSTEN

Für das schnell größer werdende frontferne Hinterland wurden am 6. September 1941 vier „Haupteisenbahndirektionen" unter der Leitung der Zweigstelle Ost des Reichsverkehrsministeriums eingerichtet. Ihnen wurde reguläres Reichsbahnpersonal zugewiesen, die „blauen Eisenbahner". Hier waltete höhere eisenbahnfachliche Kompetenz als bei den FEKdo's. Ganz im Westen Weißrusslands wurde der Bezirk Bialystok in die RBD Königsberg integriert. Das bis 1939 polnische Ostgalizien wurde dem „Generalgouvernement" zugeschlagen und seine Bahnen demgemäß der „Ostbahn" unterstellt, die um eine OBD Lemberg vergrößert wurde. Das bis 1940 rumänische Bessarabien und ein ukrainischer Gebietsstreifen bis zum Bug wurden dem verbündeten Rumänien überlassen, hier amtierte nun die Rumänische Staatsbahn CFR. Zuständigkeiten und Befugnisse im besetzten Sowjetgebiet blieben stets verworren und waren auch seinerzeit nicht jedem bekannt. Wenn auf historischen (Eisenbahn)fotos aus diesem Bereich Uniformierte zu sehen sind, so kann es sich um Personen verschiedenster Zugehörigkeit handeln: um Soldaten oder politische Funktionäre oder Eisenbahner aus Deutschland, Italien, Ungarn, Rumänien, Kroatien oder der Slowakei, um Angehörige der SS oder der judenmordenden Einsatzgruppen, um Männer vom Reichsarbeitsdienst oder von der Organisation Todt, um Dienstkräfte deutscher oder einheimischer Polizei oder um Gefangene, die ihre bisherigen Uniformen weiter trugen.

WETTLAUF GEGEN ZEIT UND RAUM

Der Vormarsch durch Weißrussland, die Ukraine, das Baltikum und bald auch in die Randgebiete Russlands schien trotz vieler Verzögerungen letztlich unaufhaltsam fortzuschreiten und führte in Berlin zu voreiliger Siegestrunkenheit und zu gewagten Entschlüssen. Als der Weg nach Moskau frei zu sein schien, befahl Hitler plötzlich eine Änderung der Stoßrichtung. Nun sollte die Wehrmacht zunächst im Süden (Ukraine) am weitesten vordringen. Ob er dabei an die Ölreserven im Kaukasus oder an seine Pläne gegen britische Positionen dachte, ist bis heute umstritten. Der Richtungswechsel kostete viel Zeit und logistischen Aufwand.

Die Feldeisenbahner und die Beamten der „Deutschen Reichsbahn Ost“ hatten immer größere Sorgen. Anders als erwartet war es der Roten Armee gelungen, fast alle Lokomotiven beim Rückzug mitzunehmen oder nachhaltig zu zerstören. Das riesige Streckennetz im Osten musste mit deutschen Lokomotiven betrieben werden. Dies war aber erst möglich, nachdem die Gleise von 1.524 mm Breitspur auf 1.435 mm Normalspur umgespurt waren. Unendliche Kolonnen von Arbeitsdienstmännern, Eisenbahnern und einheimischen Hilfskräften beiderlei Geschlechts zogen Schienennägel, rückten eine Schiene neun Zentimeter einwärts und nagelten sie wieder fest. Binnen zweier Jahre wurden 35.000 km Strecke umgenagelt. Lange dauerte es, bis doppelte Kreuzungsweichen, Drehscheiben und Bw-Gleise über Schlacken- und Arbeitsgruben umgespurt waren, so dass die Leistungsfähigkeit von Knotenbahnhöfen schwach blieb. Monate nahm der Wiederaufbau gesprengter großer Brücken über Bug, Dnjestr und Dnjepr in Anspruch. Zur schnellen Instandsetzung von Flussübergängen standen als Kriegsbrückengerät zur Verfügung die schon im Ersten Weltkrieg hervorragend bewährte österreichische Roth-Waagner-Brücke mit einer Stützweite von 32 bis 42 m bei einstöckiger Bauweise mit der Fahrbahn oben oder unten und 54 bis 63 m bei zweistöckiger Ausführung, ferner die ein- bis dreistöckige „R“-Brücke mit 54 – 105 m Stützweite sowie die „M-Z“ und die „S-Z“-Brücken mit Stützweiten bis zu 120 m bei zweistöckiger Bauweise. Der Einsatz von Kriegsbrückengerät war aus Kapazitätsgründen beschränkt und musste jeweils vom Chef des Transportwesens angeordnet werden.

Die Bereitstellung der Kohle für die Lokomotiven wurde zum Problem. Als die deutschen Truppen 1942 in Richtung Kaukasus vorrückten, lagen die Kohlegruben im Donezbecken still. Der Brennstoff musste mehr als 1.000 km weit aus Oberschlesien herangefahren werden. Schließlich war jeder achte Zug ein Kohlenzug. Beim Straßentransport war das Verhältnis von Eigenbedarf zu nutzbarem Laderaum noch viel ungünstiger als bei der Eisenbahn. Für die Versorgung der viel zahlreicheren Fahrer musste mehr Laderaum abgezweigt werden. Noch ungünstiger war die Bilanz einer Nachschubversorgung durch die Luft. Um 9 t Benzin aus Rumänien zur Ostfront zu bringen, verbrauchte ein Flugzeug selbst 7 t Treibstoff.

Wie in jedem Bereich der Aktivitäten des „Dritten Reiches“ kam es zu Reibereien zwischen administrativen, militärischen und politischen Organen. So wollten viele Offiziere der Feldeisenbahntruppen von den Eigengesetzlichkeiten und Sicherheitserfordernissen des Bahnverkehrs nicht viel wissen. Da wurden Kolonnen von Zügen nach vorn gefahren, ohne dass für die Bevorratung der Zugloks und für den Rücklauf der Leergarnituren gesorgt war, da sollte ohne jede Beachtung von Signalen und Fahrdienstvorschriften einfach auf Sicht gefahren werden. Befehle aus Berlin mussten Zuständigkeiten abgrenzen und Details regeln. Fehlentscheidungen machten überflüssige Bauarbeiten nötig.

Der Major der Wehrmacht und Oberstleutnant E. Meixner der Bundeswehr berichtete (aus einem undatierten Vortragsmanuskript aus den 50er-Jahren aus dem Pioniermuseum der Bundeswehr):

Ich entsinne mich des Feldzuges 1941, während welchem wir auf der Schwerpunktstrecke der Heeresgruppe Mitte Ausweichen über Ausweichen (von je 650 m Länge) bauen mussten, und zwar aus folgenden vermeidbaren Gründen: Der schnelle Vormarsch im Mittelabschnitt beiderseits der Strecke Brest-Litowsk – Baranowitschi – Minsk – Orscha – Smolensk hatte die gesamte zweigleisige Bahnstrecke bis in die Höhe von Orscha (Stalin-Linie) unzerstört in unsere Hände gebracht. Ein allerhöchster Befehl schrieb uns vor, das eine Gleis auf normal umzuspuren, das andere jedoch in Breitspur zu belassen. Man glaubte nämlich, genügend russisches rollendes Breitspurmaterial zu erbeuten, mit dem man dann einen

In Sumpflandschaften, die dem Straßenbau unüberwindliche Hindernisse bereiteten, leisteten die 600 mm-Feldbahnen gute Dienste. Über die auf Quer- und Längsbalken liegenden Gleisjoche konnte das Gewicht der leichten Züge gut verteilt werden. Das Foto mit einer Lok Typ „M“ von O&K könnte am Wolchow zwischen Ilmen- und Ladogasee im Bereich der Heeresgruppe Nord entstanden sein.
Sammlung Rüdiger Fach

Ein auf den ersten Blick belangloses Foto irgendwelcher Gleise, bei näherem Hinsehen jedoch ein Dokument zentraler Probleme des deutschen Nachschubs in der Sowjetunion! Nur ein Gleis (diagonal im oberen Drittel des Bildes) ist umgespurt, der Breitspurbetrieb wird auf Parallelgleisen weitergeführt. Dass den Knotenbahnhöfen mit dieser Form des Umbaus ihre Leistungsfähigkeit genommen war, liegt auf der Hand.

Max Ittenbach, Sammlung Reinhard Schulz

Bahnbetrieb führen könnte, um die angespannte Verkehrslage in Deutschland zu entlasten. Leider ging die Rechnung nicht auf. Dem (sic!) *Russen war es gelungen, das rollende Material rechtzeitig in Sicherheit zu bringen. Wir gingen aber daran, eine zweigleisige leistungsfähige Bahnstrecke in zwei eingleisige Strecken zu zerschneiden. Das eine Gleis wurde schnell umgespurt (Tagesleistung einer Kompanie rund 10 km). Das Umspuren, besonders genagelter Strecken, ist kein Problem. Die Schiene ist mit drei Nägeln (zwei innen, einer außen), an die Schwelle genagelt. Sie wird schnell gelöst, um 89 mm verschoben und neu genagelt. Das ganze ist eine Sache der Organisation und des Materialnachschubes (Nägel). Zur Leistungssteigerung waren zusätzliche Ausweichmöglichkeiten zwischen den Bahnhöfen zu schaffen, d.h. es mussten Arbeiten ausgeführt werden, die viel umfangreicher waren als wenn man gleich beide Gleise umgespurt hätte. Das sah man leider erst sehr spät ein. Im Herbst 1941 wurde dann angeordnet, die in Besitz genommenen Bahnstrecken bis in Höhe Gomel/Smolensk/Witebsk ganz auf Normalspur zu bringen, was auch schnell geschah. Leider war auch dies nur eine halbe Maßnahme. Die Bahnspitzen lagen nämlich östlich dieser Linie. Die Folge war: Die nunmehrigen Normalspur-Endbahnhöfe wurden gleichzeitig Anfangsbahnhöfe für Breitspur. Man musste also praktisch den Bahnhof teilen oder einen zweiten Bahnhof neu aufbauen. Dazu kamen Umladerampen mit den entsprechenden Gleisanlagen. So entstanden allein in Gomel neun Umladerampen von je 550 m Länge; ein ungeheurer Holzverbrauch war die Folge. Als dann im Herbst 1941 der schnelle Vormarsch auf Moskau einsetzte, wurde befohlen, ab jetzt jede in Besitz genommene Bahnstrecke an das Normalspurnetz anzuschließen. Der Umladebahnhof Gomel war schon wieder entbehrlich.*

VERKEHRSKATASTROPHE UND KRIEGSWENDE

Im Oktober 1941 begann in Osteuropa der große Regen. Die unbefestigten Straßen verschlammten; die Lastkraftwagen und Panzer saßen fest. Im November gefror der Schlamm, und darüber pfiff der Schneesturm. Von November 1941 bis März 1942 fielen im Osten 75.000 Kfz. und 180.000 Pferde aus, als Ersatz wurden nur 7000 bzw. 20.000 neu zugeführt. Nun lagen auch die Lokomotiven fest, denn für Temperaturen von –25 oder –30 Grad Celsius waren ihre Tender, ihre Speiseleitungen, ihre Pumpen und ihre Kesselventile nicht geschaffen. Die Angriffsfront kam zum Stehen und musste im Winter unter schweren Verlusten zurückgenommen werden.

In den nächsten Winter fuhren die deutschen Lokomotiven mit grotesken hölzernen Frostschutzverkleidungen. Die im Reich und in den besetzten Gebieten mit Nachdruck – und unter erheblichem propagandistischem Getöse – entwickelten und gebauten „Kriegsloks“ der Reihe 52 standen auch in diesem Winter noch nicht in relevanter Stückzahl zur Verfügung.

REICHSBAHN 1941/42

Die nach dem Frankreichfeldzug trotz höchster Auslastung noch nicht beunruhigende Lage der Reichsbahn verschlechterte sich ab Herbst 1941 schnell. Fast alle Lokomotiven der Reihen 38, 55, 56 und 57 mussten in den „Osten“ abrollen – um nie oder allenfalls mit schweren Frost- oder Minenschäden wieder einzutreffen. Die „Leihloks“ aus Frankreich und

Belgien konnten kaum Ersatz bieten. Zwar waren hierunter viele preußische Loks aus den Waffenstillstandsabgaben von 1918, doch waren sie auf Linkssteuerung umgebaut und entsprachen in vielen Details nicht den aktuellen deutschen Normen. Amerikanische 1'D-Lokomotiven („Pershings") aus dem Ersten Weltkrieg ruinierten die schwachen Gleise des Sudetenlandes, französische Rangiertenderloks aus dem 19. Jahrhundert halfen auf Bahnhöfen in Breslau, Berlin oder Kassel nur recht und schlecht aus, alte D-Nassdampfgüterzugloks hielten im Streckendienst den Verkehr auf. Aktionismus auf organisatorisch-technischem Gebiet sollte Abhilfe schaffen. Rüstungsminister Speer wurde 1942 für die Lokomotiventwicklung und -beschaffung zuständig. Fahrzeughersteller und Zulieferer aus dem ganzen deutschen Machtbereich wurden für den Bau der 52er-Kriegslok und der anderen typisierten Fahrzeuge von der Grubenlok bis zum Güterwagen herangezogen.

Derweil musste immer mehr Personal in die besetzten Sowjetgebiete abgeordnet werden. Ende 1942 standen mehr als 1,9 Millionen Männer und 200.000 Frauen im Dienst von Reichsbahn und Feldeisenbahn, davon 600.000 im Osten! Ungelernte Kräfte und immer zahlreicher auch Zwangsarbeiter konnten das Fachpersonal nicht voll ersetzen. Die reguläre Anwerbung und Ausbildung von Nachwuchskräften war völlig zum Erliegen gekommen: Hatte ein Jugendlicher seine Lehre abgeschlossen oder das Notabitur bestanden, ging er ja nicht in den Beruf, sondern wurde zum Reichsarbeitsdienst und dann zur Wehrmacht eingezogen.

Der Bahnverkehr war nun ganz vom Krieg geprägt. Die Fahrpläne im Reich enthielten neue Zuggattungen. „SF" kennzeichnete den „Schnellzug für Fronturlauber, „SH" den „Schnellzug für Heimattruppen". „DmW" war ein „D-Zug mit Wehrmachtzugteil". SF-Laufwege wie Amiens – Hamburg, Dijon – Frankfurt (Main), Athen – Belgrad oder Kiew – Brest-Litowsk symbolisierten die Ausdehnung des deutschen Machtbereichs. Nicht in amtlichen Kursbüchern erschienen die Menschentransporte mit Güterwagen. Nachdem man im Sommer 1941 die sowjetischen Kriegsgefangenen zu Hunderttausenden dem Hungertod überlassen oder erschossen hatte, transportierte man neue Menschenbeute nun in die Barackenlager des Reiches zur Sklavenarbeit. Immer wahlloser verlud man Männer, Frauen und Kinder in allen besetzten Ländern in die Züge. 1941 fuhren auch die ersten Judentransporte aus Westeuropa in polnische oder baltische Ghettos. 1942 nahm die Deportation in die Arbeits- und Vernichtungslager eine grauenvolle Systematik an.

SOMMEROFFENSIVE 1942

Im Sommer 1942 stießen die nach dem Winter 1941/42 mühsam stabilisierten und im Norden und in der Mitte deutlich zurückgenommenen deutschen Truppen zusammen mit Rumänen und Ungarn südostwärts in den Kaukasus vor. Am 24. Juli 1942 nahmen sie Rostow zum zweiten Mal. Schon am 9. August erreichte die Panzerspitze Pjatagorsk, in der Luftlinie 500 km von Rostow entfernt. Die Panzer rollten scheinbar unaufhaltsam zum Terek in der Richtung auf Mosdok/Grosny weiter vor. Dabei wurden aber die dünnen Nachschubadern so überdehnt, dass die Panzerspitze, ohne vom Feind bedrängt zu werden, über 100 km weit zurückgenommen werden musste. Für mehr als drei Wochen lag sie fest und musste untätig abwarten, bis wieder Kraftstoff zugeführt werden konnte. Zeitweise war hier eine EBK wertvoller als ein Panzerregiment.

Bei Beginn der deutschen Sommeroffensive hatte die Rote Armee auf den Eisenbahnstrecken besondere Eisenbahnzerstörungs-Bataillone eingesetzt. Auf viele Kilometer war jeder Schienenstoß gesprengt und waren die Schwellen aufgerissen. Die zerstörten Strecken waren mit Berührungs-, Zeit- und (per Funk auslösbaren) „Radio"-minen so verseucht, dass die Wiederherstellung stark verzögert und durch die Auslösung der letztgenannten Minentypen immer wieder von neuem aufgehalten wurde. Die Eisenbahnbrücke über den mächtigen Don in Rostow hatten sowjetische Truppen nach der Zerstörung Ende 1941 behelfsmäßig wiederhergestellt und beim neuerlichen Rückzug sehr gründlich gesprengt. Südlich davon hatten die Sowjets nicht mehr rechtzeitig räumen können. Die Luftwaffe hatte den Rückzugsweg unterbrochen. Auf beiden Gleisen der Strecken nach Baku stand Zug hinter Zug, die Lokomotiven gesprengt, die Wagen teilweise ausgebrannt, die Brücken vernichtet. Trotz angespannter Arbeit mussten lange Wochen vergehen, bis die ersten Züge nach Rostow und später in den Kaukasus rollen konnten.

Die erzwungene Angriffspause ermöglichte es der Roten Armee, eine neue Abwehrfront aufzurichten. Während des Winters 1942/43 bauten sie mit ungeheurem Einsatz von Arbeitskräften eine ganz neue etwa 400 km lange Eisenbahnstrecke von Astrachan am Ufer des Kaspischen Meers entlang nach Machatsch Kala, um wieder eine durchgehende Schienenverbindung mit dieser Front und mit Baku zu bekommen.

Im ersten Teil der Sommeroffensive 1942 griffen deutsche, italienische, ungarische, slowakische und kroatische Verbände vom Donezbecken aus nach Nordosten an. Ende Juli 1942 kam es zu der schweren Schlacht bei Kalatsch im großen Donbo-

Vermutlich nach der ersten Eroberung von Charkow 1942 wurde dieser umgestürzte zweiachsige russische Panzerzug-Kampfwagen vom Reichsbahnfotografen Max Ittenbach fotografiert.
Sammlung Reinhard Schulz

gen, in der die deutschen Truppen über 500 km jenseits der Eisenbahnspitze mit geringen Munitionsvorräten tagelang erbitterten Gegenangriffen standhalten mussten. Das war das Vorspiel zu Stalingrad. Auf den beiden wenig leistungsfähigen eingleisigen Strecken über Lichaja – Morosowskaja und von Rostow aus über Salek – Kotelnikowo konnte schon vor der Einschließung Stalingrads nie genügend Nachschub für diesen Brennpunkt schwerster Kämpfe herangebracht werden. Nach der Einschließung war auch keine ausreichende Luftversorgung möglich.

„PHASENVERSCHIEBUNG“

Die Militärwissenschaft behandelt die Frage der wachsenden und irgendwann nicht mehr zu meisternden Distanz zwischen den Endpunkten leistungsfähiger Verkehrswege und der Kampftruppe mit dem Begriff der „kritischen Transportweite“ und analysiert eine „Phasenverschiebung“ zwischen dem Vorrücken der Kampftruppen und der Verkehrstechniker, im Falle der Offensive von 1942 also zwischen „Panzerspitze“ und „Eisenbahnspitze“. Die Eisenbahnpioniere setzten Erkundungstrupps in vorderster Front ein, um die Wiederherstellung von Strecken und Brücken so rasch wie möglich einzuleiten. Auf der freien Strecke und auf Bahnhöfen kann der Wiederaufbau an zahlreichen Stellen gleichzeitig begonnen werden. Der Arbeitsfortschritt hängt dort im Wesentlichen von der Zahl der verfügbaren Kräfte ab. Bei der Wiederherstellung von Brücken ist aus technischen Gründen die Vorbaugeschwindigkeit beschränkt. Hier waren nach Ausbildung und Ausrüstung der Truppen bei Sowjets und Amerikaner den Deutschen überlegen.

Das Ausmaß der Phasenverschiebung hängt von verschiedenen Voraussetzungen und von wechselnden örtlichen Verhältnissen ab. Die Eisenbahnspitze konnte aber nie mit der Geschwindigkeit der Fronttruppe von 20 bis 40 km am Tag vorgeschoben werden. Die entstehende Lücke musste mit Straßentransporten überbrückt werden, so dass deren kritische Entfernung für den Fortgang der Operationen entscheidend wurde, bis es gelang, die Eisenbahnspitze mit ausreichender Leistung vorzuverlegen.

Als besondere Erschwernis kam auch 1942 das Umspuren den Strecken hinzu. Hinter der deutschen Front wurden nur wenige Linien längere Zeit mit der russischen Breitspur betrieben. 1942 hinterließen die Sowjets breitspuriges Rollmaterial nur noch als blockierenden Schrott. Im Herbst 1942 konnte mit Normalspurgüterzügen bis Stalingrad und in den Kaukasus gefahren werden. Dort stellte sich noch das Problem der Wasser- und Kohleversorgung. Die Sowjets hatten in den wasserarmen Gebieten Kondensloks mit Rohölfeuerung benutzt. Deutsche Lokomotiven für solche Verhältnisse gab es zunächst nicht. Bevor die technisch sehr bemerkenswerte Sonderausführung der 52er-Kriegslok von Henschel mit Abdampf-Kondensation die wasserarmen Strecken zwischen Südukraine und Wolga befahren konnte, waren die entsprechenden Gebiete von der Roten Armee schon wieder befreit. Kaum waren Sommerhitze und Trockenheit gemeistert, hatte der Maschinendienst der Feldeisenbahner auch im Südabschnitt der Ostfront und auch 1942/43 wieder mit ganz ungewohnten Winterschwierigkeiten zu kämpfen.

ZÜGE DER WEHRMACHT

Wenn Fotos an den Einsatz der preußischen P 8 oder der neuen 52 vor Truppen- oder Zwangsarbeitertransporten zwischen Brest-Litowsk und Stalingrad erinnern, dann handelt es sich um die Benutzung von Bahnen des öffentlichen Verkehrs durch „DR Ost“ oder Wehrmacht. Es gab aber auch spezifisch militärische Strecken und Züge. Zwischen Finnland und dem Kaukasus bauten Eisenbahnpioniere 1942 und 1943 tausende von Kilometern Feldbahnen. Da wurde auf 750-mm-Spur der Nachschub zu entlegenen Frontabschnitten nahe dem Polarkreis verstärkt, da wurde über schwieriges Sumpfgelände eine 600-mm-Bahn in das vom Feinde fast völlig umschlossene

Demjansk gebaut, da wurden die deutschen Stellungen auf der Halbinsel Taman östlich der Krim per 600-mm-Feldbahn zunächst versorgt und dann zurückgenommen. Streckenlängen und Fahrzeugbestände waren vielfach bemerkenswert. Die wichtigste Bahn im verbündeten Finnland war 176 km lang und wurde mit 55 Dieselloks und fünf Dampfloks betrieben, die Tamanbahn umfasste 212 Gleiskilometer, auf denen 23 Dampfloks, 86 Motorloks, 513 zwei- und 598 vierachsige Wagen unterwegs waren. Vielfach war Improvisation vonnöten: Weil die Sandbettung des Oberbaus auf der Taman-Bahn vom starken Küstenwind verweht wurde und es keinen Schotter gab, behalf man sich mit der weltweit wohl einmalig gebliebenen Verwendung von Muscheln als Unterlage für die Gleisjoche. Schmalspurige Heeresfeldbahnen gab es im Zweiten Weltkrieg nicht nur in den besetzten Sowjetgebieten, doch war ihr Einsatz hier am bedeutendsten. Die weiter oben für die Zeit vor Beginn des Ostfeldzuges genannten Bestandszahlen können wie folgt fortgeschrieben werden: Insgesamt verwendeten die Feldeisenbahner an schmalspurigem Material etwa 430 Dampfloks, 670 Motorloks, 8.000 Wagen und 5.000 Kipploren.

Nicht auf den Osten beschränkt, hier aber besonders typisch war die Verwendung von Panzerzügen auf Normalspur. In ständig wechselnden Zusammenstellungen und Ausrüstungen waren gleichzeitig bzw. nacheinander etwa zwei dutzend Panzerzüge für die Absicherung von Vormärschen und für den Schutz von Strecken gegen Partisanen und Flieger im Einsatz. Tschechisches, polnisches, französisches und sowjetisches Beutematerial wie auch reguläre Wehrmachts- und Reichsbahntechnik wurden als Fahrzeugbasis und für die Bewaffnung genutzt.

Die Wehrmacht wickelte zudem im Reichsgebiet einen erheblichen innerdienstlichen Bahnbetrieb beispielsweise zur Bedienung der Flughäfen der Luftwaffe ab. Die Lokbasis hierfür bestand vor allem in den sehr bekannt gewordenen zwei- und dreiachsigen dieselhydraulischen Loks (später z.T. V 20 und V 36 bei DB und DR) und in Kleinloks der Reichsbahnbauart.

IMPERIUM VOR DEM UNTERGANG

Die Eisenbahn hatte für Hitlers Krieg eine sehr viel größere Bedeutung bekommen, als der auto- und flugzeugbegeisterte „Führer" geplant und gewollt hatte. Überraschen konnte dies bei nüchterner Betrachtung nicht. Das Straßennetz mindestens in Ost- und Südosteuropa war für einen reibungslosen Massenverkehr von Soldaten, Bewaffnung und Nachschub

Dieses Bild ist von der Propaganda-Kompanie am 25. August 1941 wie folgt beschriftet: „Auch diesen Sowjetpanzerzug ereilte das Schicksal. Er wollte an der Südostfront die deutschen Vormarschkolonnen mit seinem Feuer belegen". Der Kampfwert von Panzerzügen in der Schlacht war wie im Ersten Weltkrieg begrenzt, weil sie gegen Fliegerbomben schutzlos waren. Zur Sicherung von Strecken im Hinterland gegen Partisanen waren die seltsam-bedrohlichen Aneinanderreihungen aus armierten Lokomotiven und Wagen für Infanterie- und Artilleriekampf noch verwendbar, doch schon eine Mine im Gleis machte den Panzerzug unbeweglich und sturmreif.

Sammlung Reinhard Schulz

Das Reichsverkehrsministerium gab am 10. November 1942 für die Presse dieses Foto vom 12. Juni 1942 frei, das vom Kriegsberichter Kunert den Text erhalten hatte: „Ein Panzerzug übernimmt den Schutz unserer Eisenbahnpioniere! Der Geschützführer gibt das Ziel an, ein ganzer Feuerregen sprüht aus allen Rohren des Zuges, und nach dem Gefecht geht das Umspuren der Schienen weiter."

Sammlung Reinhard Schulz

Das „Nationalsozialistische Kraftfahrer-Korps“ (NSKK) stellte dem Reichsverkehrsministerium dieses Foto zur Verfügung, auf dem ein in Frankreich erbeuteter Kleinpanzer von Renault auf die Bahn verladen wird.
Sammlung Reinhard Schulz

einschließlich schwerer Geschütze und Panzer kaum geeignet. Die hierfür notwendigen riesigen Flotten robuster großer Lastkraftwagen waren weder bei Kriegsbeginn vorhanden noch als Beute zu gewinnen noch in aller Eile herzustellen. Der Luftverkehr stand weltweit erst am Beginn der Entwicklung zu einem Transportmittel für große Lasten. Der Einsatz sowohl von Autos als auch von Flugzeugen stieß bei der deutschen Kriegführung im Übrigen an die Grenzen der Treibstoffzufuhr, die trotz zeitweiligen Zugangs zu rumänischen Lagerstätten und trotz der Produktion synthetischen Benzins stets eine Achillesferse blieb.

Wenn man den Rückschlag vor Moskau im Herbst 1941 als den eigentlichen Wendepunkt des Krieges und den Zusammenbruch des Nachschubes als Hauptursache für das damit absehbare Scheitern des Ostfeldzuges erkennt, so kann man die These formulieren, dass Hitler den motorisierten Krieg begonnen und den Eisenbahnkrieg verloren hat.

Doch der Machtbereich der Nazis und ihrer Verbündeten war auch „nach Stalingrad“ noch riesig. 1943 fuhren Wehrmachtsdieselloks in der Wüste Tunesiens und Elloks der Reichsbahn in Norwegen, kontrollierten deutsche Behörden den Bahnverkehr von Frankreich bis Bulgarien und von Estland bis Griechenland. Aber das britische Weltreich und die Sowjetunion hatten standgehalten. Der Naziterror hatte unterschiedlichste politische Kräfte in ganz Europa zu einer erbitterten und opfermutigen Front des geheimen Widerstandes

Das Feldbahn-Betriebsamt 7 in Charkow verewigte sich im Winter 1941/42 mit einer Plakette in Metallguss. Unter dem Hakenkreuz steht eine sowjetische 1'C1'-Lok aus dem Jahr 1926.

zusammengeschweißt. Und mit der Kriegserklärung an die USA hatte Hitler eine Macht herausgefordert, gegen die er keine Chance hatte. Die Initiative gehörte fortan den Gegnern seines Imperiums, das zwar noch zu maßlosen Verbrechen fähig war, aber dem verdienten Untergang nicht mehr entkommen konnte.

1937 war es noch ein makabrer Scherz gewesen, dem Eisenbahner-Spielmannszug einen kleinen Jungen mit Stahlhelm voranzustellen. Wenige Jahre später tötete und traumatisierte der Krieg unzählige Kinder, während Jugendliche zu gefährlichem Flak- und später auch Frontdienst eingezogen wurden.
Sammlung Reinhard Schulz

Die Lokomotive

DRUCK UND VERLAG: E. GUNDLACH AKTIENGESELLSCHAFT · BIELEFELD

38. JAHRGANG

AUSGABE FEBRUAR 1941

Werkfoto Krupp

Verladen einer 1 D-Lokomotive für Iran in deutschem Seehafen

DIE LOKOMOTIVE · BAND 3 · NR. 2 S. 15 BIS 32 · BIELEFELD u. BERLIN, 7. 2. 1941

Im Februar 1941 warb die zum Hausblatt der „Gemeinschaft großdeutscher Lokomotivfabriken“ gewordene Zeitschrift „Die Lokomotive“ noch stolz mit dem Bild der Verladung einer von Krupp für den Iran gebauten 1'D-Lok. Nur ein Jahr später brachten britische „Royal Engineers“ mit dieser Maschine der Sowjetunion Nachschub ans Kaspische Meer – und beklagten sich über ihre mangelnde Betriebstüchtigkeit.

Erst ab Sommer 1944 gestaltete sich der westalliierte Nachschub gegen das Nazireich so einfach wie hier in Cherbourg, wo am 10. März 1945 Panzer aus den USA ankommen und auf ebenfalls amerikanische Wagen verladen worden sind. Die Ct-Rangierlok gehört zu einer Einheitstype des US-Transportation Corps, von der Davenport, Porter und Vulcan 1942 bis 1944 ingesamt 382 Exemplare bauten. Viele blieben in Frankreich, Österreich, Griechenland und Jugoslawien (dort auch 23 Nachbauten) noch lange aktiv. Die Nr. 1976 blieb als 030 TU 201 bei den SCNF.
Sammlung Dr. Brian Rampp

Auch nach Frankreichs Niederlage von 1940:

Räder rollen gegen Hitler

DESOLATER ALS 1914: DEFENSIVE GEGEN DEUTSCHLAND

Wie schon für den Ersten gilt auch für den Zweiten Weltkrieg, dass die Darstellung der deutschen Aktivitäten des militärischen Eisenbahnwesens größeren Raum erfordert als die Betrachtung der gegnerischen Maßnahmen. Die angreifende und expandierende Macht organisierte ja nicht nur massive Aufmärsche, sondern später jahrelang auch den Nachschub über lange Distanzen und einen Besatzungsbetrieb in riesigen Gebieten. Frankreich und Russland stellten ihre Eisenbahnen 1914 zwar auch in den Dienst einer lang geplanten Mobilmachung, hatten den militärischen Bahnbetrieb dann aber im eigenen Land zu führen. Belgien 1914 oder Serbien 1915 kamen angesichts sehr schneller deutscher Vormärsche kaum zur Herausbildung eines Feldeisenbahnwesens. Genauso ging es Polen 1939 sowie Dänemark, Norwegen, Luxemburg, Belgien und den Niederlanden 1940 und dann wieder Jugoslawien und Griechenland 1941.

Auf dem Kontinent hatte nur Frankreich nach seiner Kriegserklärung vom 3. September 1939 Zeit zur Wehrhaftmachung. Unter dem Eindruck eines täglich schärferen deutschen Tonfalls gegen Polen wurde die SNCF am 21. August 1939 militärisch „requiriert“. Von diesem Tage bis zum 25. September fuhr sie 8740 Truppentransporte (im Vergleich zu nur etwa 4900 anno 1914). Am 29. August kam der letzte Zug von Deutschland über die Rheinbrücke bei Kehl. Am 3. September fuhr von der Pariser Gare des Invalides ein Sonderzug aus neun luxuriösen Wagen mit 130 Angehörigen der deutschen Botschaft zur Schweizer Grenze ab. Dort wurde er so lange aufgehalten, bis der Gegenzug mit dem französischen Botschaftspersonal aus Berlin eintraf.

Früher als die Regierung hatten die Urlauber die Zeichen der Zeit erkannt: Am 15. August trafen auf den Pariser Bahnhöfen 408.000 Personen ein, die zum größten Teil ihren Ferienaufenthalt vorfristig abgebrochen hatten. Sehr bald setzte ein Strom in die Gegenrichtung ein. Allein am 1. und 2. September verließen 450.000 Menschen Paris in Richtung Süden und Südwesten. Diese Massenflucht aus der Hauptstadt war kein Zeichen für Optimismus in einem Lande, das seinem Bündnispartner beistehen wollte! In der Nacht zwischen diesen beiden Tagen erging der Befehl an die Bewohner des elsass-lothringischen Grenzstreifens, mit 30 kg Gepäck pro Person ihre

Die „Verladung nach Italien“ stand für deutsche Truppen in Frankreich an, nachdem die Amerikaner am 10. Juli 1943 in Sizilien und am 3. September in Kalabrien gelandet waren. „Während der Verladung rast plötzlich eine Lokomotive auf uns zu: Im letzten Moment wird die Lokomotive auf ein Nebengleis umgeleitet. Das war die erste Tat französischer Widerstandskämpfer, mit der unsere Einheit zu tun hatte.“ Und das war der späte Nutzen einer Lokomotive, die einst für die Freiheit Frankreichs gebaut worden war: Es handelt sich um eine „Pershing“, die erst nach dem Ersten Weltkrieg aus den USA gekommen war.

Zu den hilflosen belgischen und französischen Widerstandshandlungen gegen den deutschen Vormarsch 1940 gehörte die Blockade von Eisenbahnanlagen. In einem Depot der NORD-BELGE hat man Lokomotiven in die Drehscheibengruben gefahren. Die abgestürzte Tenderlok Nr. 82 war eine nach dem Waffenstillstand von 1918 abgegebene badische VI b. Ebenfalls vertraut war den deutschen Eisenbahnern die dahinter quer stehende Lok, nämlich eine preußische G 7. Echt französische Baumerkmale zeigt die 2'C-Lok Nr. 345 mit Triebwerksanordnung nach De Glehn und Belpaire-Feuerbüchse. Ihr in die Drehscheibengrube hängender Tender ist jedoch ein alter Preuße.

Heimat zu verlassen. Teilweise geschah dies per Auto, teilweise mit landwirtschaftlichem Fuhrwerk und großenteils per Bahn. 87.300 Bewohner von Strasbourg fuhren innerhalb von nur 36 Stunden mit 78 Zügen in das bereits 1937 festgelegte Evakuierungsziel Périgueux ab.

Zwischen 25. August und 2. September wurden 2,57 Millionen Reservisten einberufen. Allein am 27. August fuhren 47 Transporte vom Bahnhof Paris Est in die Bereitstellungsräume nahe der deutschen Grenze. Am 12. September befahl General Gamelin jedoch die Einstellung der Operationen. Ein Gesetz vom 6. Oktober 1939 über die Verlängerung der Arbeitszeit bei der SNCF auf wöchentlich 60 Stunden blieb mangels kriegerischer Aktivitäten folgenlos. Am 23. November 1939 stürzte ein von Jagdfliegern abgeschossenes deutsches Flugzeug auf die Strecke Conflans-Jarny – Villerupt. Man würde den Feind abwehren können ...

Am Morgen des 10. Mai 1940 wurden die Bahnhöfe Laon, Nancy, Toul, Gondrecourt, Sézanne, Villers-Cotterêts, Abbeville, Dunkerque und kleinere französische Bahnhöfe von der deutschen Luftwaffe bombardiert, wurden viele Züge mit Bomben und Maschinengewehren angegriffen. Entsprechend den Evakuierungsplänen strömten Frauen, Kinder und alte Menschen in Nordfrankreich und vor allem in Paris zu den Bahnhöfen und bestiegen die 600 bereitgestellten Zuggarnituren zu je 1.000 Plätzen, um die Reise nach Süd- und Westfrankreich anzutreten. Die Schnelligkeit und Brutalität des deutschen Angriffs machte alle Vorkehrungen wertlos. Täglich fielen Bomben auf Städte und Bahnhöfe, unglaublich schnell rückten die deutschen Truppen vor. Der Betriebsablauf stockte vielerorts. Am 14. Mai kostete ein Luftangriff auf den mit belgischen Flüchtlingszügen blockierten Bahnhof Tergnier mehr als tausend Opfer. Die planmäßige Evakuierung ging in eine panische Massenflucht über. Allein am 9. Juni wurden 100.000, am 10. Juni 120.000 Menschen aus Paris abbefördert. Am 14. Juni betraten die ersten Wehrmachtssoldaten eine fast entvölkerte Hauptstadt. Die SNCF schaffte es, vom 10. Mai bis zum 25. Juni 1940 trotz der immer stärkeren Einwirkungen des Luftkrieges und trotz der Behinderungen durch blokkierte oder verlassenen Militärzüge nicht weniger als 7.800 Flüchtlingszüge zu fahren. Sie genügten bei weitem nicht. Die Straßen Frankreichs waren voll von Pferdefuhrwerken, Fahrrädern, Fußgängern, Bussen und Autos. Von der kommunalen Kehrmaschine bis zum mobilen Verkaufskiosk fuhr alles westwärts, was Räder hatte. Die politische Klasse gönnte sich Vorrechte. Die Abgeordneten verließen Paris in einem reservierten Sonderzug. Marschall Pétain reiste im Cadillac, dem zwei Motorradordonnanzen freie Fahrt sicherten. Die meisten französischen Militärzüge fand die Wehrmacht verlassen auf freier Strecke vor. Nach dem Waffenstillstand vom 22. Juni 1940 transportierte in Kontinentaleuropa kein Zug mehr einen Soldaten oder eine Patrone gegen Hitlers Imperium, das jetzt schon von den Pyrrenäen bis Ostpolen und Narvik und ab Mai 1941 auch bis Kreta reichte. Genau ein Jahr nach dem Waffenstillstand von Compiègne begann es auch noch mit einer neuerlichen beängstigenden Expansion nach Russland.

TRANSIT IRAN

Die letzte Festung der Freiheit in Europa war England, das im Sommer und Herbst 1940 alle Mühe hatte, dem deutschen Luftkrieg standzuhalten. Nachdem das Deutsche Reich im Dezember 1941 den USA den Krieg erklärt hatte, wurde England zur europäischen Drehscheibe der Militärhilfe für die Sowjetunion. Diese war zunächst auf unerhört mühsame und lange Wege angewiesen. Die nördliche Trasse führte durch den Nordatlantik nach Murmansk, die südliche auf dem Seeweg um Afrika in die Häfen des persischen Golf und sodann durch den seit Herbst 1941 britisch und sowjetisch besetzten Iran (damals gängig als Persien bezeichnet) an die Häfen des Kaspischen Meeres. Einzige Verkehrsader durch den Iran war die erst 1938 eröffnete 1394 km lange Eisenbahn von Bandar Shahpur nach Bandar Shah. Sie führte im Süden durch wüste trockene Ebenen und im Norden mit 144 Tunneln und Steigungen bis zu 29 ‰ über 2.200 m hohe Gebirgspässe. Die Alliierten fanden sie in einem außerordentlich bescheidenen Zustand vor, der pro Tag zunächst nicht mehr als einen leichten Transitzug erlaubte. Die britischen Eisenbahntruppen wurden für Ausbau und Betrieb des längeren südlichen Abschnitts bis Teheran zuständig, die Sowjets für den gebirgigen Nordteil. Anfang 1943 übernahmen die Amerikaner den britischen Teil. Bis dahin hatten die Royal Engineers (R.E.) eine riesige Leistung zu erbringen und steigerten binnen 15 Monaten die Leistung pro Quartal von 18.000 auf 143.000 t. Das entsprach einer Tagesleistung von immer noch weniger als 1600 t, die aber unter den gegebenen Bedingungen schon als beachtlich gelten musste.

Die „Railway Gazette" blickte im Februar 1945 auf die Arbeit im Iran zurück. Hier muss eine kurze Zusammenfassung genügen. Die Engländer trafen mit 2.500 Mann ein, gegliedert in Betriebs-, Bau- und Werkstättenkompanien. Die Baukompanie erstellte zahlreiche Ausweichen und Abstellgleise sowie die 120 km lange Strecke von Ahwaz zum neuen Hafen Khorramshahr mit einem 48 km langen Abzweig nach Tanuma.

Die Werkstätten-Kompanie führte vor allem in Teheran alle größeren Ausbesserungen an Lokomotiven sowohl der britischen als auch der russischen Sektion durch. An den Golfhäfen setzte sie die neu eingetroffenen Lokomotiven und Kräne zusammen. Eine indische Wagen-Aufbau-Kompanie montierte tausende englischer und amerikanischer Wagen.

Die Probleme waren groß:

- Die wenigen aus verschiedenen europäischen Ländern stammenden Führungskräfte der Iranischen Eisenbahn waren nicht fähig, die einheimischen Kräfte zu einem leistungsfähigen Personal heranzubilden und zu organisieren.
- Kein Engländer sprach persisch, kein Iraner englisch.
- Ein unglaublicher Prozentsatz des Fahrzeugbestandes war schadhaft abgestellt.
- Den englischen Militäreisenbahnern fehlte die Erfahrung. Der Ernstfall im Iran musste eine vorherige Übung ersetzen.
- Die Möglichkeiten zur Gewinnung von Speisewasser für die Lokomotiven reichten nie aus. Trotz neuer Quellbohrungen und Anlage von Wassertürmen genügte das Wasser außer im Frühling und Frühsommer zwischen Ahwaz und Teheran täglich nur für acht doppelt bespannte Züge.

Eine erste Entscheidung ging dahin, auf der eingleisigen Strecke nicht die Zahl der Züge zu steigern, sondern deren Auslastung. Aufgrund der großen Hitze wurde das Öl in den Achslagern der Wagen zu dünnflüssig und tropfte auf die Schienen. Wegen des Öls auf den Schienen wurde das Schleudern der Loks auf Steigungen zu einem der größten Probleme. Die dampfgesteuerten Besandungseinrichtungen der Loks versagten völlig. Man behalf sich mit einem vor die beiden Zugloks gestellten Dienstwagen, von dem aus die Steilstrecken manuell besandet wurden. Die Bespannung mit zwei Loks sowie auf den Steigungen der Einsatz von Schiebeloks wurden zur Regel. Mit den Besonderheiten dieser Traktionsformen musste sich das einheimische Personal erst vertraut machen. Ein schwerer Unfall führte zur Einschränkung des Schiebebetriebes.

Von 2.000 vorgefundenen Wagen besaßen 600 Druckluft- und Handbremsen, 300 nur Handbremsen und der Rest keine

Die Lokomotive links vor der Drehscheibe des Heizhauses Andimeshk im Oktober 1944 ist an ihrem Führerhaus gut als deutsche Konstruktion erkennbar. Die 41 236 und 224 sind 1'D-Loks vom britischen War Department aus der Zeit der englischen Betriebsführung im Iran-Transit 1942.

Sammlung Dr. Brian Rampp

Im Oktober 1944 sind es schon amerikanische Eisenbahnpioniere, die sich in Teheran um eine 1'E deutscher Herkunft bemühen.
Sammlung Dr. Brian Rampp

Die Amerikaner brachten robuste 1'D1' der „Middle East"-Type in den Iran mit. Die Reparaturszene mit zwei solchen Loks wurde im Oktober 1944 in Ahwaz aufgenommen.
Sammlung Dr. Brian Rampp

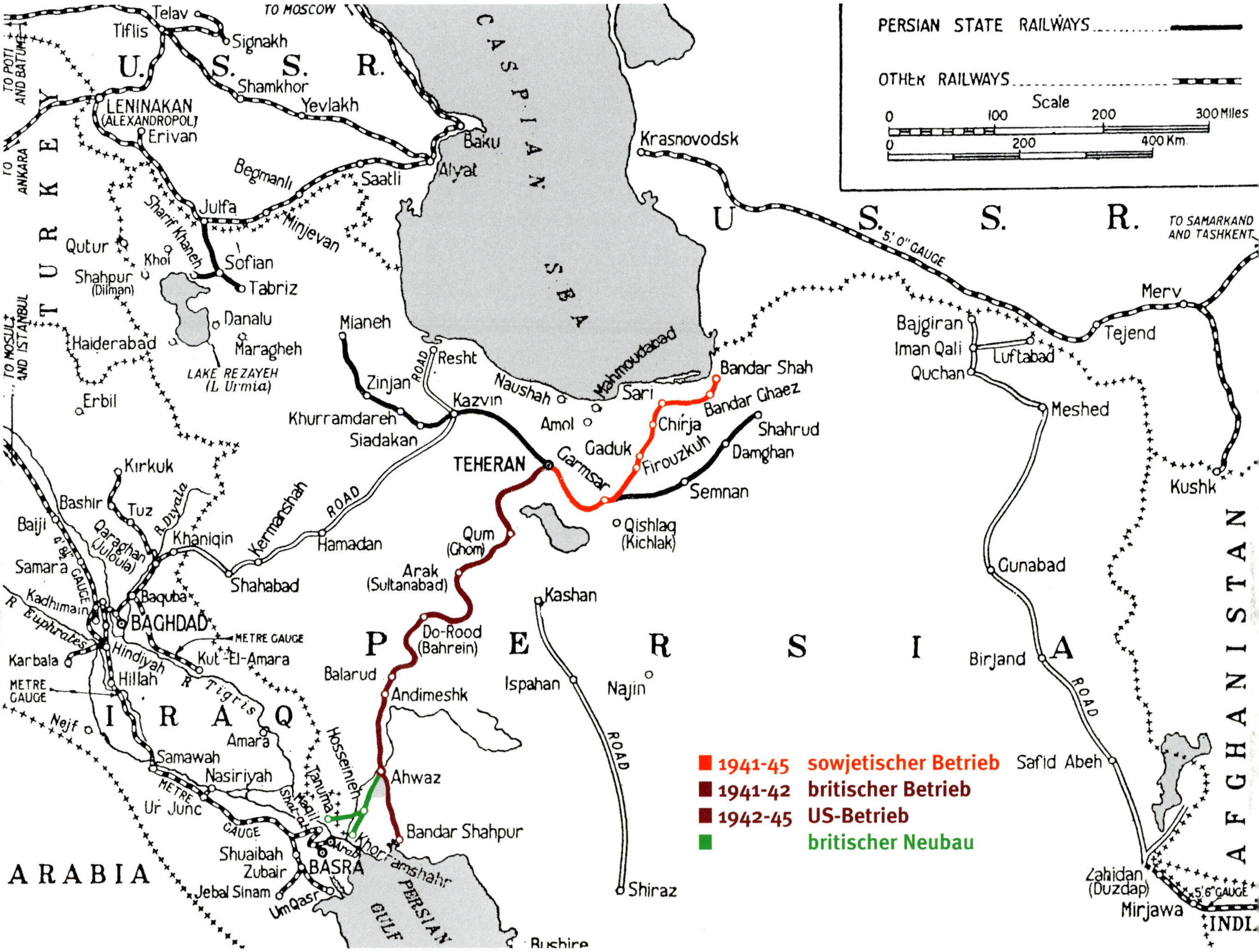

Die Übersichtskarte nach einer Vorlage aus der britischen Railway Gazette zeigt die Transitlinie vom Persischen Golf zum Kaspischen Meer.

Bremse. Die ersten 800 zusätzlich aus den Schiffen geladenen Wagen besaßen leider auch nur eine auf einen Radsatz wirkende Handbremse. Die Gefälle südlich von Teheran erforderten aber 25 % gebremste Wagen, diejenigen nördlich der Hauptstadt sogar 45 %. Die Erfahrung lehrte, dass von den abbremsbaren Wagen mindestens die Hälfte luftgebremst sein musste. Eine entsprechende Überwachung der Zugbildung war unabdingbar. Die sodann eintreffenden amerikanischen Wagen mit Druckluftbremse enttäuschten in zweierlei Hinsicht. Zum einen war ihre Bremse schwächer ausgelegt als bei allen vorhandenen Wagen, zum anderen waren die Schraubenkupplungen so schwach, dass die bei schlecht gebremsten Zügen unvermeidlichen Zugtrennungen nochmals zunahmen. Mit den Vorgaben, in keinen Zug mehr als 25 % US-Wagen einzustellen und diese so zu verteilen, dass jeweils die Kupplung eines Nachbarwagens in den Zughaken des amerikanischen Schwachkupplers eingehängt werden konnte, wurden die Zugbildungsvorschriften wiederum komplizierter.

Sehr schwierig war zunächst die Kommunikation zwischen iranischem Stations- und britischem Lok- und Zugpersonal. In einem eingleisigen Eisenbahnsystem, das weder Bahnhofs- noch Blocksignale kannte, war die unzweideutige Vollmacht zur Fahrt in den nächsten Streckenabschnitt von größter Bedeutung für die Sicherheit. Man behalf sich mit Freigabever-

merken, die von den per Telefon verbundenen Stationen in das Zugdokument gestempelt wurden, und mit farbigen Befehlskarten, deren Aushändigung und Empfang schriftlich quittiert werden mussten. Technisch, organisatorisch und sprachlich schwierig, aber unverzichtbar, war die Einführung einer durchgängigen Zuglaufüberwachung auf telefonischer Basis.
An Lokomotiven fanden die Engländer vor:

- 49 deutsche 1'D,
- 16 deutsche 1'E,
- 12 schwedische 1'D1',
- 4 britische (2'D1')(1'D2'),
- 5 englische 1'D,
- 20 Rangierloks verschiedener Typen.

Die erst wenige Jahre oder gar Monate alten deutschen Loks bedurften mangels sachgemäßer Pflege sofortiger Reparatur vor allem der Feuerbüchsen, Stehbolzen, Rohre und Triebwerke, alle Schweden und Beyer-Garatts waren schadhaft abgestellt. Die durch Ölexport mit Devisen gesegnete Regierung hatte offensichtlich stets auf das Prinzip gesetzt, importierte Loks schnell zu verschleißen und durch Neubauten zu ersetzen. Hierbei bevorzugte man ohne jeden Blick auf die technischen Möglichkeiten im Lande aufwendige und repräsentative Typen. Kurz vor Kriegausbruch hatte man in England 24 stromlinienverkleidete 1'E1'h3 bestellt!
Neu in Betrieb nehmen konnten die R.E.'s

- 39 War Department (WD) 1'D Typ Stanier-LMS mit Kohlefeuerung,
- 104 desgleichen mit Ölfeuerung,
- 91 US-amerikanische 1'D1' (Typ Middle East) mit Ölfeuerung,
- sechs ursprünglich für China vorgesehene deutsche 1'E1',
- drei englische Tenderloks aus China und
- 22 zweiachsige Dieselrangierloks aus den USA.

Bei der Endmontage half ein 200 t-Schwimmkran der Anglo-Persian Oil Company. Auch die Erstausstattung an Lokomotivkohle kam um die halbe Welt aus England! Die deutschen Loks fielen auch nach Instandsetzung durch Dampfmangel sowie schwache Rahmen und Pufferträger auf. Die kohlegefeuerten WD's wurden auf Ölfeuerung umgestellt, wobei die Überhitzerelemente verkürzt und verstärkt werden mussten. Die Sandstreuvorrichtung musste von Dampf auf Druckluft umgestellt werden. Die provisorischen Werkstättenkapazitäten in Teheran konnten den großen Zulauf von Schadloks aus dem Betrieb nicht bewältigen. Der Lokomotivbetrieb gestaltete sich mit Beginn der wärmeren Jahreszeit im Frühjahr 1942 immer schwieriger. Die große Hitze ließ die Injektoren der Loks versagen, die nur bei einer ausreichenden Temperaturdifferenz zwischen Tender- und Kesselwasser funktionieren. Oft mussten Loks wegen Wassermangel abkuppeln und ohne Last mit dem letzten Tropfen zur nächsten Zapfstelle fahren. Tankzüge beförderten das kostbare Nass 150 km weit. Fahrzeiten verdoppelten sich, Personale mussten bis zu 24 Stunden auf dem Führerstand bleiben. Ab Juli 1942 löschten völlig erschöpfte Personale unterwegs das Feuer und meldeten sich telefonisch zu Schlafpausen ab. Die Überhitzerprobleme wurden zur Epidemie. Die Gleispläne der Bahnhöfe und Depots waren ungünstig gestaltet. In manchem Betriebswerk stand der Wasserkran neben dem einzigen Zufahrtgleis, so dass eine wassernehmende Lok alle Bewegungen blockierte.

Trotz dieser Häufung von Widrigkeiten stieg die Transportleistung pro Quartal 1942 von 88.000 über 106.500 und 122.000 auf 143.000 t. Anfang 1943 gingen die britischen Eisenbahnaufgaben im Iran komplett an die US-Truppen über. Sie brachten sogleich 56 sechsachsige 1.000-PS-Dieselloks mit und entlasteten damit die Dampfloks in einem Land, in dem Öl leichter zu haben war als Wasser. Die Loks wurden von ALCO gebaut und gehörten zu den ersten in Serie gebauten Großdieselloks der Welt. Ende 1944 blickten die Alliierten auf eine Transitleistung von 4,4 Mio. t durch den Iran zurück. Im Februar 1945 war der Krieg noch nicht gewonnen, und doch konnte „The Railway Gazette" den noch anhaltenden Transit vom Indischen Golf zum Kaspischen Meer bereits als historische Leistung auf einem langen opferreichen Weg würdigen, der die Verteidiger der Welt inzwischen an den Rhein und an die Oder geführt hatte. Längst wurden Waffen gegen Hitler nicht mehr nur über die nördlichsten und südlichsten Häfen der Sowjetunion in Stellung gebracht: Seit September 1943 bedienten alliierte Nachschubzüge eine Front in Italien, und seit Juni 1944 auch wieder eine Front in dem 1940 so schnell aufgegebenen Frankreich.

Nach dem Zweiten Weltkrieg gingen die Iranischen Staatsbahnen frühzeitig auf vollständigen Dieselbetrieb über. Noch im August 1973 standen aber schrottreife sowjetische Dampfloks aus der Zeit der Besetzung im Nordiran. Die Anfang der 20er-Jahre in Deutschland gebaute 3^r wurde in Täbriz fotografiert, die O^B aus der Zarenzeit in Sufiyam an der schon ursprünglich in Breitspur gebauten Strecke Djulfa–Täbriz.

Aufnahmen: Werner Sölch

Zerstörte Bahnhöfe und Züge zwischen Stalingrad und Atlantikwall

Vermutlich in Slowenien hat ein Sprengstoffanschlag einen Güterzug entgleisen lassen. Die Hilfslok zieht den mit Brettern beladenen nicht entgleisten Rungenwagen ab. Dann kann der aus den Radsätzen gekippte G-Wagen geborgen werden. Als Einzelfälle wären solche Vorfälle belanglos gewesen, in ihrer Massierung verzögerten sie den Verkehr immer mehr, entzogen dem Betrieb in empfindlichen Zahlen Fahrzeuge und banden Bau- und Sicherungskräfte.

Eisenbahner und Reisende mussten strenge Luftschutzvorschriften beachten. Bahnsteige und Gleisanlagen mussten nachts in tiefer Dunkelheit bleiben, was für Betriebssicherheit und Orientierung des Publikums große Probleme aufwarf. Vorspringende Teile von Fahrzeugen erhielten weiße Warnstreifen. Aus den Fenstern der Reisezüge durfte kein Licht dringen. Schon der Feuerschein aus den Führerständen der Dampfloks war verräterisch. Sammlung Alfred B. Gottwaldt

Partisanen im Osten, Bomben im Westen

„DIE OSTFRONT STEHT GANZ IM ZEICHEN GROSSZÜGIGER ABSETZBEWEGUNGEN ...

... und der Festigung unserer Abwehr auf einer kürzeren Frontlinie“. Ab Frühjahr 1943 jubilierten die täglichen Wehrmachtsberichte nicht mehr mit Siegesfanfaren und neuen exotischen Ortsnamen, sondern hatten unaufhörliche Niederlagen und Rückzüge phantasievoll zu beschönigen. Nun wurde nicht mehr „im ersten Ansturm überrannt“ oder „verbliebener Widerstand mit überlegenen Kräften restlos vernichtet“, sondern „heldenhaft verteidigt“, „erfolgreich gehalten“ und der Feind „in der Tiefe des Hauptkampffeldes zum Stehen gebracht“ oder „am Vorstoß in die Tiefe des Raumes gehindert.“ Ab Herbst 1943 wurden auch in Süditalien und ab Sommer 1944 in Frankreich „ausgebaute Stellungen auf günstigerer Linie bezogen“, „operativ bedeutungslose Niederungen geräumt“ und „dem Feind bei seinem liegengebliebenen Vorstoß hohe Verluste zugefügt“. Bis die Wehrmacht im Osten „Einbrüche an der Neiße bereinigte“ und in Westen „eine Abwehrlinie zwischen Hof und Chemnitz verstärkte“, mussten freilich noch zwei Jahre grausamsten Krieges vergehen.

SCHNELLER RÜCKZUG IM OSTEN

Als die 6. Armee in Stalingrad Anfang Februar 1943 zusammenbrach, betrug der Abstand von der übrigen Ostfront bereits über 300 km. Sie wurde im Januar 1943 innerhalb von vier Wochen vom Kaukasus um 500 km auf den Kuban-Brückenkopf (Festlandshalbinsel gegenüber der Ostspitze der Krim) zurückgenommen, wo sie dann wieder monatelang zum Stillstand kam. Von 2. September bis 1. Oktober 1943 wurde der Süd- und Mittelabschnitt der Ostfront um weitere rund 200 km zurückgedrängt, von 2. März bis 1. April 1944 erneut um 300 km. Zwischen 23. Juni und 7. August 1944 stießen die Russen dann im Mittelabschnitt um etwa 500 km vor. Über Einzelheiten und hohe Verluste sowohl aufgrund sowjetischer Überlegenheit als auch aufgrund von Fehlleistungen der deutschen Führung berichtet Generalleutnant Klaus Hirschmann (siehe auch S. 109):

Während der russischen Winteroffensive vom 10. November 1942 bis zum 31. März 1943 gingen nach plausiblen Angaben in einem sowjetischen Flugblatt der Reichsbahn 890 Loks und 22.000 Wagen verloren. Das Quartiermeisterwesen hatte in gläubigem Vertrauen auf eine günstige Entwicklung im Osten gewaltige Lager angelegt. Im September 1943 rollten 28.507 Wagen in 713 Zügen und im Ok-

tober 24.720 Wagen in 743 Zügen mit Räumungsgütern gegen Westen. Allein für das Abfahren der Vorräte aus Kiew benötigte die DRB 24.911 Wagen. Da auch im Raum Odessa die Lager zu groß angelegt waren und die Räumung zu spät befohlen wurde, entzogen die Eisenbahner nicht mehr abzufahrendes, meist beladenes, Wagenmaterial auf dramatische Art und Weise dem Zugriff der Russen: Im August 1943 legten sie Gleise an die Steilküste und drückten an die tausend Wagen über die 20 bis 30 m hohen Steilwände ins Schwarze Meer. Die Räumung von Minsk gestaltete sich später noch dramatischer. Am 1. Juli 1944 wurden 8000 Verwundete abgefahren; wenige Tage später bewegten sich schon unter Feindbedrohung drei Lazarettzüge und die letzten 43 Räumungszüge langsam im Sichtabstand westwärts.
Beim weiteren Zurücknehmen der Front nach Westen wurden 1944 bei Riga 400 Loks und umfangreiches Wagenmaterial eingeschlossen. Die Strecken nach Süden waren abgeschnitten. So bauten Eisenbahnpioniere in wenigen Tagen von Tuckum nach Elisenhof eine 22 km lange Bahn durch Wald- und Moorlandschaft, über die 300 Maschinen und 8.000 Wagen abgefahren werden konnten. Die Strecke bekam den Namen „Gummibahn", da sie neben unzähligen Gleiskrümmungen auch Bewegungen in vertikaler Richtung zuließ. Die Gleisjoche waren nur auf die bloße Erde gelegt oder an besonders weichen Geländestellen mit gefällten Bäumen dürftig unterbaut worden. Improvisation war Trumpf.

Ein in den besetzten Sowjetgebieten alltägliches Bild: Obwohl man zu ihrem Schutz gleich zwei russische Niederbordwagen vorauslaufen ließ, ist eine preußische Güterzuglok des Bw Kroleoschisna durch Minenexplosion entgleist. Außer dem Reichsbahnfotografen Below, der diese Aufnahme gefertigt hat, hat auch einer der „blauen Eisenbahnbeamten" rechts eine Kamera mitgebracht. Im Hintergrund arbeiten einheimische Hilfskräfte bereits an der Behebung der Schäden. Vielleicht werden sie in der nächsten Nacht wieder dafür sorgen, dass ihnen die Aufräumarbeit bei Tage nicht ausgeht. Allein im Bereich der Reichsverkehrsdirektion Minsk stieg die Zahl der Sprengstellen von 500 im Juli 1943 auf 7.000 im April 1944. Pro Monat? Nein, als Durchschnitt für jeweils 24 Stunden! Sammlung Reinhard Schulz

Die preußische P 8 mit der Nummer 38 2327 gehörte zum selben weißrussischen Bw, als sie in eine Sprenglücke fuhr.
Sammlung Gerd Neumann

Die Wehrmacht erprobte die verschiedensten Maßnahmen zur Sicherung der Strecken. Hier hat ein immobil gewordener Panzer, dessen Ketten zerrissen am Laufwerk hängen, eine Nachnutzung als provisorisches Eisenbahngeschütz gefunden.

Sammlung Reinhard Schulz

Winter 1943/44: In einem Waldgebiet ist eine 56^{20} der Deutschen Reichsbahn völlig aus der Bahn geworfen worden. Ihre Bergung wird nicht ohne einen großen Kran möglich sein. Hinter dem schrägen G-Wagen erkennt man einen umgespurten russischen Personenwagen.

Sammlung Gerd Neumann

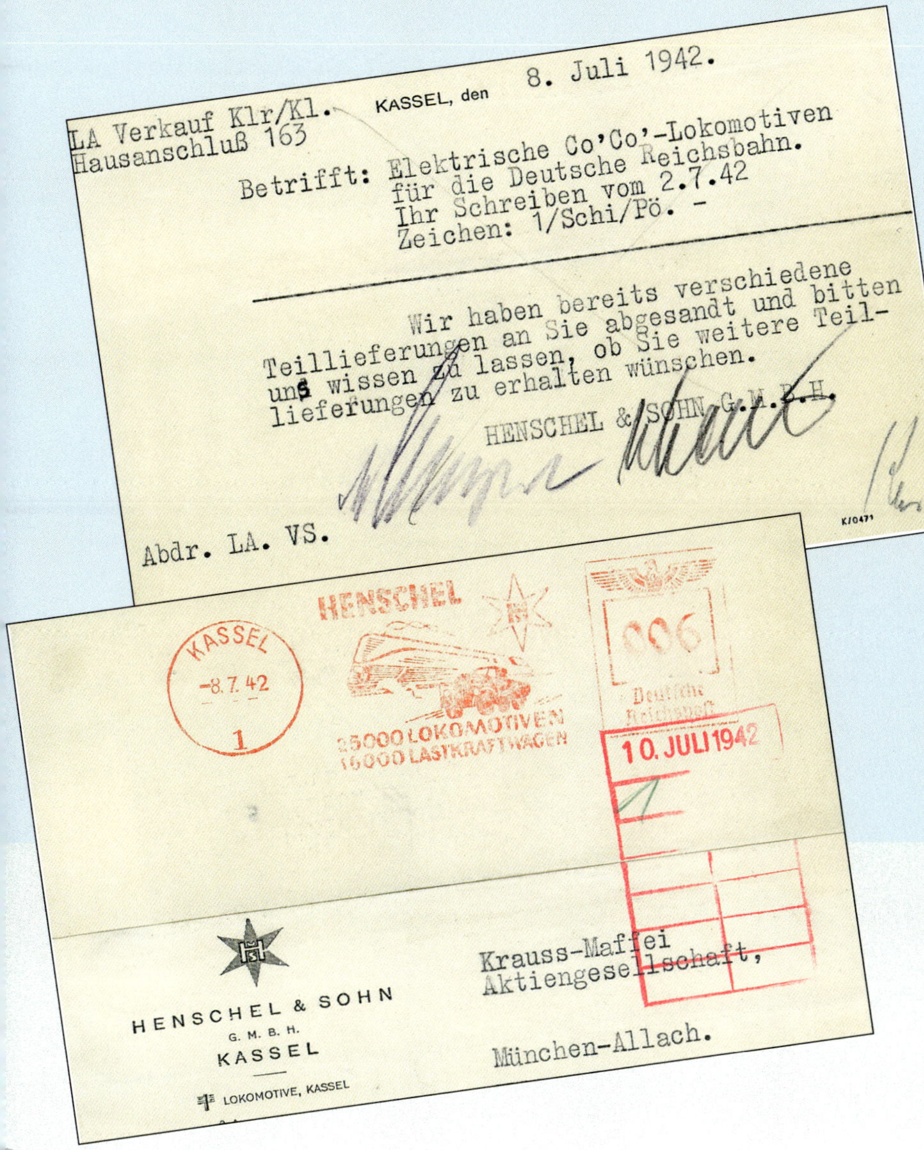
LA Verkauf Klr/Kl.
Hausanschluß 163

KASSEL, den 8. Juli 1942.

Betrifft: Elektrische Co'Co'-Lokomotiven für die Deutsche Reichsbahn.
Ihr Schreiben vom 2.7.42
Zeichen: 1/Schi/Pö. -

Wir haben bereits verschiedene Teillieferungen an Sie abgesandt und bitten uns wissen zu lassen, ob Sie weitere Teillieferungen zu erhalten wünschen.

HENSCHEL & SOHN G.m.b.H.

Abdr. LA. VS.

KASSEL -8.7.42 1

HENSCHEL
25000 LOKOMOTIVEN
16000 LASTKRAFTWAGEN

006 Deutsche Reichspost

10. JULI 1942

HENSCHEL & SOHN
G. M. B. H.
KASSEL
LOKOMOTIVE, KASSEL

Krauss-Maffei
Aktiengesellschaft,

München-Allach.

Um die Ergänzung des durch Frost- und Partisanenschäden dezimierten und auf die verschiedensten Kriegsschauplätze verteilten Lokomotivbestandes voranzutreiben, übertrug Hitler die Zuständigkeit für die Entwicklung und Beschaffung von Lokomotiven aus dem Reichsbahn-Zentralamt Berlin auf das von Albert Speer geleitete Ministerium für Bewaffnung und Munition. Zu den Loktypen, die als „Kriegsloks" weitergebaut wurden, gehörte auch die schwere elektrische Güterzuglok E 94. Im Sinne einer optimalen Arbeitsteilung zwischen den Lokherstellern wurden viele bereits erteilte Aufträge geändert. So übernahm Krauss-Maffei 1942 den Bau der zunächst bei Henschel bestellten E 94 085–090. Man könnte sich gut vorstellen, wie die Kuriere mit prallen Aktentaschen durch Deutschland reisen, wie die Fernschreiber rattern und wie die Telefone heißlaufen, damit die „Gemeinschaft Großdeutscher Lokomotivfabriken" ihr „Führerprogramm" von 15.000 Lokomotiven binnen zwei Jahren erfüllt. Stattdessen genügten zur Kommunikation aber offensichtlich auch Postkarten, wie man sie eher einem beschaulichen Kleinhandel zu Kaisers Zeiten zurechnen würde.

Winter 1943/44: Partisanen haben einen Güterzug aus Rungenwagen und seine aus Kraftfahrzeugen bestehende kostbare Ladung in einen Haufen Schrott verwandelt. Sammlung Gerd Neumann

Die Kriegslok oder die ihr vorangehende „Übergangs-Kriegslok" 50 ÜK eignete sich hervorragend als Hintergrund für einen „Betriebsappell" mit Eisenbahnern und Hitlerjungen am 2. Juni 1944 im Bw Augsburg. Sammlung Dr. Brian Rampp

Die große Kriegslokparade von Seddin wurde aus den verschiedensten Blickwinkeln fotografiert und für die Wochenschau gefilmt. Ganz gleich waren die 52er nicht ausgeführt. So hat die mittlere Lok keinen Warnanstrich an Pufferträger und Puffertellern. Ihre Rauchkammer ist schwarz, während die Nachbarinnen in vorschriftsmäßigem Grau glänzen. auch die technische Einheitlichkeit der Loks von 13 Hauptherstellern und 40 Zulieferwerken ließ zu wünschen übrig. Donat, Sammlung Reinhard Schulz

PARTISANENKRIEG

Im Ersten Weltkrieg waren Anschläge verdeckt operierender Einzelkämpfer oder „Banden" zwar ein Stoff für Journalismus und Propaganda gewesen, in der Realität jedoch sehr selten geblieben. Lediglich aus Serbien sind entsprechende Vorfälle häufiger bewiesen. Im Zweiten Weltkrieg provozierte die auf blutige Dezimierung, Aushungerung und Verschleppung der Zivilbevölkerung gerichtete deutsche Besatzungspraxis viele Formen des Widerstandes außerhalb der völkerrechtlich legitimierten Verteidigung durch gekennzeichnete Waffenträger. In Jugoslawien begann der Krieg der Partisanen 1941 fast unmittelbar nach der deutsch-italienisch-bulgarisch-ungarischen Okkupation. Außer den Besatzungsmächten bekämpften sich die einerseits kommunistischen und andererseits monarchistischen Partisanen auch gegenseitig mit großer Grausamkeit.

Auch in Weißrussland, dem Baltikum und der Ukraine gab es Kämpfe zwischen „roten" und antisowjetischen Gruppen. Zu gefährlichen und letztlich unbesiegbaren Feinden der Wehrmacht wurden die Partisanen in der Sowjetunion erst nachdem die deutsche Besatzungsmacht ursprüngliche Sympathien in der Bevölkerung verspielt hatte und als Moskau eine zentrale Steuerung der ursprünglich zersplitterten und rivalisierenden Widerstandsgruppen aufgebaut hatte.

Nachdem die Wehrmacht im November 1942 das „freie" Vichy-Frankreich besetzt hatte und als die deutsche Niederlage absehbar wurde, bekam die französische „Résistance" immer mehr Zulauf.

Verkehrswege, vor allem Eisenbahnstrecken, wurden bevorzugte Objekte von Anschlägen. In den Gebirgen Jugoslawiens und den unendlichen Wäldern der Sowjetunion war es im Schutze der Nacht mit geringem Risiko möglich, Sprengsätze an Schienen und Brückenträgern anzubringen oder einsame Bahnhöfe und Betriebstellen sowie fahrende Züge zu beschießen. Die Reparatur gesprengter Gleise wurde zum Himmelfahrtskommando, weil Scharfschützen auf die Bautrupps warteten.

Mit zunehmender Dauer und Brutalität der deutschen Besatzung stieg die Zahl der sowjetischen Partisanen schnell. Viele arbeitsfähige Männer und Frauen entgingen der Verschleppung zur Zwangsarbeit ins Reich nur durch den Anschluss an die Untergrundarmeen. Mit zunehmender Gewissheit der deutschen Niederlage empfahl es sich auch immer mehr, für die Zeit nach dem Krieg den Nachweis vorzubereiten, auf der richtigen Seite gestanden zu haben. So konnte eine kuriose, aber zeitgerechte Überlebensstrategie darin bestehen, tagsüber fürs tägliche Brot Gleise der Deutschen Reichsbahn zu reparieren oder ihre Lokomotiven zu heizen und nachts tatkräftig an deren Sprengung teilzunehmen. Für osteuropäische Juden gab es eine minimale Überlebenschance überhaupt nur in der – im günstigsten Falle bewaffneten – Illegalität.

Deutsche Zeitzeugnisse vom Partisanenkrieg sind einerseits von Verachtung für die „bolschewistischen Banden" und andererseits von neidvoller Bewunderung für die Logistik des verdeckten Kampfes geprägt. Der schon oben zitierte Generalleutnant Klaus Hirschmann referierte für den Offiziersnachwuchs der Bundeswehr:

Die Leistungen der im Osten eingesetzten Eisenbahner können nicht objektiv betrachtet werden, wenn

„Auf dem Ausladebahnhof einer Eisenbahn-Nachschublinie im Osten. Leichte Flak hat sich auf dem Dach eines Bahnhofsgebäudes eingerichtet, um etwa angreifende feindliche Flugzeuge abzuwehren." Die so betextete Propagandaaufnahme des Kriegsberichterstatters Pätzold vom 24. Februar 1943 suggeriert eine militärische Absicherung des Bahnverkehrs, von der Eisenbahner und Reisende in den Zügen und auf den Bahnhöfen der „Festung Europa" in den darauf folgenden zweieinviertel Jahren nur träumen konnten.

Sammlung Reinhard Schulz

Ebenfalls im „Osten" hat Reichsbahnfotograf Walter Hollnagel diesen großen Bombenkrater im Bahnhofsgelände aufgenommen.
Sammlung Reinhard Schulz

Zwei Jahre später verlief die Ostfront nicht mehr in Russland, sondern an der Oder, in Mähren und im Grenzbereich zwischen Österreich und Ungarn. Nicht mehr nur einzelne Bombenkrater, sondern Trichterfelder wie 1916 in Frankreich konnten amtliche Lichtbildner nun auf jedem größeren deutschen Bahnhof fotografieren. Augsburg März 1945 Sammlung Dr. Brian Rampp

die ständige Bedrohung und Störung des Bahnbetriebes durch die Partisanen nicht beleuchtet wird. Der Feind setzte seine auf 80.000 Mann geschätzten Banden geradezu operativ ein. Das war auch der Fall, als in der Nacht von 20. auf 21. März 1943 zwei Eisenbahnbrücken über die Desna von ca. 1.000 Mann unter Führung eines eingeflogenen russischen Generalstabsoffiziers überfallen und gesprengt wurden; drei Tage später sprach der inzwischen dekorierte Offizier über den Moskauer Rundfunk. Eine völlige Betriebsunterbrechung von fünf Tagen war die Folge des Anschlages gewesen. Im Juli 1943 richtete eine Magnetmine im Bahnhof Osipowitschi furchtbaren Schaden an: Eine Betriebsstoffzug ging in Flammen auf und steckte zwei Munitionszüge in Brand, deren Explosion die gesamte Bahnhofsanlage und einen Transportzug mit Tigerpanzern verwüstete. Im gleichen Monat gingen durch Bandentätigkeit 358 Loks und 1295 Wagen verloren. Die Partisanen führten nun Reihensprengungen durch, die ein noch nicht gekanntes Ausmaß an Schäden bescherten. So brachte eine Großaktion in den Nächten des 2. und 3. August 1943 schwere Betriebsstörungen. Die Eisenbahner fanden 8.422 Sprengstellen vor; 2.478 Minen hatten sie noch rechtzeitig ausbauen können. Unter solchen „minenfeldartigen" Verhältnis-

sen auf den Schienen nimmt es nicht wunder, dass die Strecken Orscha – Mogilew – Shlobin lange Zeit nur eingleisig befahrbar, Mogilew – Kritschew 13 Tage völlig gesperrt und die Hauptnachschubstraße für die 3. und 4. Panzerarmee Minsk – Orscha 14 Tage nur eingleisig zu befahren waren. Auch die bei der Reichsbahn in Dienst stehenden Kräfte wandten sich gegen ihre Arbeitgeber, so als beispielsweise am 17. August im Bahnhof Kroleoschisna die 600 Arbeiter morgens geschlossen der Arbeit fernblieben und gegen Abend mit MG, Mörsern und Pak den Bahnhof und die Werkstättenanlagen überfielen, zerstörten und ein Massaker unter den Eisenbahnern abhielten. Die materiellen Schäden nur durch Bandenanschläge waren 1942 bis 1943 folgende: 1.060 km Schienen, 274.000 Stück Schwellen, 6.050 Loks und 21.050 Wagen. Der hohe Verlust an Maschinen konnte ab Anfang 1944 nicht mehr ersetzt werden, und so sanken trotz immer rücksichtsloserer Ausnutzung der Loks auch aus diesen Gründen die Transportleistungen langsam weiter ab.

BOMBENANGRIFFE AUF DIE BAHN

1939 und 1940 spottete Göring über vereinzelte britische Bomber, 1941 und 1942 wurden schwere Luftangriffe in den nordwestlichen Teilen des Reiches alltäglich, 1943 begegneten sie nur noch einem sehr schwachen Widerstand der deutschen Luftwaffe und hatten in Köln, Hamburg und im Ruhrgebiet apokalyptische Folgen. Zunächst standen Militär-, Industrie- und Verkehrsobjekte nicht im Mittelpunkt der Zielauswahl. Noch galt die Vorgabe, durch Zerstörung von Wohngebieten die Moral der deutschen Bevölkerung zu brechen. Diese Strategie war verfehlt und verwerflich. Aber nur sehr langsam wuchs in London die Einsicht, dass der Bombenkrieg nach diesem Konzept den deutschen Durchhaltewillen festigte statt schwächte und die moralische Überlegenheit der Alliierten beschädigte. Erst 1944 trat die amerikanische Methode des Bombenkriegs in den Vordergrund, im Wege gezielter Schwächung der deutschen Infrastruktur und Kriegsproduktion die Truppen an den Fronten zu entlasten. Inzwischen hatten die Alliierten ihre Luftüberlegenheit auch soweit ausgebaut, dass sie ihre Ziele bei Tageslicht genauer ins Visier nehmen konnten. Ob nächtliche Flächenbombardements oder präzise Tagesangriffe: Die zeitweilige Hoffnung, das Reich ohne Landung auf dem Kontinent und opferreiche Feldzüge millionenstarker Bodentruppen zu besiegen, musste als Illusion verworfen werden.

Jetzt war der „totale Krieg“, von Propagandaminister Goebbels im Februar 1943 zynisch proklamiert, auch im Eisenbahnalltag schreckliche Realität. Wenn – längst nicht mehr nur nachts – in den Städten die Sirenen heulten, dann mussten Züge ohne den fahrplanmäßigen

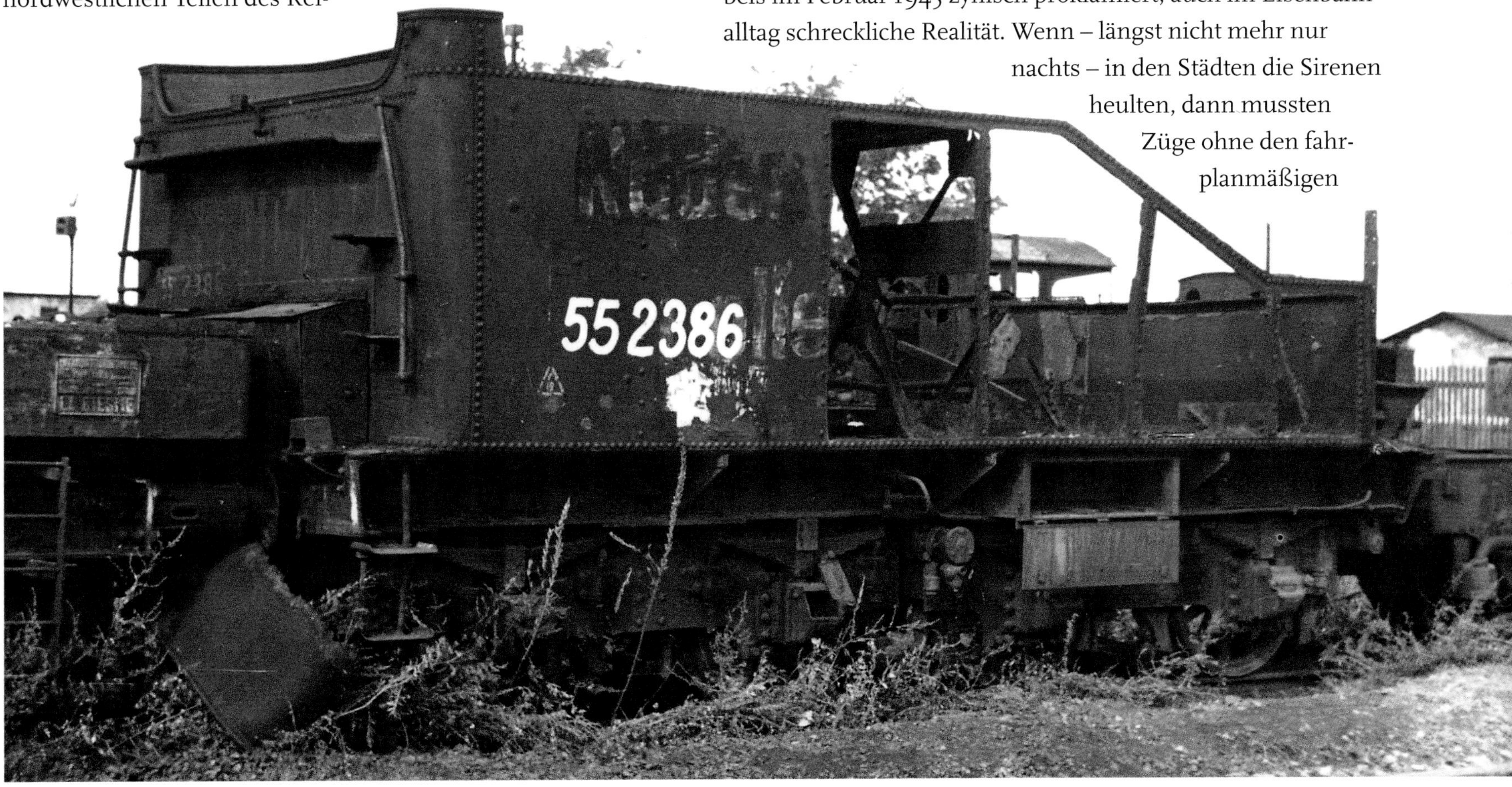

Verwischte Spuren alter Sprüche sah man noch lange. Aus dem schrottreifen Tender der 55 2386 hat das RAW Berlin-Tempelhof bereits Blechstücke entnommen. Dennoch erkennt man noch im August 1953 die Reste des Stabreims von den „Rädern …“

„Erst siegen – dann reisen"
„Räder müssen rollen für den Sieg"
„unnötige Reisen verlängern den Krieg"

Mit solchen Parolen auf Transparenten und Lokomotivtendern wurde auch die Reichsbahn in die Durchhaltepropaganda einbezogen. Mit der dargestellten Vielfalt der für Krieg und Kriegswirtschaft unverzichtbaren Transporte ist der künstlerische Linolschnitt durchaus realistisch. Sammlung Alfred B. Gottwaldt

Die Alliierten erkannten erst nach jahrelangen Analysen und Erörterungen die überragende Bedeutung der deutschen Eisenbahnen als Luftkriegsziel und versetzten dann mit Flächenbombardements z. B. den Rangierbahnhof Nürnberg in den Zustand, den sie nach der Eroberung am 24. April 1945 fotografierten.
Sammlung Dr. Brian Rampp

Halt durch die Bahnhöfe rasen, um dem Bombenhagel zu entkommen. Wenn Tiefflieger einen Zug aufs Korn nahmen, konnte der Lokführer nur hoffen, einen rettenden Tunnel oder einen dicht bewaldeten Einschnitt zu erreichen. Nur wenige Züge konnten mit Flak ausgerüstet werden. Die alliierten Luftflotten erreichten nun von Stützpunkten in Frankreich und Norditalien jeden Teil Deutschlands. Die Verdunkelung half im Zeitalter des Radar nicht mehr, die Zielerfassung war perfekt. Trichterfelder und Ruinen, aber auch Bunker vom großen Luftschutzraum bis zum fertig angelieferten Ein-Mann-Bunker prägten das Bild der Bahnhöfe.

Viel wertvolle Zeit verging bei den Alliierten mit der Auswahl wirklich kriegswichtiger Ziele, deren Zerstörung den aufwendigen und stets riskanten Einsatz der Bomber rechtfertigte. Wie in so vielen Situationen auch lange vor dem Zweiten Weltkrieg und noch im 21. Jahrhundert blieb die Beratung der Regierungen und militärischen Führungsstäbe durch Geheimdienste und aufgeblähte wissenschaftliche Institute ungenügend. Völlig abwegig war z. B. die Empfehlung von 1943, mit den Flugzeugen nicht weniger als 17.500 deutsche Lokomotiven auszuschalten. Die Suche nach so vielen Einzelzielen hätte Milliarden nutzlose Flugkilometer gekostet, die Trefferquote wäre abseits weniger Großbahnhöfe minimal gewesen. Immer wieder wird bis in unsere Tage beklagt, dass die Amerikaner nicht die Eisenbahnen nach Auschwitz unterbrachen. Doch der Blick auf die Landkarte zeigt, dass die Nazis den Mittelpunkt ihrer Logistik zur Ausbeutung und Ermordung der Juden geschickt gewählt hatten. Außer der Nähe der oberschlesischen Industrie mit ihrem unstillbaren Bedarf an todgeweihten Arbeitskräften hatten das Konzentrationslager Auschwitz und die Gaskammern auch den makabren „Vorzug“ einer vielfach gesicherten Verkehrsanbindung am Schnittpunkt von Hauptbahnen aus Breslau, Posen, Bromberg, Warschau, Radom, Lemberg und Wien.

Im Frühjahr 1944 konzentrierten die Amerikaner ihre Luftangriffe auf die deutsche Treibstoffversorgung und konnten der synthetischen Benzinherstellung im Mai so vernichtende Schläge zufügen, dass Minister Albert Speer seinem „Führer“ mitteilen musste, dass der Krieg wirtschaftlich verloren sei. Eisenbahnziele nahmen die Luftflotten erstmals ab Februar 1944 systematisch ins Visier, um die Landung in Frankreich vorzubereiten. Von 1. bis 10. März 1944 wurden allein um Le Mans 129 Loks beschädigt. Anfang Mai waren 2.000 feindliche Einflüge registriert und bei den folgenden Angriffen 508 Loks schwer beschädigt worden. Die Transportlage war deshalb im Westen bald angespannter als auf dem östlichen Kriegsschauplatz. In den entscheidenden Wochen vor und nach der Invasion konnten die Deutschen westlich einer Linie Orléans – Paris – Brüssel keinen geordneten Nachschub mehr auf der Schiene in Richtung Atlantik bringen. Gestützt auf die Erfahrungen aus dieser konzentrierten Aktion definierten die Alliierten im Sommer 1944 ein weiteres spezielles Ziel für den Luftkrieg, nämlich die Versorgung der deutschen Kriegswirtschaft mit Kohle. Eine längst überfällige Analyse der Energiebasis hatte ergeben, dass die Kohle von der Ruhr und der Saar und aus Oberschlesien unersetzlich war. Ohne sie würde im Reich keine Dampflok mehr fahren und kein Fabrikschlot mehr rauchen, aber auch der Strom für Beleuchtung, Verkehr und Produktion wurde zum größten Teil in Kohlekraftwerken erzeugt. Als Schlüssel für die Kohleverteilung

Im März 1945 fotografierte die RBD Augsburg auf dem Hauptbahnhof der Direktionsstadt ein Motiv von Rädern, die sich nicht mehr drehen für den Sieg. Fotografen ohne amtlichen Auftrag waren solche Dokumentationen streng verboten. Sammlung Dr. Brian Rampp

In Marburg an der Lahn wurde am 19. April 1945 unter Anleitung der US Army bereits an der Instandsetzung der Bahnanlagen gearbeitet. Zunächst gilt es, ein durchgehendes Gleis durch den Hauptbahnhof herzurichten. Noch ist das Bild aber von Zerstörungen geprägt. Die 42 2378 des Bw Frankfurt (Main) 1 war erst 1944 gebaut worden und blieb bis zur Ausmusterung 1954 abgestellt. Sammlung Dr. Brian Rampp

Der Erste Weltkrieg hatte diese preußische G 10 in den Besitz Frankreichs gebracht, im Zweiten Weltkrieg war sie als SNCF-„Leihlok“ 5 B 15 nach Deutschland zurückgekehrt, in Besch an der deutsch-luxemburgischen Grenze wurde sie von amerikanischen „Thunderbolts“ getroffen, und am 11. März 1945 nahm der Fotograf der US-Bodentruppen sie dort auf. Vorne liegen Reste ausgebrannter Lkw.
Sammlung Dr. Brian Rampp

Zerstörung und Stillstand im Bw Dillenburg im April 1945. Solche Bilder haben die Erinnerung an die „Stunde Null“ geprägt, haben zum bis heute gepflegten Irrtum geführt, die deutsche Volkswirtschaft sei 1945 völlig zerschlagen gewesen. Doch mehr als die Hälfte aller Produktions- und Verkehrskapazität blieb unbeschädigt. Viele Gebäude, Anlagen und Maschinen konnten reaktiviert werden. Die abgebildeten Loks sind gute Beispiele: die 50 1727 fuhr bis 1971 für die DB, die daneben stehende 44 805 wurde als in Frankreich gebaute Lok 1952 an die SNCF abgegeben – und sofort verschrottet. Die Nummer der steil aufragenden 93^5 ist nicht erkennbar.
Sammlung Dr. Brian Rampp

erkannte man die Rangierbahnhöfe im Ruhrgebiet und seinem Umfeld, die nun pausenlos bombardiert wurden. Tausende von Eisenbahnern, Kriegsgefangenen, Arbeitsdienstmännern und Bausoldaten der Organisation Todt waren rund um die Uhr zur Behebung der Schäden im Einsatz. Sieges- und Durchhalteparolen auf zerfetzten Lokomotiven und rußigen Mauern wirkten nur noch grotesk.

Die Reichsbahn hatte den Kohlezechen an der Ruhr von Januar 1943 bis August 1944 jeden Monat zwischen 543.000 und 645.000 Wagen (gerechnet in Einheiten zu 10 t Ladekapazität) zur Verfügung gestellt. Im September 1944 waren es 436.000, ab Oktober war das Volumen mit 253.000 halbiert. Die Wagengestellung für das Saarbecken hatte bislang zwischen monatlich 140.000 und 167.000 geschwankt und brach schon im September 1944 mit 52.000 auf weniger als die Hälfte ein. Kohle aus Oberschlesien konnte nur begrenzt Ersatz schaffen. Die dortigen Bahnhöfe waren zwar weiter von den westeuropäischen Flughäfen entfernt, doch die Transportwege in die meisten Teile des Reiches waren lang und anfällig. Die Wagengestellung hatte sich von Januar 1943 bis Juli 1944 zwischen monatlich 622.000 und 735.000 bewegt und fiel auf 503.000 bis 582.000 zwischen August und Dezember 1944 ab. Das Vorrücken der Roten Armee bis an den Rand des Industriegebiets sorgte dann für eine schnelle Reduzierung auf 315.000 im Januar und 66.000 im Februar 1945. Die Kurven für

- die Gestellung von Wagen für Steinkohle (jahrelang stabil),
- die gesamte Güterwagengestellung der Deutschen Reichsbahn (jahrelang stabil)
- und den Index der Rüstungsendproduktion (von Januar 1943 bis Juli 1944 fast verdoppelt!)

führten ab August 1944 allesamt parallel steil nach unten. Den weiterhin diskutierenden und rivalisierenden Fraktionen britischer und amerikanischer Nachrichtendienste wurde erst nach dem Krieg bekannt, dass die Aktionen gegen den Kohleversand so effektiv waren. Die Fronten rückten im Herbst 1944 nur langsam weiter in Richtung Berlin vor. Politiker, Militärs, Wissenschaftler stritten weiter um Strategie und Taktik.

Am 29. Juli 1944 wird mit großem Personaleinsatz das Gleisfeld des Hamburger Hauptbahnhofs geflickt. Die Glasfront der Bahnsteighalle ist so zersplittert, dass das große Hakenkreuz kaum mehr zu erkennen ist.

Aufnahmen Sammlung Gerd Neumann

FEUERSTÜRME 1945

Im sechzigsten Jahr nach dem Ende des Zweiten Weltkrieges wurde besonders intensiv über die nochmals furchtbar gesteigerten Luftangriffe von Februar bis April 1945 diskutiert. Wer sich mit der deutschen Geschichte des 20. Jahrhunderts beschäftigte, konnte allerdings schon lange vor dieser Erörterung etwa nach Dresden oder Würzburg nicht fahren ohne den Gedanken an die unauslöschlich brennenden Daten des 13. Februar oder des 16. März 1945. Auch in Zeiten einer heute absichtsvoll behaupteten „Tabuisierung“ deutschen Leidens hing in der Fußgängerunterführung des Bahnhofs Treuchtlingen bereits die würdige Gedenktafel für die dort am 23. Februar 1945 gestorbenen 300 durchreisenden Soldaten, Zivilpersonen und Eisenbahner.

Vielfach werden die vernichtenden Angriffe auf deutsche Städte 1945 als Akte der Bestrafung des deutschen Volkes für die Verbrechen des Nazi-Regimes erörtert und demgemäß bereits zur alliierten Nachkriegspolitik gerechnet. Hierbei wird jedoch für Februar oder März 1945 eine Schlussphase des Krieges unterstellt, in der den Siegern ihr „Einmarsch“ auch ohne größere Zerstörungen möglich gewesen wäre. In dem einzigen Artikel der eisenbahngeschichtlichen Fachpresse, der sich mit der 60. Wiederkehr des Kriegsendes befasste (Eisenbahn-Kurier, Freiburg, Heft 5/2005, S. 60 ff.), werden für das Jahr 1945 militärische Aktivitäten von deutscher Seite nur in Gestalt von Sprengungen eigener Eisenbahnbauwerke erwähnt. Diese Sichtweise trifft jedoch die historische Situation nicht. Im Februar 1945 standen Wehrmacht und Waffen-SS immer noch in Norwegen und Oberitalien und kämpften mit größter Erbitterung an der Mosel und in Oberschlesien, am Niederrhein und in Ungarn. Die von Goebbels gesteuerten Medien predigten unaufhörlich die Hoffnung auf neue Wunderwaffen. Während (bis 5. April 1945) noch „V 2“-Raketen ohne jede Möglichkeit der Vorwarnung in London, Paris und Antwerpen

Die RBD Hamburg dokumentierte 1944 die Aufräumarbeiten nach Luftangriffen in ihrem Bezirk. Links wird am 18. Juni 1944 ein Bombenkrater auf dem Bahnhof Veddel beseitigt. Das Bild rechts zeigt die entsprechende Arbeit im Bahnhof Flottbeck. Unten sieht man Zwangsarbeiter am 26. Oktober 1944 bei der Instandsetzung eines Bahndamms in Neumünster. Auf der entgleisten 50er ist die Parole „Räder müssen rollen für den Sieg!" schon sehr verblasst.
Aufnahmen Sammlung Gerd Neumann

einschlugen, konnte man über diese Tiraden nicht so „befreit“ lachen wie ein halbes Jahr später. Schon nach der Kapitulation der 6. Armee in Stalingrad im Februar 1943 und nach der Doppelkatastrophe des Juni 1944 mit alliierter Landung in Frankreich und sowjetischer Großoffensive gegen die „Heeresgruppe Mitte“ hatten viele Stimmen in westlichen Führungsstäben und Medien den militärisch-kriegswirtschaftlich-psychologischen Zusammenbruch des Reiches binnen Wochen vorausgesagt – verfrüht. Niemand wusste, ob sich die deutsche Abwehr nicht an Rhein und Oder wiederum für lange Monate stabilisieren würde. Der öffentliche Druck auf die Militärs nahm zu. Eine besonders fatale Wirkung auf die Mentalität der Westmächte hatte die „Ardennen-Offensive“ der Weihnachtstage 1944. Einen so massierten Gegenschlag hatte man den Deutschen nicht mehr zugetraut. Hitler gelang es damit durchaus, bei seinen Gegnern eine psychologische Krise auszulösen. Zugleich weckte er damit jedoch eine aggressive Entschlossenheit, den Krieg nun in kürzester Frist zu beenden, mit Panzern, Infanterie und Artillerie an den Fronten, leider aber auch mit dem massenhaften Feuertod in deutschen Städten. Bei drei Angriffen im Februar und April 1945 starben allein in den südbayerischen Bahnhöfen Treuchtlingen, Augsburg und Plattling 1.550 Menschen. Solange der ärgste Feind auch des deutschen Volkes in Berlin noch lebte und seine Soldaten den Krieg mit unverminderter Härte weiterführten, starben weiterhin auch zahllose Unschuldige für diesen Krieg.

Eine Aufnahme unmittelbar nach einem schweren Bombeneinschlag in die moderne Betonhalle des Nürnberger Hauptbahnhofs. Die zur Abfahrt bereite E 18 steht noch vor dem getroffenen D-Zug.
Sammlung Alfred B. Gottwaldt

Eisenbahnkriege in Asien

Schon im 19. Jahrhundert begann Japan mit seiner Expansion nach Korea, Formosa (Taiwan) und auf das chinesische Festland. 1931 begann das Kaiserreich einen sogleich auch gegen die Zivilbevölkerung sehr grausam geführten Krieg um Nordchina. Mit Begehrlichkeiten auch in Richtung Südostasien und Pazifik setzte sich Japan in immer schärfere Gegensätze zu den Niederlanden und Großbritannien als damals noch präsenten Kolonialmächten und zu den USA. Mit der Bombardierung der US-amerikanischen Flotte in Pearl Harbour am 7. Dezember 1941 stürzte sich das von einer aggressiven Ideologie beherrschte Land in den Krieg mit den USA, die den Konflikt allerdings längst für unvermeidlich hielten.

Seit 1872 waren auf den japanischen Inseln dichte Eisenbahnnetze entstanden. Die gebirgige Topografie hatte den Erbauern schwierige Aufgaben gestellt, so dass 2.200 Tunnel und 36.000 Brücken notwendig geworden waren. Seit 1910 konnte eine japanische Lokomotivindustrie den gesamten Bedarf des Landes befriedigen.

Ab 1941 mussten die teilweise privat und teilweise staatlich geführten japanischen Eisenbahnen wie die Bahnen anderer kriegführender Länder unter erschwerten Bedingungen

Aufnahme aus einem US-Militärflugzeug: Während der japanischen Besatzung Koreas wurde dieser Passagierzug durch einen Luftangriff gestoppt. Nachdem zunächst Bomben auf ihn abgeworfen worden waren, hatte schließlich Maschinengewehrkugeln den Kessel der Lok durchlöchtert. Unbekannt ist bis heute, ob im angegriffenen Zug japanische Soldaten transportiert wurden. Foto: CORBIS

Höchstleistungen erbringen. Die Beschaffung von Lokomotiven konzentrierte sich auf 1'C1'-, 2'C1'- und 1'D1'-Typen. Zu den Pazifiks gehörte eine Ausführung mit Stromlinienverkleidung; die 1'D1' zeigte in auffälliger Deutlichkeit die Baumerkmale zeitgenössischer US-Lokomotiven. Noch im Krieg wurde der Tunnel unter dem Meer zwischen den Inseln Hondo und Kiuschu fertig. Hier (und andernorts) wurde mit mächtigen acht- und zehnachsigen 1500 V Gleichstrom-Lokomotiven elektrisch gefahren.

Der Dampfbetrieb war durch Unterbrechung von Auslandslieferungen auf schlechte einheimische Kohle angewiesen. Die Loks schwerer Züge mussten mit zwei Heizern besetzt werden. Da viele Eisenbahner zur Armee eingezogen wurden, musste man 16-jährige Jungen als Lokputzer einstellen und wenig später im Schnelldurchgang zu Heizern anlernen. Schwere Luftangriffe auf Eisenbahnanlagen blieben lange Zeit aus, weil die Amerikaner sie im Falle einer Invasion nutzen wollten. 1945 wurde dann der Hauptbahnhof von Tokio schwer beschädigt; die Atombombenabwürfe auf Hiroshima und Nagasaki zerstörten auch die dortigen Bahnhöfe. Immerhin konnten die Eisenbahnen Japans nach Kriegsende von 80 % ihrer Transportleistung von 1941 erbringen, während die Industrieproduktion auf 35 % gefallen war.

Mit der schnellen Expansion zwischen Dezember 1941 und März 1942 nach Westen bis in den Grenzbereich von Britisch-Indien, nach Südwesten bis Sumatra und Java und nach Süden bis Neu-Guinea wurden auch die Bahnen von Burma (heute Birma), Siam (heute Thailand) und Niederländisch-Indien (heute Indonesien) dem japanischen Militärbetrieb unterworfen. Um die Netze verknüpfen und die Fahrzeuge universell einsetzen zu können, spurte die Besatzungsmacht Strecken in Burma und Indonesien von 1.435 mm auf die in Japan vorherrschenden 1.067 mm um.

Die größte Herausforderung für den japanischen Nachschub war die Versorgung der Festlandsfront an der Grenze zwischen Burma und Indien. Den langen Seeweg um Singapur abzukürzen, wurde zum wichtigsten verkehrstechnischen Ziel der Strategen des Tenno. Daher fiel im Juni 1942 der Beschluss zur Verwirklichung einer schon länger geplanten 415 km langen Eisenbahn zur Durchquerung der malaiischen Halbinsel an ihrer engsten Stelle von Nong Pladuck in Siam nach Thanbyuzayat in Burma. Die Arbeit wurde an beiden Enden begonnen. Von allen fernöstlichen Kriegsschauplätzen wurden per Bahn und Schiff 63.000 britische, australische, niederländische und amerikanische Kriegsgefangene an die Baustellen gebracht, dazu kam eine unbekannte riesige Zahl von burmesischen und malayischen Zwangsarbeitern. Die Japaner gestalteten die Lebens- und Arbeitsbedingungen unerhört grausam. Nahrung wurde auf dem Fluss Kwai oder per LKW auf ungenügenden Dschungelstraßen in viel zu geringen Mengen beigebracht und war in der tropischen Hitze am Bestimmungsort meist verdorben. Ärztliche Hilfe fehlte lange Zeit. Jedes Lager musste pro Arbeitstag unabhängig vom Krankenstand eine festgelegte Zahl von Kräften stellen. Die Arbeit durfte auch bei stärkstem Monsunregen nicht unterbrochen werden. Am 1. Oktober 1942 ging der erste Teil des Nordabschnitts in Betrieb. Am 17. Oktober 1943 trafen sich die Bauspitzen in km 262, im November ging die Siam-Burma-Bahn in ganzer Länge in Betrieb. Dieser „Erfolg" wurde mit dem Tod von bis zu 100.000 Zwangsarbeitern, 13.000 bis 16.000 Kriegsgefangenen und 1.000 japanischen Wachsoldaten erkauft. Makaber bilanzierte man pro Schwelle einen Toten.

An die Leiden der Bahnbausklaven erinnert der bekannte Film „Die Brücke am Kwai" von David Lean mit Jack Hawkins und Alec Guiness aus dem Jahre 1957 mit einer allerdings recht freien Erzählung. Am meisten Menschenleben kostete nicht der Bau der Kwai-Brücke bei Kanchanaburi in km 51 und vieler anderer Holzbrücken, sondern der Aushub des 25 m breiten, 75 m langen und etwa 10 m tiefen Felseinschnittes am Hellfire Pass in km 166 nur mit Hammer und Meißel.

Die Leiden der Bahnbauer hatten auch nach Inbetriebnahme der Strecke kein Ende, als sie von ihren Lagern aus bei der Instandhaltung von Gleis und Fahrzeugen sowie in den Wäldern mit dem Schlagen des Feuerholzes für die Lokomotiven beschäftigt wurden. Nun wurden alliierte Luftangriffe gegen die Bahn (denen alsbald auch die Kwai-Brücke zum Opfer fiel) zur größten Gefahr. Die Japaner erlaubten weder eine Kennzeichnung der Gefangenenlager noch irgendwelche Schutzvorkehrungen. Allein ein Angriff auf Nong Pladuck tötete 95 und verletzte 300 Gefangene, die direkt neben Öl- und Munitionsvorräten kampieren mussten.

Der Wiederaufbau der Eisenbahnen in Südostasien dauerte lange. Z.B. Indonesien hatte 1937 über 1278 Lokomotive, 3614 Personen- und 27.140 Güterwagen verfügt, von denen noch 1950 nur 809, 2621 und 20.910 betriebsfähig waren. Den Neubeginn markierte erste eine Lieferung von hundert ölgefeuerten 1'D1' von Krupp zwischen 1950 und 1952. Erst 1962 wurde der durchgehende Schnellzugdienst zwischen Bangkok und Kuala Lumpur, den Hauptstädten von Thailand und Malaya (damalige Bezeichung) wieder aufgenommen. In Burma tobten nach der Befreiung zunächst von 1947 bis 1950 Bürgerkriege. Auf dem Höhepunkt der Auseinandersetzung waren von 1105 km Netzlänge nur 666 km in Betrieb, und zwar ausschließlich in der Hand kommunistischer Rebellen. Bei den Kämpfen um die Bahnen wurden (vielleicht weltweit letztmals?) improvisierte Panzerzüge eingesetzt. Unter diesen schwierigen Bedingungen wurde im Nordosten von Burma eine der größten und bekanntesten Eisenbahnbrücken der Welt instandgesetzt. Es handelte sich um den 698 m langen in stählerner Trestle-Technik gebauten in 33 Brückenfelder gegliederten Goktik-Viadukt. Sein höchster Pfeiler ist 97 m hoch. Alliierte Bomben hatten zwei Pfeiler zerstört. Die Japaner hatten diese wieder aufgebaut, beim eigenen Rückzug jedoch die vier höchsten Pfeiler gesprengt, so dass von den vier längsten Überbauten einer abgestürzt war und drei herabhingen. Der Wiederaufbau dauerte von Oktober 1947 bis August 1951. Von der Siam-Burma-Bahn wurde übrigens nur ein kleines Teilstück wieder in Betrieb genommen.

Und noch einmal spielte die Eisenbahn in einem asiatischen Krieg eine bedeutende Rolle. In Korea hatte sich nach der Befreiung von den Japanern im Norden ein kommunistisches und im Süden ein nationalistisches Regime etabliert. Im Juni 1950 überschritten Truppen des Nordens die Demarkationslinie und besetzten fast den gesamten Süden. Eine von den USA geführte Streitmacht der UNO konnte das Blatt wenden und fast den gesamten Norden einnehmen. Eine von China unterstützte Gegenoffensive drängte die Front wieder in die Nähe der Demarkationslinie am 38. Breitengrad, die dann endlich 1953 zur Grundlage des bis heute gültigen Waffenstillstandes wurde. Während der weitgehenden Besetzung Koreas durch die Kommunisten griffen die Amerikaner wieder zum Mittel schwerer Luftangriffe, die u.a. den Rangierbahnhof von Seoul und den südlichen Knotenpunkt Taejon unbenutzbar machten. Als sie nach Norden vorrückten, setzten sie zur Reaktivierung der erheblich beschädigten Strecken und Bahnhöfe auch Eisenbahntruppen ein. Obwohl aus dem Zweiten Weltkrieg noch mehr als genug Kriegsloks vorhanden waren, ließen die USA in Japan neue 1'D1'-Loks bauen. Die Bestellung der nur 33 Maschinen wurde auf fünf Fabriken verteilt.

Im Vietnamkrieg der sechziger und siebziger Jahre spielte die Eisenbahn keine nennenswerte Rolle. Das lang gestreckte Land verfügt(e) nur über eine wichtige Durchgangslinie, die für den Nachschub zu unübersehbar vielen kleinen Kriegsschauplätzen im Dschungel, an Flussufern und in Dörfern nicht in Betracht kam. Unabhängig von der Dichte der Eisenbahnstruktur gehört der Vietnamkrieg aber auch schon zu der im letzten Kapitel des Buches zu behandelnden Epoche der Kriegsgeschichte, in der für Feldzüge keine Züge mehr gebraucht werden.

Ein Elefant bei Rangierarbeiten: Dies exotische Motiv der Bengal and Asian Railway hat wohl auch den amerikanischen Fotografen gereizt, als er vermutlich im Auftrag einer US-Dienststelle am 3. Februar 1945 in Indien unterwegs war. Eine Szene, die fast vergessen lässt, dass der Krieg in Asien noch länger dauern sollte als in Europa.
Sammlung Dr. Brian Rampp

Amerikanischer Siegeszug:

Von Cherbourg bis Dachau

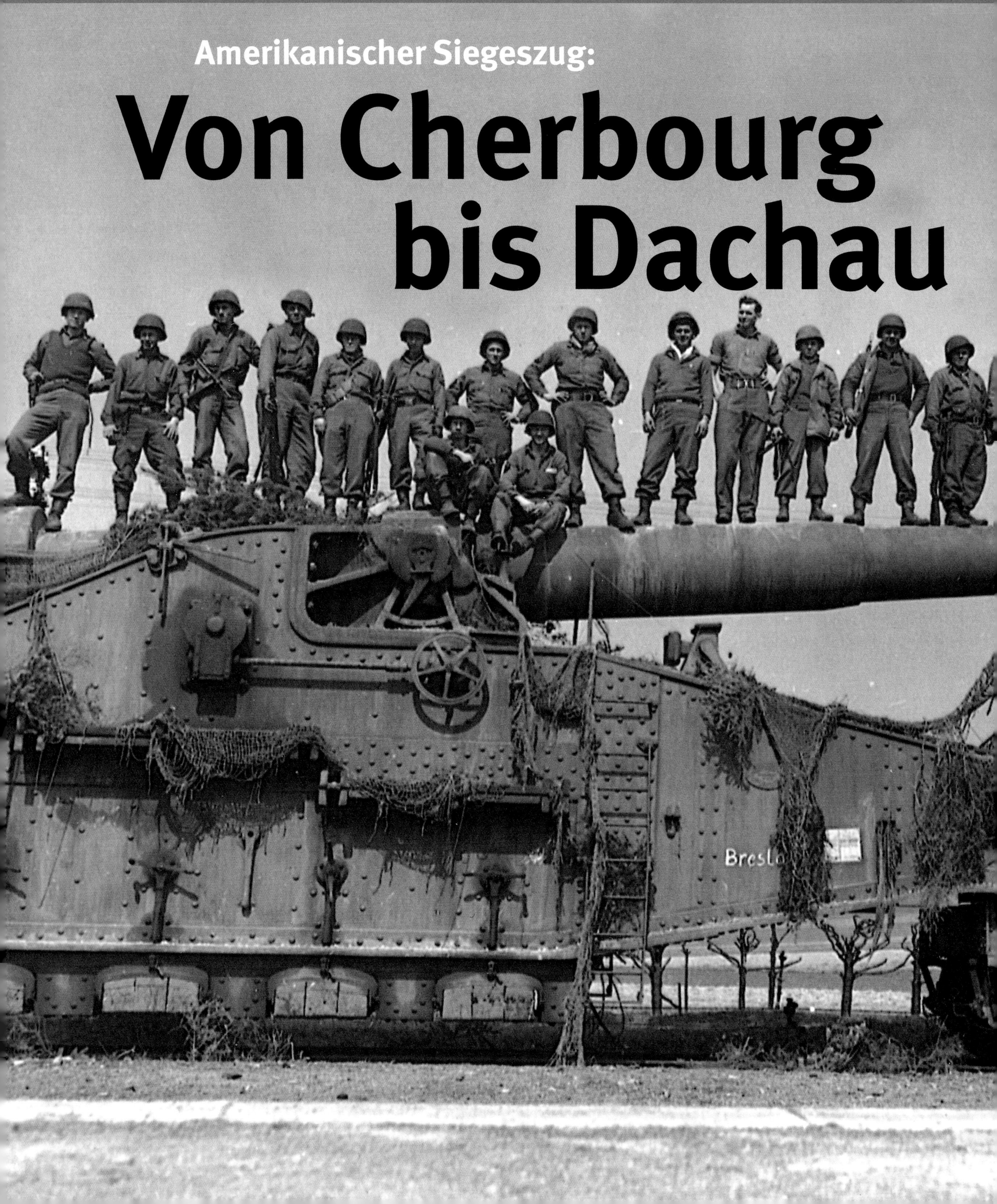

Schon im Ersten Weltkrieg war dieses französische Eisenbahngeschütz aus dem Jahre 1887 nicht mehr neu gewesen.
Am Ende des Zweiten Weltkriegs brachten die Deutschen es mit der Beschriftung „Breslau" nach Rentwertshausen an der bayerisch-thüringischen Grenze. Dort triumphierten am 10. April 1945 Soldaten der US-Army auf diesem Saurier der militärischen Eisenbahngeschichte.
Sammlung Dr. Brian Rampp

Ein in aller Schlichtheit bewegendes Bild: In Carentan in Frankreich begrüßt am 12. Juli 1944 der Bahnhofsvorsteher den flaggengeschmückten ersten Zug der Amerikaner mit einem Blumensträußchen für die Lokomotive. **Sammlung Dr. Brian Rampp**

Stellvertretend für die eisenbahngestützten Vormärsche von allen Seiten wird dieses Kapitel Fotos und Fakten zum amerikanischen Feldzug vom Landungsbrückenkopf bis in die Mitte Deutschlands sammeln.

Am 6. Juni 1944 betraten die Amerikaner, Engländer und Franzosen unter schweren Opfern die Küste der Bretagne. Am 25. August erreichten die Befreier Paris, am 14. September die Reichsgrenze. Bis Mitte Oktober 1944 brachten sie 300 neue Lokomotiven und 20.000 Güterwagen nach Frankreich. Zwischen der westlichen Reichsgrenze und dem Rhein versteifte sich der deutsche Widerstand erheblich. Von Aachen bis Köln und von Metz bis Mainz brauchten die Alliierten fast ein halbes Jahr. Erst am 7. März 1945 gelang auf der Eisenbahnbrücke von Remagen die erste Überquerung des Rheins.

LOKS UND BRÜCKEN

Für die Verstärkung der Transportkette in der sodann schnell größer werdende Besatzungsgebiet schlugen die Amerikaner in Wesel, Duisburg, Mainz, Mannheim und Karlsruhe Eisenbahnkriegsbrücken über den Rhein. So schnell wie möglich trieb man quer durch Süddeutschland und Österreich mit Umwegen, die durch Zerstörungen bedingt waren, eine zweigleisige Strecke bis nach Linz an der Donau vor, die nach Ende der Kampfhandlungen noch wochenlang ausschließlich von den Eisenbahnbetriebs-Bataillonen der Eisenbahn-Groß-Division betrieben wurde. Zu erwähnen sind auch dieÖlleitungen, die die Amerikaner von Cherbourg, Marseille und Antwerpen aus bis zum Rhein vorstreckten, sowie die durch den Ärmelkanal gelegte „Pipe Line under the Ozean", abgekürzt „PLUTO".

Bis zur endgültigen Abgrenzung der Besatzungszonen Anfang Juli 1945 reichte der amerikanische Machtbereich bis an die Elbe und die Mulde. Dazu kam die im Süden bis zum Tauerntunnel und im Osten bis hinter Linz reichende US-Zone in Österreich. Auch nach dem Ende der Kampfhandlungen am 8. Mai 1945 war ein umfangreicher militärischer Eisenbahnbetrieb von Frankreich bis Thüringen, Bayern und Oberösterreich notwendig. Eindrucksvoll lesen sich allein schon Übersichten über zeitgenössische Lokomotivstationierungen (1st Military Railway Service, Headquarters 706th Railway Grand Division).
Recht bald verringerten jedoch die westlichen Besatzungsmächte ihren Bahnverkehr immer weiter und verzichteten auf eine militärische Lenkung des Betriebs.

27.04.1945:

Reims
US Ct 3

Mohon
US 1'D Type S 160 10

Metz
US 1'D Type S 160 29

Mainz-Bischofsheim
Engine House für den Betrieb Bischofsheim – Hargarten-Falck
DRB 42 8
DRB 44 20
DRB 50 21
DRB 52 2
DRB 56^{2} 3
DRB 56^{20} 2
DRB 58^{10} 3
DRB 78^{0} 4

Bebra
Engine House für den Betrieb Bebra – Bischofsheim und Bebra – Erfurt:
DRB 42 17
DRB 44 38
DRB 50 35
DRB 52 10
DRB 56^{2} 4
DRB $56^{19(?)}$ 1
DRB 58^{10} 10
DRB 78^{0} 6

12.05.1945:

Mainz-Bischofsheim
Engine House für den Betrieb Bischofsheim – Hargarten-Falck
US 1'D Type S 160 110
.... (und zeitweise 11 weitere)
US Ct 4

Bebra
Engine House für den Betrieb Bebra – Bischofsheim:
US 1'D Type S 160 31
US Ct 8

Sowie Dieselloks in Manciulles, Ecury, Landres (jeweils 1), Mainz (3), Hanau (19)

Hitler hatte die Alliierten nicht am Atlantik aufhalten können und konnte sie natürlich auch nicht an der Überquerung des Rheins hindern. Zu den vergeblichen Opfern für eine kurzfristige Verzögerung gehörte die Sprengung der Hohenzollernbrücke in Köln, die vier Gleise und eine Straße über den Strom führte. Am 16. April bot sich den Amerikanern vom Ostufer des Rheins dieses dramatische Bild der Zerstörung.
Sammlung Dr. Brian Rampp

Die lokomotivtechnische Vorbereitung des Krieges in Europa begann lange vor der Landung des 6. Juni 1944. Ab 1942 bauten Alco, Baldwin und Lima 2.120 robuste und einfache Lokomotiven des Typs S 160 mit der Achsfolge 1'D, die sich im Nachschub gegen deutsche Armeen schon einmal bewährt hatte. Das Foto zeigt die Ausladung in einem britischen Hafen am 16. April 1943.
Sammlung Dr. Brian Rampp

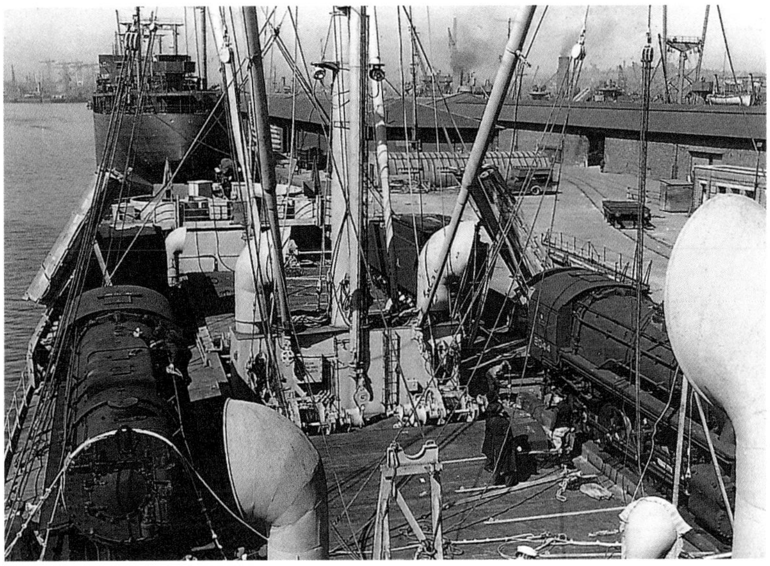

Eine breitspurige Variante der S 160 wurde in die Sowjetunion geliefert. Die am 3. November 1943 in Camp Adair in Oregon aufs Schiff gehobene Lok trägt schon die russische Nummer ш^{a} 92. Amerikanische S 160 fuhren in Österreich, Polen, Jugoslawien, der Tschechoslowakei, Griechenland, Ungarn und der Türkei zum Teil bis in die siebziger Jahre – teilweise „Seite an Seite" mit deutschen 52ern.
Sammlung Dr. Brian Rampp

Erst 1919 war bei Remagen die „Ludendorffbrücke“ über den Rhein in Betrieb gegangen, zu spät für den Nachschub im Ersten Weltkrieg. Für die Reichsbahn nur von geringer Bedeutung wurde sie 1938 für LKWs zu Westwall-Baustellen mit Rampen von den angrenzenden Straßen und einem Bohlenbelag versehen. Zwischen 28. Januar und 5. März 1945 wurde sie von Luftangriffen getroffen. Wegen des Näherrückens der Amerikaner bereitete die Wehrmacht die Sprengung vor. Um zurückflutenden Truppen einen Weg über den Rhein zu belassen, wollte sie die Zerstörung jedoch so lange wie möglich aufschieben. Am 7. März ca. 9.00 h fuhr ein deutscher Lazarettzug als letzter Zug über die Brücke. Um 12.50 h entdeckte die US-Vorhut von den Höhen von Remagen aus die unzerstörte Brücke.Ein deutscher Sprengversuch blieb um 15.40 h erfolglos, weil amerikanischer Beschuss das Hauptsprengkabel unterbrochen hatte. Um 15.55 h erreichten die ersten amerikanischen Soldaten das Ostufer des Rheins. Nach zügiger Instandsetzung der Bomben- und Sprengschäden rollten nachts die ersten US-Panzer über die Brücke. Auf einem Foto vom 11. März weist die 9. Armoured Division mit einem Schild darauf hin, dass man dank ihrem Entgegenkommen den Rhein trockenen Fußes überqueren könne. Hiervon hatten allein bis 10. März schon 20.000 US-Soldaten Gebrauch gemacht. Mit allen Mitteln versuchten die Deutschen, das Bauwerk zu zerstören. Nicht unmittelbar infolge der unablässigen deutschen Zerstörungsversuche, sondern wegen Überlastung nach zahllosen kleineren Schäden stürzte die Brücke am 17. März um 15.05 h ein. Dabei fanden 28 amerikanische Pioniere den Tod. Das Panorama vom Ostufer aus entstand vier Stunden vor dem Einsturz. Schon waren aber zusätzliche Behelfsbrücken in Betrieb. Die Brücke von Remagen hatte ihre historische Funktion erfüllt.

Sammlung Dr. Brian Rampp

In der Nacht von 7. auf 8. März 1945 sprengten deutsche Pioniere die Mainzer Südbrücke. Trotzdem überquerten die Amerikaner ab 22. März bei Nierstein und Oppenheim den Rhein. General Patton befahl den Bau einer Eisenbahn-Behelfsbrücke wenige Meter nördlich der Südbrücke. Hierfür stand deutsches Brückenmaterial zur Verfügung. Nach nur neuneinhalb Tagen konnte sie am 14. April 1945 eröffnet werden. Sie erhielt den Ehrennamen des US-Präsidenten Franklin Delano Roosevelt, der das Ende des Krieges nicht mehr erleben durfte. Er war am 12. April verstorben.

Sammlung Dr. Brian Rampp

Von 29. März bis 8. April 1945 bauten US-Pioniere bei Wesel die „Major Robert A. Gouldin Bridge“ über den Rhein. Auf dreißig Pfeilergerüsten wurden Doppel-T-Träger gelegt, die man in Luxemburg gefunden hatte. Aus ihnen entstand die eingleisige Fahrbahn, die mit 580 m den Rhein und unmittelbar anschließend mit mehr als 150 m die Lippemündung überspannte. Ihren Namen erhielt die Brücke nach einem während des Baus umgekommenen Offizier. Das Foto zeigt die Brücke vier Tage nach Fertigstellung mit der dieselelektrischen „Whitcomb“-Lok 7981 des USTC.

Sammlung Dr. Brian Rampp

Über den 18. April 1945 berichtete der „Wehrmachtsbericht“ u. a.: „Unsere im westlichen und östlichen Vorfeld von Leipzig stehenden Truppen wurden vom Feind auf die Elster und den südlichen Stadtrand zurückgedrängt.“ Das Bild von diesem Tage zeigt die Einnahme des Bahnhofs Leipzig-Plagwitz durch Soldaten der 2. Division der 1. US-Armee.

Sammlung Dr. Brian Rampp

Ausgelassene amerikanische Soldaten würden am 25. März 1945 in Mönchengladbach ihren Siegeszug gerne per Straßenbahn fortsetzen. Sie dient aber mangels Oberleitung vorerst nur als ortsfestes Fotostudio.
Sammlung Dr. Brian Rampp

Neben der elektrisch betriebenen Mittenwaldbahn bei Scharnitz fuhren am 1. Mai 1945 Panzer der 7. Army, 1. Bataillon, 409. Infanterie-Regiment über die Grenze des fortan wieder eigenständigen Österreich.
Sammlung Dr. Brian Rampp

Erst im Laufe ihres Vormarschs ins Innere des Reiches entdeckten die Amerikaner die Tatorte der unfassbaren Verbrechen der Nazis und befreiten überlebende Zeugen. Bei der Befreiung des Konzentrationslagers Dachau am 30. April 1945 machten sie die furchtbare Entdeckung von 40 Güterwagen eines Zuges aus Buchenwald, in denen etwa 2.000 Leichen lagen, manche erschossen, die meisten verhungert. Der Zug hatte zu dem grausamen Programm der Rückverlegung von Häftlingen in weniger „feindbedrohte“ Gebiete gehört. Bei den „Todesmärschen“ verweigerte die SS den entkräfteten Menschen Wasser und Nahrung, wies Hilfsangebote von Anwohnern zurück und erschoss die nicht mehr marschfähigen Häftlinge. Die meisten Insassen der in Dachau gefundenen offenen und gedeckten Güterwagen waren während der Fahrt verhungert. Angehörige der „Rainbow Division“, die das Lager befreiten, meldeten anno 2005 ihren Wunsch an, an einem Festzug zur 1200-Jahr-Feier der Stadt Dachau teilzunehmen. Die Stadtverwaltung hat abgelehnt und beteiligt stattdessen Vertriebenenverbände.

Sammlung Dr. Brian Rampp

Am 1. Mai 1945 fand PFC Andrew E. Dubill von der 7. US Army, 141. Division, in einem Zug in Seeshaupt außer 68 verhungerten KZ-Häftlingen auch zwei überlebende jüdische Frauen. Als die Welt die ersten solchen Bilder sah, hatte Deutschland nicht nur den größten Krieg der Weltgeschichte verloren, sondern auch seinen einstigen Rang als gefürchtete und doch geachtete Militärmacht. Hitler und seine Mordgesellen in braunen, schwarzen, grünen und grauen Uniformen, weißen Ärztekitteln und schwarzen Richterroben hatten nicht nur Recht, Kultur und millionenfach unschuldiges Leben zertreten, sondern auch Tradition und Ehre jener tapferen Soldaten verraten, deren Wege und Irrwege wir in diesem Buch seit fernen Tagen des 19. Jahrhunderts begleitet haben.

Sammlung Dr. Brian Rampp

39. 307

Das Ende der Eisenbahnkriege:

Feldzüge ohne Züge

In der Nacht von 22. auf 23. August 1945 fuhr erstmals der amerikanische Besatzungs-Schnellzug „Mozart“ von Wien nach Linz. Man war noch vorsichtig: Bis 1948 musste dem Zug jedes Mal eine US-Dampflok S 160 (in Österreich als „Klapperschlange“ bezeichnet) vorausfahren, anfangs sogar mit zwei Sandwagen. Sogar ihre eigene Kohle brachten die Amerikaner mit und bewachten sie in Wien streng. Ab 17. September fuhr der „Mozart“ bis Salzburg und ab 1. Juli 1946 bis München. Zwischen dem Ausgangsbahnhof Wien FJB und Hütteldorf war der Zug oft von der 39.307 bespannt, die ihre Sonderaufgabe mit US-Stander erfüllte. Mit der Absenkung der US-Präsenz in Österreich wurde der Zug von anfangs neun auf zuletzt drei Wagen reduziert. Am 1. Oktober 1955 fuhr er zum letzten Mal.

Franz Kraus, Sammlung Andreas Knipping

STELL DIR VOR, ES IST KRIEG, UND KEINER FRAGT DICH, OB DU HINGEHST

Am Morgen des 6. August 1945 startete der B 29-Bomber „Enola Gay“ vom US-Luftwaffenstützpunkt Tinian im Westpazifik in Richtung Japan. Um 8.15 h Ortszeit klinkte Bombenschütze Thomas Ferebee die 4400 kg schwere Uranbombe „Little Boy“ aus. Sekunden später machte eine Explosions- und Hitzewelle die Innenstadt von Hiroshima dem Erdboden gleich. In einem Umkreis von 500 m um das Hypozentrum riss der Atompilz neun von zehn Menschen sofort in den Tod. Von den 350.000 Menschen, die sich zur Zeit des Angriffs in Hiroshima aufhielten, kamen bis zu 140.000 um.

Der vom Kampf zwischen bewaffneten Männern so weit entfernte Bombenkrieg gegen Zivilisten hatte seinen entsetzlichen Höhepunkt erreicht. Der erste Einsatz einer Atombombe beendete nicht nur den Zweiten Weltkrieg, sondern auch die zu Zeiten Napoleons begonnene Abfolge immer größerer und längerer Kriege von Millionenheeren, Volkswirtschaften, ideologischen Blöcken und erdumspannenden Bündnissen. Lange schien ein Dritter Weltkrieg zwischen dem Machtsystem des Ostens und dem von den USA dominierten Westen unvermeidlich. Die ökonomischen und ideologischen Konfliktstoffe waren von größter Brisanz. Die Konfliktlinien reichten von den Grenzen zwischen Berliner Stadtbezirken bis in die Dschungel Südostasiens, vom Weltraum bis in die Arktis. Man musste nun aber nicht mehr Pazifist sein, um zu erkennen, dass jedes politische Ergebnis eines neuen Weltkrieges völlig außer Verhältnis zu den Schäden gestanden hätte, dass es diesmal wohl wirklich keine Sieger und keine Verlierer mehr gegeben hätte. Letztlich haben alle, die in der langen Zeit zwischen der Berliner Blockade 1948 und den Umbrüchen 1989 in Ost und West an den politischen und militärischen Schaltstellen saßen, auch in großen Krisen doch genug Weisheit besessen, die ganz große Konfrontation zu vermeiden.

Nach einem halben Jahrhundert militärischer Nutzung von Feldbahnen bekamen schmale Gleise, kleine Dampf- und Dieselloks und lange Züge aus Kipploren ab 1945 eine neue unspektakuläre Aufgabe. Sie dienten in vielen zerbombten Städten der Schutträumung.

Hätte es wieder einen großen Krieg gegeben, wären dafür bei weitem nicht mehr so viele Züge gefahren wie für die beiden Weltkriege. Mit jedem Jahr der weiteren Hochrüstung der Großmächte für die Eventualitäten eines solchen Krieges verlor der erste Faktor der alten Multiplikation von Masse mal Technik an Bedeutung. Wie schon im 19. Jahrhundert entwickelte sich die Kriegstechnologie parallel zur Entwicklung der Produktion. So wie moderne Fabriken oder Bergwerke nur noch von wenigen Spezialisten gesteuert werden und auf Tausendschaften von Arbeitern verzichten können, wäre ein Weltkrieg der Atomraketen, aber auch der konventionell bewaffneten Luftflotten und der über Europa walzenden Panzer ohne Millionenheere von Infanteristen ausgekommen, die mit all ihren Gewehren und Patronen, Handgranaten und Gasmasken, Tornistern und Kochgeschirren jahrein jahraus per Güterzug zwischen Kasernen und Schützengräben unterwegs gewesen wären.

Von wohlmeinender politischer Seite wurde als eine um Jahrzehnte verspätete Reaktion auf die Massenmobilisierungen von 1914 und 1939 die Formel propagiert: „Stell Dir vor, es ist Krieg, und keiner geht hin“. Doch die Ratlosigkeit angesichts aktueller Kriege passt eher in die Formel: „Stell Dir vor, es ist Krieg, und niemand fragt Dich, ob Du hingehst“.

KRIEG PER HUBSCHRAUBER UND LIEFERWAGEN

Dass der Dritte Weltkrieg vermieden wurde, bedeutete nicht, dass seit dem Ende des Zweiten Weltkriegs keine Kriege mehr geführt wurden. Für die Zeit seit 1945 sind kaum ein paar Wochen zu datieren, in denen nicht irgendwo Krieg geführt worden wäre. Die Anlässe, Formen und Intensitäten der bewaffneten Auseinandersetzungen waren extrem verschieden. Keine politische Theorie kann sie auf ein prinzipielles Konfliktmuster zurückführen. Nur einige Tendenzen sind im Sinne einer makabren Kulturgeschichte des Krieges zu beobachten: Die vom amerikanischen Bürgerkrieg bis zum Zweiten Weltkrieg eskalierte Totalisierung des Krieges nahm wieder ab. Die Kriege der letzten Jahrzehnte waren nach Zielsetzung, Intensität, Dauer und gesellschaftlicher Mobilisierung wieder begrenzt, nach den individuellen Dimensionen von Aggression und Leiden jedoch eher noch schrecklicher, weil die Bereitschaft zur Beachtung minimaler Regeln schwand. Eine weitere Tendenz führt weg von der alten

Der Krieg war in Europa schon vier Tage vorbei, als US-Pioniere bei Maria Ort westlich von Regensburg einen Ersatz für die gesprengte Donaubrücke schufen. Es ging um die Aktivierung der wichtigen Strecke in die US-Zone Österreichs.

„Übersichtlichkeit" der kriegerischen Situation im den Sinne, dass die Armeen zweier Staaten von der feierlichen Kriegserklärung bis zum feierlichen Waffenstillstand gegeneinander kämpfen. In Kriege der jüngsten Vergangenheit waren außer regulären Armeen verwickelt auch Befreiungs- oder Unabhängigkeitsbewegungen, aufständische oder abtrünnige Truppenteile, Söldnerheere oder politisch-religiös rekrutierte Freiwilligenverbände. Vielfach treten diese Kriegsparteien neuer Art in getarnter Form auf, so dass der Guerillakrieg von der Ausnahme zur Regel geworden ist. Mit dieser neuen Form des Krieges geht einher die erschreckendste Tendenz: Immer mehr Zivilisten werden zu Opfern. Die Waffen dienen weniger denn je einem Kampf „Mann gegen Mann" als vielmehr dem risikolosen Mord an Frauen und Kindern. An immer mehr Kriegen sind Waffen- und Drogenhändler und andere Vertreter organisierter Kriminalität direkt und auf beiden Seiten beteiligt. Die Grenzen zwischen Terrorismus, Gewaltkriminalität, polizeilicher Aktivität, Umsturzversuch und Kriegführung verschwimmen. War in der ersten Hälfte es 20. Jahrhunderts die maßlose Expansion staatlicher Gewalt die größte Gefahr für eigene und fremde Staatsbürger, so liegen heute in der Auflösung des vor Jahrhunderten durchgesetzten staatlichen Gewaltmonopols die größeren Bedrohungen. Interventionen von Großmächten oder Bündnissen zum Schutz von Minderheiten oder zum Sturz von Gewaltherrschaften haben in den vergangenen zehn Jahren mindestens unbefriedigende Auswirkungen gehabt, oft jedoch sogar die Situation verschlimmert.

Gemeinsam ist allen noch so verschiedenen Kriegen: Der Einsatz von Eisenbahnen für Aufmarsch und Kampf nahm ständig ab. In Europa waren die Eisenbahnen noch stark in das System militärischer Besetzungen durch die Siegermächte integriert, das nach 1945 erst allmählich abgebaut und in eine Stationierung von Truppen in verbündeten Staaten übergeleitet wurde. Der letzte Eingriff einer auswärtigen Militärmacht in den deutschen Eisenbahnverkehr kann mit dem 24. Juni 1948 datiert werden. An diesem Tage unterbrach die Sowjetische Militär-Administratur für Deutschland (SMAD) den Verkehr aus den Strecken zwischen den deutschen Westzonen und den Westsektoren von Berlin.

In den folgenden Jahrzehnten dienten militärische Vorkehrungen auf dem Gebiet des Eisenbahnwesens zum Glück nur noch der Vorbereitung von Kriegen, die jedenfalls in Deutschland nicht mehr stattfanden. Die Sowjetische Armee und die ihrem Vorbild verpflichtete „Nationale Volksarmee" der DDR legten auf eisenbahntechnische Vorkehrungen noch etwa größeren Wert als die NATO-Armeen einschließlich der Bundeswehr in der Bundesrepublik. Wie fremd den Militärs in Westdeutschland schon 1969 die Eisenbahn war, wird aus einem Text des in diesem Buch schon mehrfach zitierten Bundeswehrdozenten Hirschmann deutlich:

Wir besitzen genau eine einzige Kompanie: Die Eisenbahnpionier-Lehr- und -Versuchskompanie in Krailling bei München. Sie gehört zum Spezial-Pionier-Bataillon und fristet ein dürftiges Leben. Diese Kompanie hat die Aufgabe, Brückengerät der Industrie und der DB auf Feldverwendungsfähigkeit zu prüfen. Dadurch ist sie nicht in der Lage, Soldaten als Eisenbahnpioniere auszubilden und damit einen gewissen Stamm an Mob-Reservisten zu schaffen. Sie hat also keinen Einsatz-Kampfwert. Wir können deshalb feststellen, dass wir im Einsatz nach den jetzigen Planungen keine Eisenbahnpioniere haben werden. Nach den Notstandsgesetzen, hier besonders dem Verkehrs-Sicherstellungs-Gesetz, wird die DB im Einsatzfall dienstverpflichtet. Sie hat Transportleistungen auch im Einsatz auf Befehl der zuständigen militärischen Dienststellen zu erbringen. Weiter hat sie ihre Verkehrseinrichtungen und Transportmittel einsatzbereit zu erhalten, d. h. sie hat z.B. Gleis-, Brücken- und Fahrzeugstörungen zu beheben. Die Bundesbahn besitzt aber keine eigenen Gleis-, Brücken-, Fahrleitungsmeisterei- oder Signalbauzüge und damit kein eigenes Fachpersonal mehr. Im Rahmen der Rationalisierung wurde dies nach und nach abgebaut. Die gesamte Instandhaltung der Bahnanlagen wird von zahlreichen zivilen Baufirmen ausgeführt. Wenn Sie an den Einsatzfall denken, dann kann ich mir an dieser Stelle sicher sparen, den Faden fortzuspinnen. Überlegen Sie bitte nur den Fall, dass beim Vorrücken des Feindes Gleis- und Brückenanlagen von Zivilarbeitern nach Anforderung bei der DB unter dem Schutz von Grenadieren gesprengt werden sollen.

Wie sehr alle, auch bei der Bundeswehr, dieses Transportmittel bereits aus allen Überlegungen ausgeklammert haben, möchte ich Ihnen an einem Beispiel aufzeugen. Anfang 1968 sollten innerhalb von 52 Stunden einige Kampfpanzer „Leopard" zu einem staatspolitisch wichtigen Anlass als Staffage über eine Entfernung von 700 km befördert werden. Beim Wehrbereichskommando VI wurden deshalb Tieflader mit 50 t Tragkraft angefordert. Der Transport kam nicht zustande. Auf die Frage, warum der Eisenbahntransport nicht erwogen wurde, kam die Antwort: „Daran haben wir eigentlich nicht gedacht".

Die Kriege des späten 20. und frühen 21. Jahrhunderts basieren auf einer extremen groß- und kleinräumigen Mobilität, die von der Eisenbahn nicht mehr gewährleistet wird. Hochtechnisierte Großarmeen bedienen sich weit reichender Flugzeuge und Raketen, jeder Diktator und jede Söldnertruppe kann mit Hubschraubern und Lkws Tod und Zerstörung verbreiten, und ein dutzend Raketen mit jeweils der Zerstörungskraft eines Feldgeschützes aus dem Ersten Weltkrieg lässt sich mit jedem Lieferwagen transportieren.

Das Thema „Krieg" ist trotz aller Mahnungen aktuell wie eh und je, das Thema „Eisenbahn im Krieg" ist abgeschlossen.

Ab 1945 beförderten 900 Lokomotiven der Deutschen Reichsbahn Reparations- und Militärzüge zwischen der sowjetischen Zone bzw. Berlin und der polnisch-sowjetischen Grenze. Die Loks und ihre Personale waren in „Kolonnen" unter militärischem Kommando eingeteilt. Viele Loks waren nach sowjetischem Vorbild bunt lackiert und vielfältig geschmückt und beschriftet. In vermutlich grünem Farbkleid glänzt die 52 3285 des Bw Seddin. Die Maschinen und ihre Brigaden, die in einem Wagen Quartier nahmen, blieben pro Fernfahrt wochenlang aus. Unterwegs mussten Reparaturen erbettelt oder gekauft werden, polnische und russische Autoritäten erzwangen Stillstände, Umwege und Pendelfahrten. Manchmal führte eine Tour durch mehrere Länder und sogar durch die Westzonen. So brach Lokführer Fritz Möbes am 28. Januar 1946 von Berlin-Schöneweide mit seiner 52 nach Bukarest (!) auf. Am 3. März, nach 42 Tagen, war Möbes wieder in Berlin. Odysseen deutscher Nachkriegszeit! Möbes erlebte auch viel Elend, ohne helfen zu können. Überall dieselbe Frage: „Könnt Ihr uns mitnehmen?" Auf einer kleinen Station in Ostpreußen streckten sich uns ein dutzend Hände entgegen: „Gebt uns Brot, gebt uns Kartoffeln, gebt, gebt! Ich fragte einen zwölfjährigen Jungen: Wo ist dein Vater?" „Gefallen!" „Wo ist Deine Mutter?" „Verhungert!"

Die Spuren des Zweiten Weltkriegs werden über viele Generationen spürbar und sichtbar bleiben – auch an den Eisenbahnen in Deutschland und Europa. Ein kleiner Vergleich zweier friedlicher Bilder schließt unsere Betrachtung ab. Zweimal sehen wir das Empfangsgebäude des Hauptbahnhofes zu Saarbrücken. Auf dem älteren Foto erhebt sich noch stolz das Flügelrad über dem Hallenbau. Auf dem zweiten Bild ist dieser durch einen flachen Eingangsbereich ersetzt. Wie viele Militärzüge und Häftlingstransporte mögen zwischen den beiden Aufnahmezeitpunkten allein durch diesen Bahnhof gefahren sein, wie oft haben die Sirenen hier Luftalarm gemeldet, wie viele Bomben sind gefallen, wie viele Menschen mögen hier gestorben sein, auf diesem einen von so vielen Bahnhöfen?

Hermann Budde, Die französischen Eisenbahnen im deutschen Kriegsbetriebe 1870/71, Berlin 1904 (Mittler)

Rüdiger Fach, Günter Krall, Heeresfeldbahnen der Kaiserzeit, Nordhorn 2002 (Kenning)

Alfred B. Gottwaldt, Heeresfeldbahnen, Stuttgart 1998 (Transpress)

Hille/Meurin, Geschichte der preußischen Eisenbahntruppen, 1. Teil, Berlin 1910 (Mittler)

Andreas Knipping, Eisenbahnen im Ersten Weltkrieg, Freiburg 2004 (Eisenbahn-Kurier)

Andreas Knipping/Reinhard Schulz, Reichsbahn hinter der Ostfront, 2. Aufl. Stuttgart 2001 (Transpress)

Andreas Knipping/Reinhard Schulz, Eisenbahnen zwischen Ostfront und Atlantikwall, Stuttgart 2002 (Transpress)

Eugen Kreidler, Die Eisenbahnen im Machtbereich der Achsenmächte während des Zweiten Weltkrieges, Göttingen 1975 (Musterschmidt)

Alfred C. Mierzejewski, Bomben auf die Reichsbahn, Freiburg 1993 (Eisenbahn-Kurier)

Hans Pottgießer, Die Reichsbahn im Ostfeldzug 1939–1944, Neckargemünd 1960 (Scharnhorst)

Fritz Möbes, 92 Jahre bei der Deutschen Reichsbahn, unveröffentlichtes Manuskript über die Arbeit des Verfassers und seines Vaters als Eisenbahner, Sammlung Reinhard Schulz

Railway Gazette, London, Jahrgang 1945

Hans-Wolfgang Scharf, Eisenbahn-Rheinbrücken in Deutschland, Freiburg 2003 (Eisenbahn-Kurier)

Walther Schaumann, Die Bahnen zwischen Ortler und Isonzo 1914–1918, Wien 1990 (Bohmann)

R. Tourret, War Department Locomotives, Abingdon 1976 (Tourret)

R. Tourret, United States Army Transportation Corps Locomotives, Abingdon 1977 (Tourret)